Ultimate Portfolio Strategy for Web3

なぜ僕がWeb3投資で勝ち続けることができるのか？

プロフェッショナルに学ぶ
暗号資産・仮想通貨・トークン投資の極意

仲津正朗
Masaaki Nakatsu

幻冬舎 MC

1. 幼少期の原体験とブロックチェーンとの出会い

僕が実際に、ポートフォリオ戦略を組み立てて、Web3スタートアップやNFTへの投資を始めたのは、2019年3月からである。その時点から、現在（2022年4月）に至るまでの純リターンは、+1080%である。元本も加えると、+1180%、約12倍である（最新のパフォーマンスは、毎週、YouTubeで公開しているので、ぜひ、"mr.masa-Web3 Investment"で検索、チャネルを参照してもらいたい）。

ついては、この本の趣旨は、Web3投資のノウハウについて、僕の考えを伝えるためのものではある。しかしながら、僕は、この本を書くにあたって、ストレートに、その投資ノウハウについて話をしていくという考えもあったのだが、そもそもその語り手である僕自身に興味を持ってもらった方が、読者も本気でこの本の内容を理解しようと努めてくれるだろうと考えた。

なぜなら、このWeb3の発展にどういう形であれ貢献することは、僕の人生にとって、完全なる「コネクティング・ドット」だからである（Appleの共同創業者であるスティーブ・ジョブズが残した言葉：「人生は、その瞬間、瞬間を真剣に生きることで、自ずと自分が求めていた次の道が開ける」という意味）。

まずは、僕自身が、現在のWeb3スタートアップへの投資活動をスタートするまでの半生を知っていただくところから話を始めようと思う。

1-1．「うつけもの」

「お前は、うつけもの（＝常識にはずれた愚か者）」とは、実際に母方の祖母から言われた言葉である。

全くその通りで、少年時代はレストランの入り口で友達と大便して逃げたり、小学5年でマルボロのポスターに触発されてたばこを吸ったりと、騒々しく過ごした。

ところが、その後の僕は、Orbを、同時期に立ち上がったイーサリアムの競合として世界的な注目を集めるまでに育て、仮想通貨関連の法規制を全て取り仕切る金融庁の委員会メンバーにも、業界から唯一選出され、日本の仮想通貨・ブロックチェーン市場の黎明期を支え、世界9位の研究機関OIST（沖縄科学技術大学院大学）に副学長待遇で参加するなどの人生を歩んでいる。多くの人にとっては、「なぜ？」と思う方が自然である。

親の教育方針と僕の性格が相容れたことは、生まれてこの方一度もない。

父は、京大の法学部を出て、国費留学生としてハーバード大学のケネディスクールで修士号を取得し、昭和のエリート官僚の道を歩んだ人で、母とも見合い結婚だった。母が父を選んだ理由は「公務員はバカをしない限りクビにならないから」ということだった。

僕にとって、幼少期は、端的に言えば、「権威主義」との戦いだった。

母親は、昭和エリートである父親のことを誇りに思っていた。子供の頃から、何かにつけては、父親の経歴を自慢され、「お前も、父親のようになりなさい」と、同じ人生を歩むことを僕も求められた。言い換えれば、父親と同じ人生を歩めないなら、「お前はクズである」というのが、母親が僕によく言っていた言葉だった。

僕は、そんな両親の教育方針に常に反発し、対立した。

中学時代には、学校でのいじめと両親からの家庭内暴力が重なった。いじめグループからは、工作部でがんばって作ったプラモデルを目の前で破壊されたり、1対9でサッカーをやらされ、僕が負けたら、一人に千円ずつ払うという、カツアゲ型ゲームをやらされたり、という具合だった。ど田舎の中学だったので、「村社会」気質が強く、母親や先生にいじめの事実を言うと、同級生全員から村八分にされ、更に陰湿ないじめが酷くなると考え、母親に、いじめのことは伏せて、学校に行くのを嫌がると、父親に、家の前にある公園に髪の毛を掴んで家から引きずり出され、夜中に砂場で顔面が砂まみれの血だらけになるまで殴られた。

それでも父の気は収まらず、翌朝たたき起こされ、同じ公園で、目の前が通学路になっていたので同級生が登校する中、彼らの目の前でラジオ体操を父親とやらされてから登校させられた。こんな具合に、毎日アザだらけで学校に通う日が一年続き、「死」を覚悟した時期もある。

しかし、そのような苦しい時代の中でも、一つだけ心の支えがあった。「祖父」の存在である。

僕は、父の人生よりも祖父である仲津甚九郎の人生に共感を覚えた。

父方の祖父は、12歳のときに両親を事故で亡くし丁稚《でっち》奉公に出て20歳のときに起業、日本で唯一のホイッスル（球技で審判が使う笛）・メーカーとして、日本のシェア50％以上を取り、台湾や韓国に輸出していた起業家である。

ここで、話はしばしば僕の人生から離れ、祖父のことについて、触れておきたい。そこに、祖父の存在が僕の心の支えになった答えがある。

祖父に関しては、ある2つのエピソードがある。

1つ目は、祖父と祖母は、同日に亡くなったことだ。

当時、すでに寝たきりになっていた祖父への看病疲れで、先に祖母が亡くなってしまい、いくら呼んでも祖母が来ないので、もう先に逝ったことを知った祖父が後を追った。

葬式の面倒をみていただいた老年の住職の話によれば、同日に亡くなった夫婦に出会うのは、生まれて初めてのことだったという。その話を聞いたとき、僕は、それだけ二人は、心から愛し合った仲であったのだと思った。

そして、もう1つは、祖父の趣味であった猟に関わる話だ。

祖父は、家に二匹の猟犬を飼っており、週末は、天気がいいと、その内の一匹を連れて山に出かけ、よくキジ狩りをしていた。祖父の家に行くと、とても美しいキジの剥製がいくつも飾ってあったことをよく覚えている。祖父は、技術者として大変優秀だったこともあり、とても器用な方で、その剥製も手作りである。

また、楽器も大好きで、バイオリンを自作して弾いているほどだった。しかし、太平洋戦争渦中に、趣味である猟に飼い犬を連れて出た際、山で猟銃が暴発し、左手の肘から先が吹き飛んでしまい、幸い利き腕である右腕は残ったものの、その後、引退するまで、片腕一本で、仲津製作所の第一技術者(現代でいうCTO)として、事業を切り盛りする羽目になった。

僕は、このエピソードを父親から聞いたとき、その瞬間は、ただ大変な出来事だったのだなあと、特に深くも考えずに聞いていたが、大人になってから、ある疑問が浮かんだ。

「なぜ、あれほど器用な祖父が、慣れた猟銃を暴発させるようなトラブルを起こしたのだろう?」と。

当日の山は、雨模様だったらしい。雨の日は、銃の火薬が湿気って、暴発の原因になることもあるから、あまり猟には行かない。

なぜ、そんな危険を冒してまで山に狩りに行ったのだろう?

当時の祖父は、40代半ば。双子であった僕の父親も生まれたばかりで、男女9人の家族を養っていかなければならない立場にあった。働き盛りの年齢で、技術力もあったから、陸軍あたりの工作兵として、いつ徴兵されたとしても不思議ではない状況にあったと言える。

祖父は、自分が軍隊に取られれば、まず生きては帰れないと悟っていたことだろう。たとえ生きて帰れたとしても、祖父の立ち上げた町工場は零細企業であったから、最高技術責任者の彼が徴兵されれば、間違いなく事業は強制的に閉鎖。一家離散という結果に終わったことだろう。

そうなれば、終戦時点で、当時まだたった2歳だった僕の父が生き残れる可能性はほぼゼロだ。敗戦後の凄まじい混乱期の中、路上生活で栄養失調になり、餓死か病死していた可能性が高く、僕がこの世に生まれることもなかったと言える。

だから、あの日、祖父は、山に行った。自らの命を賭して、家族を離散の危機から守るために。

当時のほとんどの人は、中国を中心としたアジアに帝国主義を実行しながら聖戦だと言い張る日本政府や軍部の「権威主義」に迎合し、工業力1対30という歴然とした実力差のある勝てもしないアメリカに、愚かな戦争を挑み、日本の地から遠く離れた地で、その多くは、まともな武器や弾薬も与えられず、疫病や飢餓が原因で亡くなっていった。

祖父は、この当時の日本の「権威主義」に厳然と立ち向かった。自分の腕一本を自らの意思と行動で、吹き飛ばすことで。

骨が見えて血塗れになった腕を抱えながら、近くの民家で応急処置を受け、下山し帰宅したと聞いている。並大抵の精神力の強さではできないことだ。

しかも、誰一人傷つけていない。他人を利用して、自分だけ徴兵から逃げるようなズル賢い汚い手も使っていない。自らが犠牲になることで、彼は、あの日本の狂っていた時代において、家族を守り切った。

だから、祖母は、亡くなるまで祖父を心から愛し、傍で看病を続けたのだと思う。祖父への心からの尊敬と深い愛情がなければ、続けられないことだ。この逸話は、僕の父やその親族含めて、祖父と祖母以外の人には、最後まで語られることはなかった。僕は、諸々の状況から類推して、この真実に辿り着いた。

僕が、過去の「権威主義」との戦いで、決して負けることがなかったのは、この祖父の存在のお陰だとよく理解している。

たった12歳の若さで、天涯孤独の身になりながら、道を誤らずに、戦前戦後の激動の時代を、起業家として見事に生き抜いた祖父の生涯の話を思い出しては、「祖父の境遇に比べれば、今の自分の境遇など、かすりキズ程度だ」と、いつも心を奮い立たせた。

では、ここからまた話を元の僕の人生に戻そう。

そのような祖父の影響もあり、その後の人生においても、僕は、常に権威主義者や既得権益者と戦う人生を選んできた。

全ては、人類を前に進めるために。

むろん、その権威主義者が両親であっても同じことであった。

「有名大学を出て有名企業に入って終身雇用」を神聖視している両親とは常に対立した。受験勉強などは当然やる気も起きず、とりあえず受かった亜細亜大学経済学部に進んだ後、人生の転機が訪れる。アメリカ留学である。

1－2．「天命」

大学時代の親友である韓国の留学生から「大学に、単位交換できる半年間の米国留学プログラムがある」という話を聞いて狂喜した。休学する必要がない。つまり、親にほとんど追加で金を出してもらう必要なく、留学できる。

ただでさえ、親の教育方針に従わないサガで、金のかかる私立大学に行ったのだから、休学して1年分の留学費を出してくれとは実に言いづらい。その上で、必死に頼み込んで1997年3月から半年、ワシントン州シアトル郊外にある州立西ワシントン大学に留学できることになった。

当時のアメリカはインターネット黎明《れいめい》期にあり、いわゆる「ニューエコノミーブーム」の渦中だった。シアトルはシリコンバレーやポートランドほどではないにせよ、同じ西海岸にあることからヒッピー文化の影響もあり自由な空気にあふれていた。

「日本とは全てが真逆」

それが僕の体感だ。窮屈さが全くない。精神が解放された気分を生まれて初めて味わった。

留学を起点に学問熱に火がついた。以来30歳になるまで、科学、技術、哲学、歴史小説、偉人自伝、古典、経営指南、ビジネス書など、千冊は読んだと思う。聖書、仏典、論語、コーランも読破した。

今にして思うが、僕の少年時代の騒々しさは、戦後の日本の政治家と官僚が作り上げた「同調圧」に対する強烈な違和感であった。「多数と異なることは誤り」という思考。「同調圧」に迎合しなければ、協調性がないと判断され、社会からのはみ出しもの扱いをする風潮。

帰国後、専攻する経済学の世界にのめり込んだ。そして、僕は、その後の人生の全てを決める、あるテーマに出合うことになる。

「ポスト資本主義社会の実現」である。言い換えれば、「お金の問題」を解くということだ。やがて、これが僕の「天命」となっていく。

資本主義の問題に関心を持った理由は、世界恐慌と第２次世界大戦の因果関係である。１９２９年に起きた米株式市場の暴落を起点とした世界恐慌は、各国の帝国主義によって、世界大戦で決着させる他なく、全世界8500万の人命を失い、原子爆弾による多大な環境破壊をも引き起こした人類史上、最大の惨劇である。

「こんな愚行を繰り返していては、人類はいずれ滅亡するだろう」、大学生時代の僕が感じたことだ。

そこから世界恐慌の原因究明と解決策の模索を始めた。大学院進学も考えたが、実際の「お金」の世界に触れたいと考え、金融業界に入り研究を続けることにした。就職氷河期の時代であったが、小さな投資顧問に就職がかなった。

しかし、いわゆるブラック企業で、毎朝5時半に起きて帰宅はいつも夜10時過ぎ、休日出勤も当たり前。通勤電車で立ち寝したことが何度もある。

就職後まもなく、2001年9月11日、資本主義は、再び人類に悲劇を引き起こす。「米同時多発テロ」である。

今でも鮮明に覚えている。帰宅後テレビをつけたら、ウォール街のワールドトレードセンターに飛行機が突っ込んだという。しかも、NHKのライブ中継で、もう1機が突っ込むのを目の前で見た。資本主義の犠牲になった中東の人々の一部がイスラム過激派となり、自爆テロを決行した。NY証券取引所は、株式市場の暴落を防ぐため、緊急閉鎖された。

このとき、改めて確信した。「お金の問題を解決しなければ、人類は必ず滅びる」と。

ポスト資本主義をテーマに、大学卒論を書き始めた1999年頃、調査途上であるネット掲示板に出会う。ジャーナリスト田中宇氏なども参加するコミュニティで記事投稿やコメントにはID・PWが必要、それは管理人からもらう。つまり、メンバーのみ参加可能。

中心ネタは国際政治経済。議論内容が超ハイレベルだったのでどうしてもコミュニティに入りたいと管理人に連絡を取ったら「今度、オフ会があるからおいで」と言ってもらい、メンバーとの交流を深めることができた。そして、その1人から革命的な話を聞く。

ゲゼル・マネー。

発行時には千円だが、使う度にスタンプが押され10%ずつ価値が減っていく。10回使うと0円になるので、また給与のような形で千円分再発行される。別名スタンプ通貨。

つまり、現在の日本円のような無尽蔵に増え続けるインフレ型の通貨ではなく、真逆の「デフレ型通貨」だ。僕は、「土に還るお金」と名付けた。

日本で知られたのは1999年のNHKスペシャル『エンデの遺言』。『モモ』などで知られる童話作家の故ミハエル・エンデ氏が主人公で、彼はゲゼル・マネーを紹介、「将来、〝日本〟から、お金の問題を解決する方策が生まれてくるはず」。これが彼の遺言となった。

エンデの遺言は、僕にとっては、やがて、ビットコインが日本をグラウンド・ゼロ（出発点）として、立ち上がっていく話へとつながっていくが、その点については、また後ほど触れたい。

このコミュニティは、日本のゲゼル・マネー推進者、森野栄一氏とも交流があり、お陰で発明者のドイツ人起業家で経済学者シルビオ・ゲゼルのことも深く知ることができた。

ゲゼルは第2次世界大戦を食い止めるため、世界恐慌時にこの革新的な金融システムを世に送り出し、導入したオーストリアの町ベルグルでは失業率はゼロになった。しかし、世界のリーダー達は戦争で決着する道を選び、彼を牢獄に閉じ込めた。

自然界の全てとそこから作られる僕達の食料や衣類は全て再生産され循環している。しかし、お金は、これと正反対で無尽蔵に増え続ける。この不調和こそがお金の問題の根源にあると確信した。

だからこそ、「土に還るお金のシステム」が、人類には必要なのだと。

ここでの学びが、その後、僕が、Orbのホワイトペーパーで、拡張経済を無限大に続けることを強制する現在のＧＤＰという成長指標を捨て、僕が発案したＳＳＧ（Self-Sustaining Growth＝自給自足率）に置き換えることを提唱する着想へとつながっていく。

解決策の模索を続ける中、新たなチャンスが訪れる。ＮＹ移住である。

勤めていた投資顧問のオーナー社長の肝いりで、入社3年目に入った者は選抜試験に合格すれば、ＮＹ支社にトレーニーとして転籍できるプログラムがあった。僕は見事、３年目でストレート合格し、２００２年秋、ＮＹに移住した。

オフィスはウォール街のど真ん中。資本主義の中枢である。「9・11」後のニューヨークは騒然としていた。シアトル留学時のアメリカとはまるで雰囲気が違っていた。

みなピリピリしていた。中東の人への人種差別も横行していた。アジア人としての僕も生まれて初めて人種差別を受けた。

転籍3ヶ月後に、現地の金融資格試験に合格し、仕事も何倍もこなした。結果8ヶ月後に現地法人社長から、内々にNY支社で継続的に働けるOKをもらった。

NY支社はブラックな就労スタイルもなく、ここから新たな人生を切り開いていこうと考えていた矢先、2003年春、本社が経営難に陥り、突然、NY支社の閉鎖が決まった。ナスダックバブル崩壊、9・11、そしてエンロン・ショック、金融危機の連続で、とうとう小さな投資顧問も耐えられなくなったわけだ。僕も強制的に東京に帰ってくることになった。戻った後の東京本社は、騒然としていた。

倒産は時間の問題と判断した僕は、東京に戻ってまもなく会社を辞め、貯金していた1００万円で「この金が尽きるまでに、人生指針を決める」と決心し、自宅にこもる。

脳みそから血が出るほど考え抜き、「お金の問題」、これに生涯を懸けようと決めた。職業は、政治家、科学者、起業家の3つから選ぼうと決め、常に僕の心の支えになってくれていた祖父の人生を想い、起業家になる決心をした。そのときが2004年1月1日である。当時、僕は27歳。

「わが天命、ここに定まれり」、思わず声が出た。

1-3.「ビットコイン」

しかし、起業家になると決めたはよいが、起業の方法など全く見当がつかない。ならば、修行するが上策と、コンピューターサイエンスへの知見が必須と直感し、ITベンチャーに転職、1社を経た後、Eコマース企業セブンアンドワイ(現オムニ7)の社長室に入った。

実は、ここには一つの幸運が働いている。社長室長の三浦宏治氏が、なんと干支《えと》と誕生日が僕と全く一緒。しかも、三浦さんはマイクロソフトのITコンサルティングチームで2年でナンバー2になったほどのエンジニア。テクノロジーと起業の両方を学びたい僕にとって、理想の環境だった。

社長は、セブン-イレブン創業者の鈴木敏文氏の次男・康弘氏。高校時代にアルビン・トフラーの『第三の波』を読んでIT業界を志し、富士通のエンジニアを経て友人の仲介で、孫正義氏と出会い、意気投合しソフトバンクに参画。その後、孫氏にセブンアンドワイの事業案を提案、子会社として99年に立ち上げる。

創造力の高い経営者で、オムニチャネルをメディアが注目するだいぶ前の2006年ごろから考え出し、オムニ7として具現化した。最後、敏文氏引退に伴う騒動で退社となったのが残念でならない。

僕はここで約3年間、本当に理想の修行をさせていただいた。そして、新規事業の調査、企画、実行を学ぶ中、成功する起業家の2つの要件を理解する。「革新的なアイデア」と「実行力」である。

後者については、テックベンチャーの成功に技術力は必須と痛感した僕は、鈴木さんと三浦さんに直談判し、開発部門に転籍させてもらいエンジニアになった。何冊もコンピューターサイエンスやプログラミングの本を読み込みながら仕事をしたものの、不慣れな仕事のため3日間徹夜したこともある。

そして、前者は、外に学びの場を求め、後の僕の創造力に圧倒的な影響を与えることになる2人のプロダクトデザインの天才と出会うことになる。

僕の発想力には2人の天才の影響がある。1人は坂井直樹氏。2度のグローバルイノベーションを起こした。1つはタトゥーTシャツ。1960年代にこのアイデアを得て京都芸大を中退、アメリカで起業。Tシャツは大ヒット。2つ目は日産Be－1。80年代、四角い昭和カー全盛期に丸くかわいいBe－1は世界的ヒットとなる。

今は慶応大で教授をやっており、僕はイベントでお会いして以来2年間追い回した。仕事をタダで手伝う傍ら、ひたすらプロダクトデザインについて議論。彼は直感力（右脳）の天才だ。

一方、僕の論理力（左脳）を鍛えてくれた天才は濱口秀司氏。松下電工時代にＵＳＢメモリーを発明、その実力を買われ世界屈指のデザインファーム Ziba のディレクターとして活躍。現在、自らデザインファームの monogoto を立ち上げ、経営している。彼も2年間追い回し、移動中のタクシーに同乗して議論したこともある。はじめは、その論理展開スピードに全く追いつけなかったが、今では互角に議論ができる。

濱口さんはサイボウズ創業者の高須賀宣氏のご紹介だ。セブンアンドワイで3年修行後、独立しＩＴコンサルティングで稼ぎながら、起業資金を蓄えつつ、起業準備を進める中、手伝っていたベンチャーに彼が来る機会があった。

当時、彼はサイボウズの株を全て手放し、松下時代の同僚、濱口さんとアメリカで10億円投じて起業していた。

僕は何度も渡米し、彼のオフィスを訪れ、高須賀さんの家にも泊めてもらいながら、ある夜、リビングで話し込む中、彼から決定的なアドバイスをもらう。

「日本からグローバル・テックベンチャーは作れない。本気で作りたいならアメリカで起業しろ」

サイボウズでマイクロソフトと戦った彼の言葉は説得力があった。程なくして、東京を東日本大震災が襲う。日本投資家のアコギな態度に不満を覚えていた僕を含む気鋭の起業家達は、東京を捨てシリコンバレーに渡る。ときに2011年。現地での洗礼は、僕の想像をはるかに超えていた。

起業テーマは「キュレーション」。この市場からはPinterest（ピンタレスト）やreddit（レディット）などグローバルベンチャーが生まれた。

2009年ごろより、SNSのタイムライン普及によりネットは情報洪水状態。その問題を見て学生時代に助けられたあの会員制ウェブ掲示板がフラッシュバックした。あれをスケールさせることができないか?

レディット似のプロダクト「Musavy」（ムサビー）で2人の共同創業者と起業、現地最大イベント・テッククランチ２０１１に乗り込んだ。

そこで5千億円のVCファンドを運用する元サンマイクロシステムズの共同創業者であるシリコンバレーのインナーサークルの一人、ビノッド・コースラを見つけエレベーターピッチを仕掛け、見事、名刺をもらえた。オフィスでプレゼンできるチャンスの証拠だ。深夜2時にアポのメールを打診したら10分後に返事というスピード感だった。彼はこの時点で、すでに56歳である。驚異的と言える。が、実際のプレゼン時、彼から決定的な質問を受ける。「いいアイデアだと思うが、なぜ、君は自分がこのプロジェクトにふさわしい起業家だと思うのか」と。答えに詰まった。そして、出資の話は流れた。

シリコンバレーでは一つの投資テーマは2年で勝敗がつく。2年以内に強力なプロダクトと実績を出さないと生き残れない。１００社近い競合との激しい競争によるストレスで就寝中に歯ぎしりが続き、寝ている間に、奥歯を1本かみ砕いてしまった。

貴重な学びが3つあった。シリコンバレーでは、自ら愛している問題に挑まないと熾烈《しれつ》な競争に耐えられない。そして、チームには人種と性別を超えた多様性が必須。iPhoneも多様性あるチームから生まれた。更に、最強の仕組みがインナーサークルである。ビノッド・コースラら数百人の成功体験のある元起業家の投資家コミュニティに認められた起業家にだけ成功の道が開かれる。

2012年、キュレーション市場に勝敗がつき出した頃、現地の友人から衝撃的な話をもらう。

「マサ、ビットコインは知っているか?」

人は一生の終わりに、強烈な体験を走馬灯に見るという。正に「ビットコイン」は、僕にとってそのものだった。

「マサならビットコインに興味を持つはず」という友人の言葉に妙な印象を覚えて帰宅後、サトシナカモトが書いたわずか数ページの論文を読んだ。

身震いがした。「世界を変える技術だ。ポスト資本主義の核のテクノロジーになる」と確信した。

やがて、ビットコインの中核技術ブロックチェーンは、パーソナル・コンピュータ、インターネットに次ぐ第3のIT革命と呼ばれ、現在では、「Web3」といわれる。Musavyは解散、帰国し友人の会社でシリコンバレー企業の日本進出支援コンサルで食いつなぎながら、時を待った。

鍵はインナーサークルの動きだ。彼らが特定領域ベンチャーにシリーズAで投資を開始したとき、一気にその世界市場が立ち上がる法則性がすでにある。日本のVCはインナーサークルの単なるコバンザメでしかない。が、彼らの言いなりではインターネット同様、シリコンバレーの競合に全敗は火を見るより明らか。このわずか数ヶ月の時間差を使い、日本から世界を狙うのが僕の立てた戦略の起点だ。

いよいよ時が近づきつつあった。2013年夏、インナーサークルによるビットコイン・ベンチャーへの投資が本格化。11月、現地友人の小林キヨに「現地のビットコインの盛上がりはどうか?」と尋ねたら「そこら中で話題だよ。今、日本で仕掛けるのは絶好のタイミングかもしれない」。この一言で始動の決心をした。彼は、僕と同じくタイミングを読む能力が抜群に高い起業家だからだ。

司馬遼太郎の小説『坂の上の雲』(文藝春秋、2004年)の天才参謀・秋山真之が日本海海戦に臨んだ一節が頭によぎった。

「本日天気晴朗なれども波高し」

いよいよわが命を賭した未到の航海に出る時がきた。

まずは創業チーム。鍵は多様性と規制対策。友人でYahoo! JAPANでトップ評価エンジニア兼起業家のアメリカ人ジョンをCTO、友人紹介で金融庁を説得し日本最大P2Pレンディングのマネオを育てた妹尾賢俊さんをCOOとして巻き込んだ。

次に投資家。インナーサークルに食い込める日本人投資家は2人しかいない。1人は伊藤穰一さん、もう1人がシリーズAでEvernoteへ投資実績のあるCAV現地パートナー南出大介氏。南出さんは、高速に動いてくれ、日本法人への投資は日本チームになるということでCAV（サイバーエージェント・ベンチャーズ）田島聡一社長とつないでくれ、彼は2週間で、当時のCAV1社当たりの投資上限である5千万の出資を決めてくれた。

ところが2014年1月末、仮想通貨取引所Mt.Goxの約500億円の巨額ハッキング事件が発生する。

それを理由に、CAVに投資する中小企業基盤整備機構からOrb社への出資にストップがかかる。しかし、田島さんが迅速に説得し、無事に資金調達は完了。感謝しかない。

ただ、いつの時代も日本の官僚組織は、社会的イノベーションの邪魔しかしないのだなと改めて思った。

この事件で業界は逆風スタートとなった。僕は、早速、妹尾さんと規制対策を開始した。僕の発案でロビー団体による戦略的な規制対策を講じるため自主規制団体・日本ブロックチェーン協会（ＪＢＡ）を、当時クラーケン・ジャパンのヘッドだった宮口あや氏（現イーサリアム財団エグゼクティブ・ディレクター）とビットフライヤーの加納裕三氏を巻き込んで、発足。初代事務局長には、自民党へのロビー活動を視野に入れていたこともあり、自民党の河野太郎議員と親交のある樋田圭一氏になってもらい、彼も快く引き受けてくれた。

次に、取り組んだのは、与党自民党内にロビー活動を展開するための的確な窓口を探すことだ。自民党は巨大組織である。それ故、窓口を間違うと、恐ろしく時間の浪費につながる。スナイパー・ショットを決めなければならない。デロイト トーマツが、「キャッシュレス」に関するイベントを開催することを知り、妹尾さんと参加。宮口あやとは、そもそもこのイベントで出会ったことがきっかけだ。彼女は、クラーケンの日本市場参入にあたって、日本の金融機関の対応の悪さに非常に苦労していた。

そして、このイベントを主宰していたのが、当時、デロイトで金融チームを率いていたパートナーの荻生泰之氏とその部下の両角真樹氏だ。荻生さんは、ビットコインにとても興味を持ってくれており、ロビー活動の相談をしたところ、「実は、今、自民党の決済小委員会の仕事を手伝っている。テーマとして、ビットコインも関係しているし、ここの議員メンバーは、新しい技術に対する理解もあるから、的確な窓口になるだろう」とつないでくれた。誠に驚くべき幸運だが、我々は、一発で自民党内の最も適切な窓口とつながることができたのだ。

そして、次に、規制の内容も、政治家や官僚主導ではなく、自分達で主導する方が、リスクコントロールが利くと考え、Orb 社顧問弁護士の増島雅和氏に「資金決済法」の施行に携わった堀天子弁護士を紹介してもらい、彼女のリードでＪＢＡ提案による仮想通貨

図:No.1 フィンテック・ベンチャーに関する有識者会議のメンバー

▶ 伊藤 穰一	MIT メディアラボ所長
▶ 金子 恭規	スカイライン・ベンチャーズ社代表
▶ 仮谷薗 聡一	一般社団法人日本ベンチャーキャピタル協会会長
▶ 郷治 友孝	株式会社東京大学エッジキャピタル代表取締役社長
▶ 瀧 俊雄	株式会社マネーフォワード取締役
▶ 田中 正明	株式会社三菱東京 UFJ 銀行上級顧問
▶ 仲津 正朗	株式会社 Orb 代表取締役 CEO
▶ 福田 慎一	東京大学大学院経済学研究科教授（座長）
▶ 松尾 豊	東京大学大学院工学系研究科准教授

（五十音順、敬称略）

出典元：金融庁ホームページ参照

の合法化を進めることにし、当時、自民党の決済小委員会のメンバーであった福田峰之元衆議院議員（当時は内閣府副大臣）の強力な支援も加わり、わずか2年後の2016年5月に改正資金決済法は国会で可決した。

同法案は、当時、世界で最も先進的と評され、僕は森金融庁長官肝入りで、MITメディアラボ所長（当時）伊藤穰一氏が、座長を務める「フィンテックベンチャーの有識者会議」に業界唯一の委員に選ばれ、業界立ち上げをリードした。以下が、その委員会メンバーである。

世界主要メディアが「Japan is Crypto Heaven」（日本は、仮想通貨天国）と書き立て、世界中から日本への仮想通貨関連スタートアップの法人移転の相談が殺到。いよいよ「明治の奇跡」に匹敵する歴史的転換点が日本に来たと感じた。

一方で、僕が経営するOrbは5・5億円を調達、30人の多様性あふれるプロ集団に育てた。全体の50％以上、開発陣は80％以上が外国人、社内公用語はもちろん「英語」だ。

プロダクトは元Apple、アーキテクトは元ＬＡテックベンチャーのアメリカ人、アルゴリズムはインドのＭＩＴといわれるＩＩＴボンベイ校コンピュータサイエンス修士号を持つインド人、アプリはスタンフォード大のコンピューターサイエンス学士号を持つロシア人という具合。このチームが完成させたOrb2はイーサリアムと同類のソフトウェアだ。

後になって、この市場は、BaaSやＬ１といわれるようになるが、当時、僕は、２０１４年時点で、「ブロックチェーン産業には、間違いなくクラウド型のBlockchain OSのようなソフトウェアが必要になる」と考えた。

「ブロックチェーンを利用したアプリの可能性は無限大である。しかし、今のようにブロックチェーンを利用したアプリ開発者が、マイナーを自力で集めなければならないのは、あまりも負荷が高過ぎる。アプリ開発者とマイナーは、別々にプロダクトを展開した方が、スケールする」

このアイデアを周囲の何人かに話したところ、2014年の春ごろだったと記憶しているが、イーサリアム創業者のビタリックが、日本に滞在していたことがあり（あとから知ったが、創業前のBinance創業者兼CEOのCZの家に泊めてもらっていたらしい。笑）、そのタイミングで、ジミー本間さんの主宰で、ビタリックとのミートアップをやる機会があり、本間さんから「マサさんも来た方がいい」と言われ、そこで、ビタリックのイーサリアム構想の話を彼から聞いた。彼が、まだイーサリアムのホワイトペーパーを公開する前である。「なんと、全く同じことを考えている」と驚いた。しかも、そこで本間さんから「ビタリック、実は君と同じことを考えている起業家が日本にもいるんだよ、ねっ！　マサ」と紹介され、正直、あまりにもストレートな紹介に、回答に窮してしまい、ビタリックとは、結局、軽く挨拶する程度に終わった。

ただ、多くの人が知るように、その後まもなく、イーサリアムが、ＩＣＯ時に発表したホワイトペーパーで「非中央集権型クラウドコンピューティングシステム」というコンセプトを打ち出したことで、多くのエンジニアを惹きつけ、BaaS市場は、ブロックチェーン市場最大の産業カテゴリにまで成長し、その規模は現在もなお市場最大規模を誇っている。

この点から、僕は、投資家としても、巨大プロジェクトに成長する投資テーマを特定するセンスと競合がひしめく中、勝ち馬を見抜くセンスに関しては、相当な自信がある。

この「目利き」は、ビノッド・コースラのように、もっと実現難易度が高いといわれる社会的イノベーションとなる「ゼロ・トゥ・ワン」の世界に挑み続けたテック起業家しか得られない能力であることを深く理解している。スタートアップへの投資には、日本のＶＣ業界の大半を占める金融やコンサルのノウハウや、ＭＢＡの知識などは、一切不要だ。

むしろ、全く役に立たない。必要なのは、「破壊的なイノベーション」を見抜くセンスだ。だから、シリコンバレーでは、コースラを始め、世界初のウェブブラウザNetscape共同創業者のマーク・アンドリーセン、PayPal共同創業者のピーター・ティール、そして、LinkedIn共同創業者のレイド・ホフマンなどの投資家が、インナーサークルの中心におり、彼らの投資パフォーマンスが最もよく、彼らの人気が、起業家の中で最も高い。彼らは、起業家を裏切らないことを起業家自身がよくわかっているからだ。

今では、SolanaやFlowで当たり前になっているが、当時はまだほとんど実装例のなかったDPoSモデルを採用したOrb2は、オラクル社との公式ベンチマークテストで、2017年当時で世界最速となる毎秒3万件／秒の処理能力をたたき出した。参考までに、ビットコインは毎秒7件、イーサリアムは毎秒15件（2017年当時）である。この実績は、Aクラスかつ多様性のあるチームを作り上げたからこその実績であると確信している。

そして、いよいよ世界進出という矢先、大事件が起きる。コインチェック社の500億円に及ぶ巨額ハッキング事件だ。2018年1月末、現代日本にとって最後のチャンスと

図：No.2　Orb2アーキテクチャ

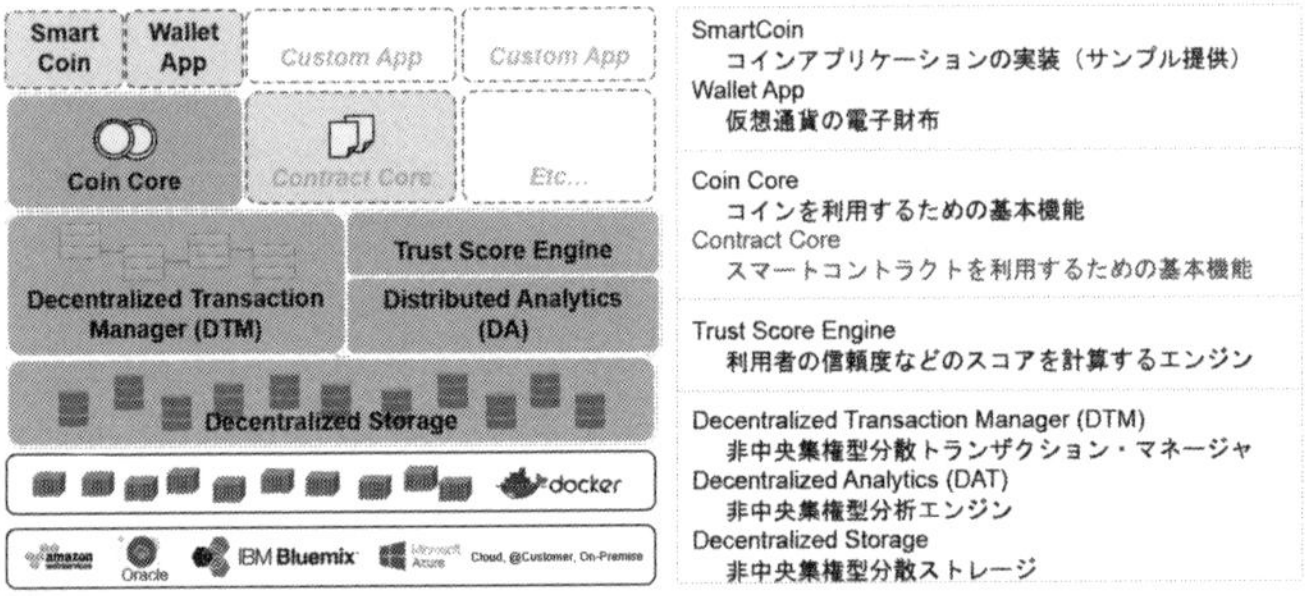

出典元：https://ja.wikipedia.org/wiki/Orb

図：No.3　Oracle Cloudとの共同公式ベンチマークテスト結果

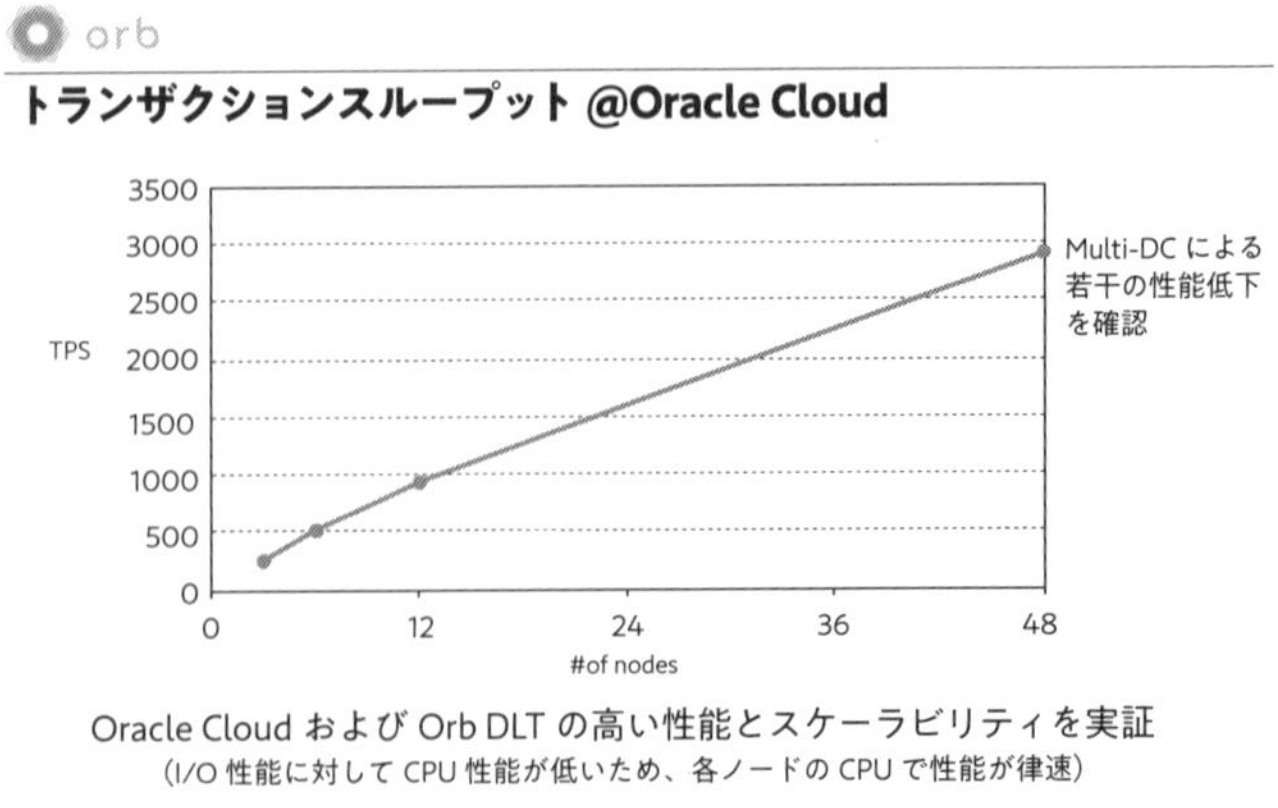

出典元：https://www.slideshare.net/orb-inc/orb-dlt

なる奇跡は、たった4年で終わった。

僕は、その数ヶ月前よりSBIホールディングスより買収提案を受けていた。僕は、当時、仮想通貨市場がバブルになっていることは、すでに直感していた。

つまり、インターネットバブルのときと同じで、向こう1年から2年は、冬の時代がくる。

生き残るには、その間を耐える十分な軍資金がいる。

当時、Orbは、シードラウンドで4億円調達済みで、次のシリーズAラウンドで、8億円の調達を、17年6月ごろから進めて、8月ごろには、予定額のうち、1・5億円は確定していた。

そして、やがて、リード・インベスターとして、国内VC大手のグローバル・ブレインが、直接コンタクトを取ってきて、4億円の出資案を提示してきた。

これがまとまれば、シードから出資参加しているSBIも追加で1億円出資すると話をくれ、別のVCからも1億の出資の話が進んでいたので、この時点で、7・5億円まで確定することになり、ほぼ目標の8億円が視野に入ってきていた。

しかし、僕のリスク・シミュレーションでは、それでも不十分と判断していた。

冬の時代を生き残るには、ICOしかないと考えていた。

ICOとは、イニシャル・コイン・オファリングの略で、Orbの独自トークンを発行し、クラウドファンディング型で、資金調達。そのトークンをOrbのマイナーに払う報酬であるガス代や、DAOのガバナンス用に活用するブロックチェーン市場ならではの革新的な資金調達手法である。

競合のイーサリアムが、業界第1号として、2014年にICOし、当時の金額で15億円程度、資金調達していることはすでに知っており、かつ、先に国会を通した、当時の改正資金決済法は、国内でのICOも可能にできるほど、柔軟な法律として設計していたから、これは十分実行可能なプランだった。

当時のバブル環境を踏まえれば、オラクルとのベンチマークテストで、秒間3万件以上処理可能であることを証明し、今ではBaaSで当たり前のDPoS型のコンセンサスアルゴリズムを競合に先んじて採用していたOrbのソフトウェアのレベルと、SBIや日本オラクルとの事業開発実績を踏まえれば、最低20億円から最大100億円の調達は可能だと見積もっていた。

ただ、なお、更に精密に生き残り策を考える必要があると考えていた僕は、競合のイーサリアムと差別化するプロダクト戦略が必要だと考えた。

彼らの水平型のプロダクト戦略に対抗するため、自前でキラーアプリを開発する垂直統合戦略を取る必要があると判断し、社内で僕を含めた3人のタスクフォースチームを作り、「Trust Coin」というトークンを利用したソーシャルアプリの開発を進めていた。

Trust Coinは、送金アプリのVenmoとメッセンジャーアプリのWhatsAppを融合させたようなプロダクトで、コインの取引を友人同士で行うほど、ソーシャルグラフにおけるボンド（絆）が、定量的にスコアアップし、世界に25億人いるといわれる銀行口座を持てない新興国の貧困層、いわゆるアンバンク層でも、そのスコアを利用した様々な金融サービスが受けられるようにデザインしたプロダクトだ。今でいうDeFiとSNSを融合させたアプリと言ってよい。今、このプロダクト領域は、AAVEが、Lens Protocolを別に立ち上げる形でターゲットしている。

このキラーアプリを起点とした垂直統合戦略とICOによる潤沢な資金が手に入れば、冬の時代を耐えて、更にその間も、プロダクト開発に集中できるため、その後、ブロックチェーン市場の第二の成長フェーズに入ったタイミングで、再び飛躍するチャンスが得られると考えた。

しかし、グローバル・ブレインとの交渉が最終段階に入ったタイミングで、彼らは、とんでもない投資条件を突き付けてくる。

「ＩＣＯ拒否権をよこせ」

である。Orb側が取締役会や株主総会で、ＩＣＯにＧＯサインを出しても、ＩＣＯ拒否権を持つグローバル・ブレインが拒否権を発動すれば、ＩＣＯは実行不可能になる、という特別優遇条件をよこせという要求だ。国連の常任理事国などが、理事会で発動できる拒否権と同質のものだ。

心の底から、怒りを覚えた。

彼らの要求を飲めば、当然、その事実は、他の投資家にも知れ渡る。彼らは、僕がグローバル・ブレインのみを特別扱いしたことに、腹を立てるだろう。既存投資家との関係悪化は必然となる。しかも、ＳＢＩは、すでに社外取締役を一人、Orb の取締役会に派遣しているから、当然、追加投資するのだから、自分達にもこの拒否権をくれと要求してくるリスクがある。それ故に、僕は、この要求をもし飲むなら、膨大な時間をかけて、既存の投資家と事前合意を取らねばならない。本来、起業家がすべきプロダクト開発やマーケティングなどへの時間が、恐ろしく犠牲になる。つまり、会社が潰れるリスクが上がる。しかし、彼らＶＣは、そんなことはお構いなしだ。

結果、僕は、この決断を孤独に自分一人で行うことになった。

そして、結論として、僕は、グローバル・ブレインに、「あなた方だけを特別扱いすることはできないので、拒否権の要求は飲めない」と回答した。

すると、グローバル・ブレインは、リードインベスターから降りた。つまり、彼らは、ハナから僕らにＩＣＯをやらせる気は全くなかったわけだ。

しかも、その後、本当の意味で、彼らに怒りを覚えたのは、グローバル・ブレインは、Orbには、ＩＣＯ拒否権を要求しながら、同時に、別に、すでにＩＣＯを実行していたOmiseGOと、日本市場での事業提携を進めていたことだ。

Orbのシリーズ Aが流れた数週間後に、このニュースを知り、腹の底から怒りが込み上げてきた。

やはり、日本のＶＣは、全く信用ならないと。

だから、シリコンバレーのインナーサークルからも相手にされないのだと。彼らは、そのような日本のＶＣ達の自らのスタートアップに対する社会的強者の立場を利用した、非倫理的なビジネスの仕方を常に軽蔑し、そのようなことを行う卑劣な投資家達を自分達のネットワークから、除外している。世界を変える起業家を守るためである。彼らは、自分達自身が、成功体験のある元起業家であるからこそ、起業家のサポートの仕方を的確に心得ているのだ。日本には、そのようなインナーサークルはゼロである。

しかし、僕は、起業家として、常に生き残るための現実と向き合い続けなければならない。戦って生き抜かなければならない。ここで、終わるわけにはいかない。

その時点で、2017年11月。バブル崩壊まで、あと2ヶ月。グローバル・ブレインとの交渉にかなりの時間と労力を取られていたため、もはやICOをやる時間と軍資金は手元になくなってきていた。

だから、当時の僕は、この仮想通貨バブルは、まもなく弾けると判断し、弾ける前に、ICOできなければ、Orbが冬の時代を生き残るのは200％不可能という経営判断をし、SBIからの買収提案を受け入れた。同年2月に保有するOrb社株式を全てSBIに売却した。

そして、年明け2018年の1月に入ってから、仮想通貨市場は、予想通り、暴落を開始。その後、2019年中までは、読者の知る通りである、ビットコインの価格は、2017

年12月の200万円から、1年後の2018年12月には30万円近くまで、暴落した。正に、「仮想通貨市場の冬の時代」となった。

そして、売却交渉がほぼまとまった段階の2018年1月末、先程も触れたコインチェック社の500億円のハッキング事件が発生する。

僕が、Orbを創業した当初に発生したMt.Gox社のハッキング事件から、ちょうど4年。因果なものだなと感じながら、「やはり、自分の直感は正しかった」と改めて思った。事実、僕が抜けた後のOrbは、主要メンバーは全員辞め、結果、プロダクトも事業開発も劇的にスローダウンし、別の企業に身売りする羽目になった。

そして、このエピソードも、僕の現在の投資哲学にも通じてくるものである。「引き際の見極め」である。全てを失う前に、ムキになって巻き返しを図るとか、ズルズルと勝負を続けるような無茶はせず、潔く撤退する勇気を持つことである。

この決断力がなければ、全ての財産を失うことになる。太平洋戦争で、核爆弾を落とされるまで、「本土決戦、一億玉砕」を真剣にやろうとしていた当時の日本のように。

しかし、この事件で、日本の「仮想通貨天国」という、明治維新、敗戦以来の社会全体を立て直すチャンスは完全になくなったと深く感じた。

戦後の日本は、常に「過保護社会」だからだ。500億円ものハッキング事件が起きれば、改革派の意見は、当然のごとく弱まり、保守派やその支援者である既得権益側の意見の勢いが強まり、日本全体が、仮想通貨とブロックチェーンに尻込むのは、容易に想像がつくことだ。そして、僕の予想通り、現在の日本の仮想通貨市場は、僕がリードしていた時代の世界最先端を行く状態から、地に落ち、完全に周回遅れになっている。

1-4.「日本最後の希望」

売却後、僕は、世界旅行に出ながら、ポスト資本主義実現に向けた次の動きを練った。

小林キヨのようにシリコンバレーへの移住も思案する中、友人で琉球ゴールデンキングス創業者の一人で、僕と同じ76年世代の大塚泰造から「沖縄にＯＩＳＴという面白い大学がある。どうか?」と話をもらう。タイミングよく翌月の２０１９年3月にＯＩＳＴが東京でイベントを開催。

そして、そこでの出会いが僕を沖縄へと導く。新竹積教授だ。スタンフォード大で主任研究員の彼が、なぜ沖縄に? 不思議でならない。懇親会で率直に尋ねた。「ジョブズがAppleを立ち上げた30年前のシリコンバレーはど田舎だった。生活費も安く若者には時間があった。今とはだいぶ違うね。東京なんか特にね。しかし、沖縄は30年前のシリコンバレーを見ているようだよ」と。僕の中で「カチッ」と大きなスイッチが入った音がした。

しかも、タイミングもよい。日本のブロックチェーン業界の立ち上げの経験から、何かと過保護的な規制をしきたがる日本政府の態度を踏まえ、僕は、日本社会の中に、自由に新技術の社会への実装実験できる特別経済特区の必要性を感じていた。海外では、レギュラトリー・サンドボックスという言い方もする。そして、沖縄には、特別な法律がある。

「沖縄振興特別措置法」

1972年の沖縄本土復帰に伴い制定された法律で、簡単に言えば、アメリカ政府側が、台湾を中国による軍事侵攻のリスクから守るため、東アジア最大の米軍基地を地理的に最も近い沖縄に持つという案を日本政府側が受け入れる代わりに、その負荷を背負う沖縄経済に、諸々の特別措置や経済支援を行うための法律である。

しかも、10年に1回、条件について話し合い、新たな法案が決まる形で運用されている。OISTの運用資金もこの法律で割り当てられた予算から出ている。僕がOISTを知ったのが2019年。次回更新は、2022年。つまり、3年ある。この間に、次回の沖振法の改良案を僕の考えを反映した内容でまとめればよい。

程なくして、OIST学長のピーター・グルースと面談することになり、彼にこう伝えた。

「ＯＩＳＴ周辺にブロックチェーンを含めたディープテックの自給自足型テックスタートアップハブを創り上げたい」

この提案は、ピーターと彼の参謀役のケント・ピーチが構想した、ＯＩＳＴの横に新技術の実証実験可能な研究都市を創る「ノース・キャンパス構想」とピタリとはまっていたことを後から知った。

ピーターは、直前は、年間２０００億円もの予算を持つユーロ最大の研究機関で、ノーベル賞を60名以上輩出した実績をもつマックスプランク研究所のトップを8年間、２期連続で務めたほどの実績をもつ研究者。正に世界屈指のイノベーターだ。

うれしいことに彼は僕がOrb時代に書いたブロックチェーンを活用したポスト資本主義社会構想のホワイトペーパーを全て読んでくれていた。

「マサ、実は、僕も起業した経験があるんだが、君のように結果を出すことができなかった。だから、君のこのホワイトペーパーにまとめている思想や、それを実現するためのブロックチェーンを活用したOrbの素晴らしい実績には心から敬意を表する。是非、ＯＩＳＴの発展に、力を貸してくれないか」と言ってくれた。彼ほどの人物に、自分の成果を評価してもらえたことが、とてもうれしかった。

しかも、ポジションについても、副学長待遇の上、タイトルは「マサが自由に決めていいよ」と言ってくれた。

副学長待遇ではあるが、ＯＩＳＴはすでに１０００人規模の組織となっており、チームマネジメントまでやると、管理職の負荷が自分にかかるので、色々と動きづらい点を踏まえて、自由に動けるポジションがよいと考え、チームを持たない「アントレプレナー・イン・レジデンス」というポジションでお願いした。

このような様々な特別な計らいが、全て実現した背景には、僕がＯＩＳＴにいる間所属していたＴＤＩＣ（技術開発イノベーションセンター）を立ち上げ、そのトップであるロバート・バックマンの存在がある。

彼は、アメリカ人で、ハーバード大学で博士号を取得し、OISTに参加する前からも長らく、日本の様々な教育改革に関わってきた親日のアメリカ人である。OISTには、創業メンバーの一人として、また首席副学長として、ピーターと共に役員陣として活躍していた。OIST職員で、役員になっているのは、ピーターとロバートしかいない。

ピーターも傑出した人物だが、ロバートも素晴らしい人物で、何十歳も年下の僕に「僕のことはボブと呼んで欲しい」と友人のように接してくれ、何より、僕の性格をよく理解し、動きやすいように色々と取り計らってくれた。

彼のお陰で、僕は、OIST内で自由に動くことができたことは間違いない。このとき、アメリカ人の人材に対する柔軟な捉え方に、深い感銘を受けた。純粋に能力のみで人を評価することを前提にしている。日本人のように、とにかくその組織のカルチャーや慣習に強制的にはめるようなことをしない。後に触れるが、僕は、ボブと日本とアメリカの様々な違いについて議論し、彼のお陰で、日本の本質的な問題点について、より深い理解を得ることができた。

このピーターとボブの支援を受けて、僕は２０１９年９月より副学長待遇アントレプレナー・イン・レジデンスとして、ＯＩＳＴに参画する。入ってから知ったが、ＭＩＴやスタンドフォード大などでの大学側が運営するインキュベーションプログラムとしては、起業家の育成に携わる役割であるこのタイトルのポジションは、すでに10年以上も前から、常識になっていたとのこと。しかし、日本の大学としては、初のことだったらしい。それほど、日本の教育システムは、遅れている。

ＯＩＳＴは、僕が参加した設立から約９年目の２０１９年には、世界の研究格付け機関である「ネイチャー・インデックス」で、世界９位にランクインしたほどの実力を持つ。同年、東大は40位である。

日本が「失われた30年」で迷走する中、なぜ、ＯＩＳＴはわずか10年足らずで世界９位になれたのか？

成功要因は3つある。まず多様性。OISTには日本特有の「同調圧」がない。日本でなぜ「出る杭は打たれる」のか？　答えは「同質指向社会」で多様性がゼロだからである。一方、OISTは世界60カ国以上からAクラス人材が集う強固な多様性がある。故に、尖《とが》ったアイデアがガラパゴス化せず世界に出られる。

次に学際性。21世紀は細分化ではなく統合化の時代。20世紀に大学は専門化が進んだ。ハーバード大では現12学部の内半数6学部は20世紀に創設。しかし、1970年代から行き詰まり、分野横断の研究が活発化、これが現代のノーベル賞の中心となっている。OISTは教育プログラムから教授・研究者同士の会話を促す建物に至るまで学際性を追求しデザインされている。

最後はピーター提唱のハイトラストファンディング。研究者を信じ細部に口を挟まない。正反対が、経産官僚肝入りの2千億円のVC、産業革新機構である。結果は大失敗に終わった。原因は、起業家に対してマイクロマネジメントをやり続けたがため。彼らは、責任逃れのため、過去の失敗をなかったことにするため、定期的にこのプロジェクト名を変更している。つまり、我々が納めた莫大な税金を使い続けながら、今なお、この愚行を一切改めていない。

21世紀イノベーションの代表格iPhoneやテスラはこの3つの融合から生まれたものだ。創造的破壊から逃げ、表面的な解決策による金儲けばかりに執着し、自分達の権力と利権を守るために、多様性を社会から排除したがる日本社会が、今後、世界の表舞台で活躍する可能性はゼロである。

だからこそ、僕は、OISTは沖縄の「未来の全て」であり、日本の「最後の希望」だと感じて、参加した。だから、もし、OISTでのプロジェクトが、上手くいかなかった場合は、僕は日本からは出ると覚悟を決めていた。

参加してから、まず取り組んだことは、スタートアップスクールの立ち上げだ。体系的

図：No.4　教え子の一人、ザックと

なプログラムを開発。教え子の一人のザック・ベルは、イギリスの大学でバイオテックのPh.Dを取った後に、OISTの主任研究員になり、彼が特許を取った「シード・テクノロジー」は、プロテイン市場やCBD市場に大きなイノベーションをもたらすことができるとわかったので、個別のメンターもやり、戦略作りからチーム組成など、様々な支援をした。OISTのノースキャンパス構想を見据えて、ローカル企業との連携強化を強めたいOIST経営陣の意向を踏まえ、沖縄ファミリーマートなどを経営する地元商社最大手のリウボウ商事とザックのスター

トアップであるレップス・ジャパンの間にパートナー契約の締結を仲介。ピーターにも出席してもらう形で、ＯＩＳＴとリウボウ商事との共同記者会見も実施し、これは、ローカルメディアで大々的に取り上げるもらうことができた。

その後、ザックが連れてきた香港の販売パートナーとの間の契約の取りまとめもサポートし、彼は２０２２年には、このパートナーとの協業で中堅日本企業との間に年間10億円規模に及ぶ彼のシード・テクノロジーを活用した事業契約をまとめた。これは、ＯＩＳＴ発のテック・スタートアップとして、今なお最大の成功事例となっている。

ただ、ボブとの議論で、全ての研究者が、彼のように起業家資質を持ち合わせているわけではなく、研究者によっては、そのようなコアのテクノロジー研究開発に集中し、外部の起業家に託す方が上手くいくパターンもあると考え、ＯＩＳＴの研究者の実力にふさわしい出口先として、僕が、Orb 売却後に当時、親しい友人である日本で人材紹介会社を起業・経営するアメリカ人起業家のケーシー・ウォールの推薦で、Google のグローバルアクセラレータープログラム（Launchpad Accelerator）のリードメンターをやっていたこともあり、当時のGoogle側の日本の運営責任者である原さんの紹介で、Googleが次世代の破壊的イノベーションを研究開発するために立ち上げた特殊プロジェクトであるGoogleXにつないでもらいパートナーシップ契約を締結した。GoogleXは、提携先大学を厳密に精査し、絞り込むことでよく知られており、この実績は、日本の大学では、東大、京大に続いて3番目である。

次に取り組んだことは、僕をOISTの中と外の人に知ってもらうこと。OIST広報チームと連携し、程なくして、ローカル新聞大手の「琉球新報」で僕のコラムを連載できる段取りをしてもらい、そのマーケティング効果を活用して、沖縄県庁への足掛かりを獲得した。

コラムを展開する傍ら、並行で進めたのが、ボブの紹介で、2011年OIST立ち上げ時に、沖縄県庁副知事を務めた沖縄協会副会長で、OIST経営陣の一人でもある、OIST監査役の上原良幸氏を巻き込んで、沖縄県庁に僕が考える沖縄振興法の2022年度改良案を、盛り込んでもらうことである。

まず、ノースキャンパス構想も盛り込んだ「2022年度 沖縄振興特別措置法の更新に向けた、沖縄県が取り組むべき産業政策の骨子について」というタイトルで、16ページのレポートを英語で作った。規制面でのロジックも抜かりなく固めるため、タイミングよく僕の後にOISTに参加していた法務統括副学長の松下正弁護士に協力してもらった。彼は、ハーバード大学のロースクールを出た後、ユニクロ社外取締役など、大手企業の独立取締役を歴任した優秀な企業弁護士で、僕の考えているスタートアップの仮想通貨も含めた資金調達に関わる法規制の要点や、投資家優遇措置の要点を瞬時に理解し、的確なフィードバックをくれた。このレポートをピーターとボブに読んでもらい、彼らに、OIST自体も、沖縄振興特別措置法の改良案に積極的に関わるべきということで納得してもらい、今度は、このレポートの日本語版を作成し、沖縄県庁に提案を進めた。僕の琉球新報のコラムによるマーケティング効果が出ていたので、このレポートは、すぐさま、県庁内で話題になり、予想通りの手応えを得た。更に、このレポートを、ボブの紹介で、沖縄経済同友会にも展開し、沖縄の地元有力企業を巻き込むことにも成功した。これが、先にのべたリウボウとの提携につながっていくことになる。

そして、最後の仕掛けがOIST主催の「ディープテック・ラウンドテーブル」である。ピーターとブレストして作ったプロジェクトで、3ヶ月に1回ぐらいの頻度で、OISTの研究者、そして、国内外の有望なディープテック起業家、更に、スポンサーになってくれる投資家（大手企業含む）を呼んで、ノースキャンパス構想の目玉となる研究室主導のR&Dディールや海外から優れたテックスタートアップを戦略的に誘致していく企画である。

ブロックチェーン領域は、僕のネットワークで全てカバーできるが、それ以外のディープテック領域をカバーできるプレイヤーと組みたいと考え、OISTとの縁をくれた大塚泰造氏に相談し、ユーグレナの育ての親である僕と同じ76年世代のリバネス創業者兼CEOの丸幸弘氏に白羽の矢を立てた。彼は、今でもよき友人の一人だが、リバネスもユーグレナと共に沖縄での事業を積極的に行っていたこともあり、彼もこの企画を快諾してくれた。

そして、ピーターも、この企画に、彼の人脈を駆使して世界中から有力者を集める動きを取ってくれた。そのうちの一人は、Appleで、スティーブ・ジョブズ直属のシニア・ディレクターとしてiPod・iTunes事業を立ち上げたジェームス比嘉である。彼は、沖縄出身の日系2世ということもあり、ＯＩＳＴに愛着を持ってくれ、２０２０年より理事メンバーの一人となっている。

第1回の開催時、ジェームスのラウンドテーブルへの参加はスケジュール合わずで、叶わなかったが、ピーター推薦のＯＩＳＴ屈指の教授陣に加えて、リバネスがユーグレナと運用する日本で圧倒的№1のディープテック・ファンドであるリアルテック・ファンドのポートフォリオ企業数社、更に、ユーグレナ創業者兼ＣＥＯの出雲充さんやロート製薬会長の山田邦雄さんなど、錚々たるメンバーが揃い、最新のディープテック・プロジェクトについて、互いにプレゼンをしながら議論し、この企画も素晴らしいスタートを切った。

更に、僕は、ここに、イーサリアム財団のディレクターをやっている宮口あやにも声をかけ、彼らが、ブロックチェーン社会システム構想に興味があることを知っていたので、ノースキャンパスに、ブロックチェーン構想を組み入れている点を伝え、イーサリアム財団からOISTへ寄付してもらう下地も作っていった。

また、中央政府側でも幸運が働いていた。2014年から2017年のロビー活動時代に、常に日本の仮想通貨・ブロックチェーン市場の立ち上げを積極的にサポートしてくれていた河野太郎議員が、2020年に、行政改革担当大臣との兼務で内閣府特命担当大臣（沖縄及び北方対策、規制改革）になったことだ。つまり、彼が、日本政府側の「沖縄振興特別措置法」の内容を決めるリーダーということだ。しかも、ピーターが国内外の寄付活動目的ですでに立ち上げていたOIST財団のディレクターであるデビットが、河野太郎氏と長年の親友という。早速、デビットと共に、ピーターを説得し、河野大臣との東京での面談やOISTへの来訪をセットしてもらい、OISTの「沖縄振興特別措置法」の改正案を売り込んでもらった。

このまま順調に進めば、僕がOIST参画前から思い描いていた通りの「沖縄振興特別措置法」の改正案に着地できるなという手応えを感じていた矢先、また、全てが止まってしまう事件が起きる。

「新型コロナウイルス」である。特に沖縄は、一時は東京より酷い感染率を記録した時期もあり、この未曾有の事態への対応に、沖縄県庁側も中央政府側も追われることになり、急激にスローダウンしてしまった。

起業家は、自らが目指す未来を実現するため、常に状況の変化に迅速に適応し、行動を切り替えていかなければならない。

したがって、僕は、Orb売却後からずっと構想を温めてきたYouTubeを活用したユニークな仮想通貨ファンドの事業に集中するため、2021年5月にOISTを出た。そして、現在に至る。

2. Web3投資 4つの原則

では、ここからは、本題のWeb3投資の話を進めていきましょう。

まず、Web3の投資とは何か？ 一言で言えば、Web3における未来の“Google”をいかに発掘するか？

につきます。

実際に、あなたが、Web2の覇者の1社である創業期のGoogleに投資していたと仮定しましょう。

１９９8年Googleが創業した時点での時価総額は、約10億円でした。それが、23年後の現在、１８１兆円の企業まで成長しています。

つまり、23年間で、18万１０００倍のリターンです。すごいですね。もし、仮にあなたが、10万円、創業期のGoogleに投資していたなら、現時点で、その10万円は、18億１０００万円になっているということです。

今までこのような投資を個人投資家が行うのは不可能でした。

しかし、それを可能にしたのが、「Web3投資」です。

世界中から立ち上がってくる様々なWeb3プロジェクトに、日本市場などに限定されることなく、完全にボーダーレスで、創業期に近い時点から投資を可能にしているのが、

図：No.5 2014年6月～8月にて実施されたEthereumのICO

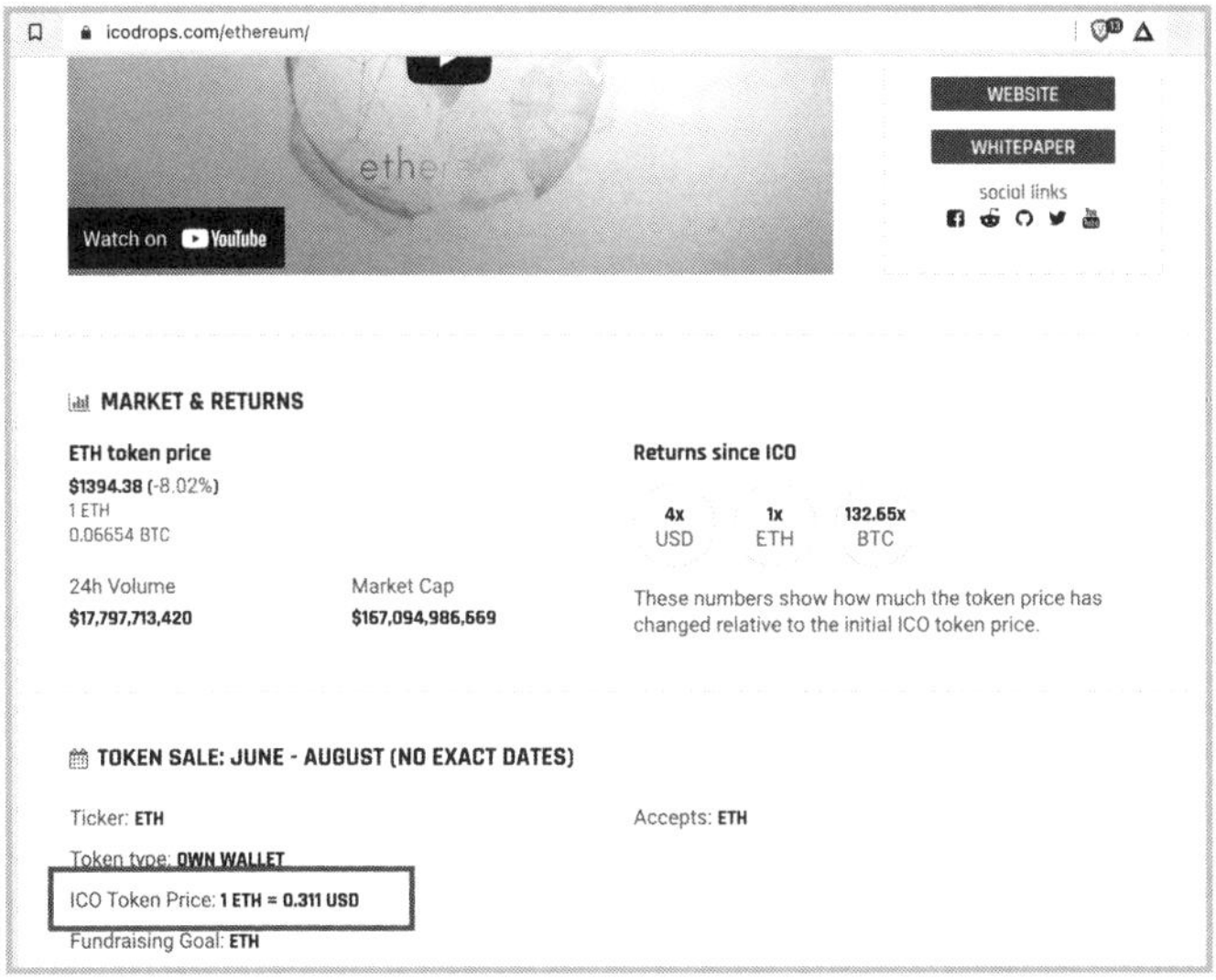

出典元：ICODROPS ホームページ参照

Web3投資の最大の特徴です。

たとえば、誰もがよく知るWeb3プロジェクトの一つに、イーサリアムがあります。

イーサリアムは、２０１４年８月にＩＣＯを実行し、その際に、売りに出されたＥＴＨの価格は、０・３１１米ドルです。

このＥＴＨを現在まで保有している場合、２０２１年11月には、最高値の４８６８米ドルをマークしていますから、その時点でのリターンは、七年間で約1万5600倍となります。

しかし、イーサリアムはすでにビットコインに次ぐプロジェクトに成長しているため、今から、このリターンを狙うことはほぼ不可能です。

ですから、他のプロジェクトの中から、同じレベルのダイヤの原石を発掘してくる必要があります。

僕は、インターネット市場から生まれた巨大プロジェクトの数を踏まえても、ブロックチェーン市場から、最低でも、あと2つから3つ、ビットコインやイーサリアムに匹敵するプロジェクトが生まれてくると見ています。

ただし、玉石混淆の中から、未来の Google を発掘することは容易ではありません。

こちらを見てください。

図：No.6　取引所にリストされている全トークン情報をまとめている CoinGecko

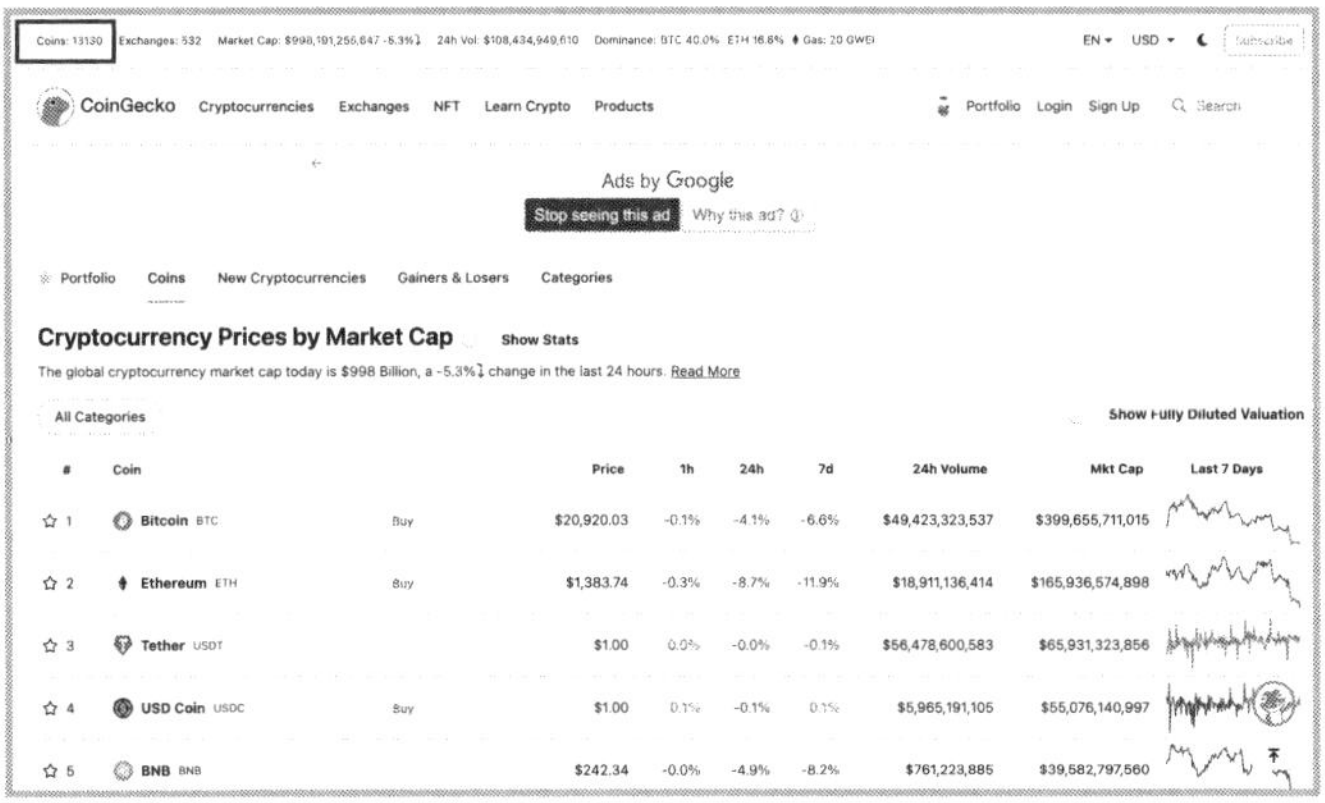

出典元：https://www.coingecko.com/

Web3を中心とした全仮想通貨の銘柄情報をまとめているCoinGeckoのデータです。

現時点で、赤枠で囲っているところからわかるように、1万3000以上のプロジェクトが登録されています。

この全てを分析するのは、正直、現実的ではないですね。1日24時間では足りないです。(笑)

その点を踏まえた上で、僕がまず行っているのは、僕のポートフォリオ戦略に該当する銘柄かどうか？ の判定です。

この８つのカテゴリに該当しない銘柄は、その時点で、対象から外しています。

僕のポートフォリオ戦略については、後ほどまとめているので、そちらを参考にしてもらうとして、まず、そもそも論として、なぜ、仮想通貨投資において、短時間でこのような巨大なリターンが生まれるのか？

この点について、詳しくお話ししておきましょう。

2－1．なぜ、ハイリスク・ハイリターンなのか？

ここからの話、主に2章と3章は、色々と業界専門用語が出てきます。主要なものは、スムーズに読み進めやすいように、文中に説明文を入れていますが、あまり説明文ばかりになると読みづらいので、5章の終わりに用語説明集を入れているので、適宜、活用してください。

まず、一般的に、仮想通貨への投資は、ビットコインとそれ以外をアルトコインと日本では呼ぶことが多いですが、海外では、みなアルトコインとは呼ばず、ブロックチェーン・スタートアップやWeb3スタートアップと呼ぶのが一般的です。

そこで、この本でも、「Web3スタートアップ」という表現で統一します。

一般的に、スタートアップという言葉は、テクノロジー分野の起業家以外にとっては、あまり馴染みのない表現になるでしょう。

しかし、Web3スタートアップへの投資がハイリスク・ハイリターンになる傾向が強いのは、プロジェクト内容がスタートアップそのものであることに由来します。

テクノロジー・スタートアップへの投資モデルは、その「スタートアップ」という言葉の生みの親であるシリコンバレーですでに確立されています。

これが、テックスタートアップ投資の基本モデルです。これは、シリコンバレーのVCでは当たり前のように使われているモデルです。

縦軸が時価総額、横軸が事業の成長です。

全て、ゼロからスタートします。

スタートアップが一番初めに行うラウンドをエンジェル・ラウンドと言います。

ここで定義されているマイルストーンは、プレゼン資料に書いたプロダクトを実際に開発して、非公開で潜在ユーザーに使ってもらうこと。そのための軍資金を調達します。

1から2年分の資金で、多くて3000万円から1億円程度。2－3人から10人未満のチームの人件費です。

図：No.7　テックスタートアップ投資の基本の仕組み

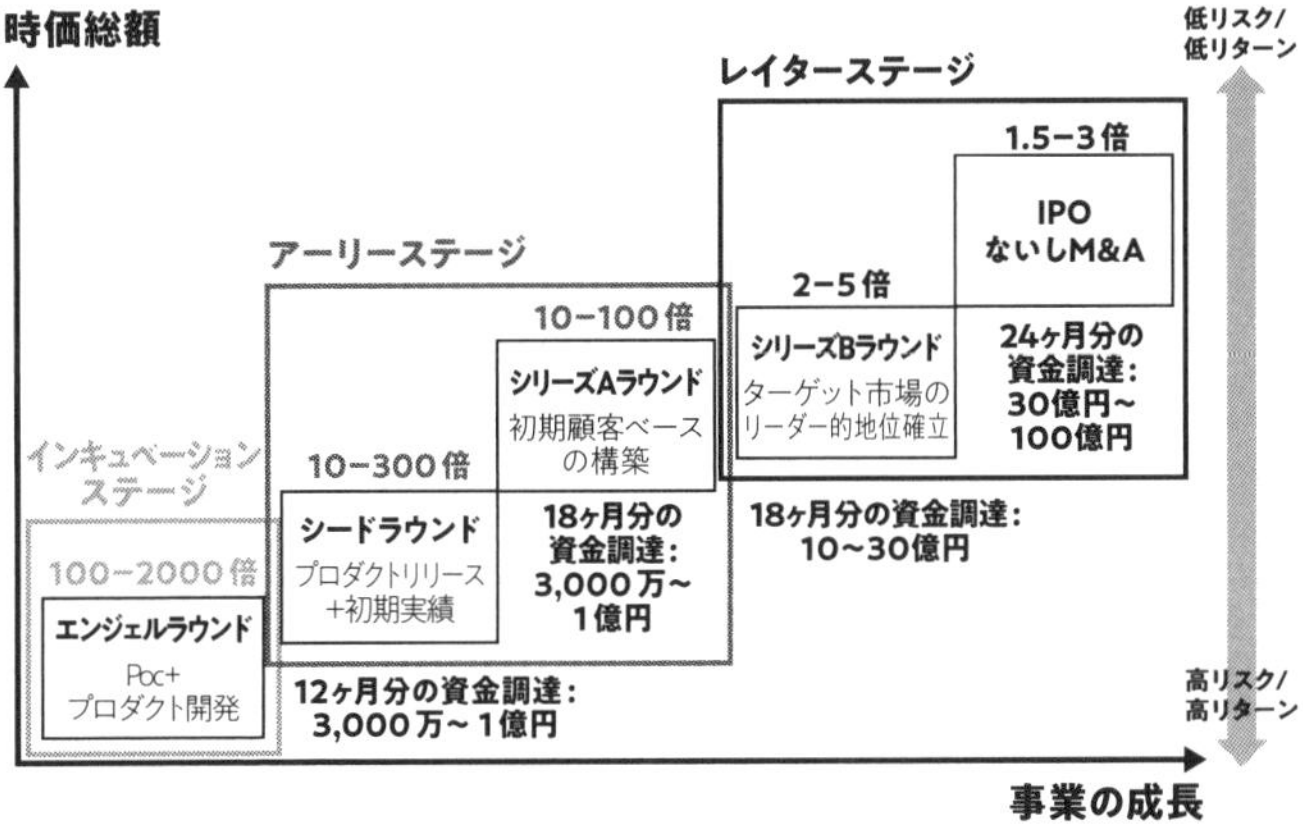

次がシードラウンドで、マイルストーンは実際に製品を公開し、初期の実績を作ること。

18ヶ月分の資金を調達することが一般的で、取り組むプロダクトによって費用感は異なりますが、3億円から10億円程度調達します。

その次が、シリーズAラウンドです。立案した市場参入戦略をもとに、市場で生き残るための初期の一定規模の顧客ベースを構築します。事業開発のための資金調達が主要目的です。10億円から30億円程度調達します。

その次が、シリーズBラウンドです。立案した市場参入戦略をもとに、対象市場で、No.1プレイヤーになることを目指します。

2年分の資金で、30億円から100億円調達するのが一般的です。

これ以降は、未上場のままVCからシリーズCやDの形で資金調達するベンチャーもいれば、IPOをしたり大手企業に売却するなどのケースもあります。

そして、当然のこととして、創業期に近いほどハイリスク・ハイリターンで、後のフェーズで投資するほどローリスク・ローリターンです。

実際、VC業界では、3つぐらいのステージでみなポートフォリオを組みます。

エンジェル・ラウンドをターゲットにするステージをインキュベーションステージと言い、ここでは、投資先より一般的に100倍から2000倍ぐらいのリターンを狙いにいきます。最もハイリスク・ハイリターンです。

次にシードからシリーズAまでをアーリーステージと定義し、シードで、10倍から300倍程度。シリーズAで、10倍から100倍ぐらいのリターンを狙います。

最後が、レイターステージと定義し、シリーズBで、2倍から5倍のリターン、シリーズC以降で、1・5倍から3倍のリターンを狙います。

このモデルを活用して、Web3スタートアップへの投資を考えます。次の図を見てください。

まず、今まで、個人投資家が投資できたのは、IPO以降の株式のみですよね。東京証券取引所などに上場した後ですから、正直、時価総額はすでに相当上がっています。狙えても、せいぜい1・5倍から3倍程度です。

一方、その点を踏まえると、未上場企業のようなプロジェクトに投資できるのが、Web3スタートアップ投資の最大の魅力です。

当然リスクは、上場株投資に比べると、その分上がりますが、僕は、このブルーゾーンが個人投資家にオススメできる領域と考えています。

シードラウンドからシリーズBラウンドまでの領域ですね。つまり、最大で、300倍ぐらいのリターンを狙うことをターゲットします。

また、ICO／IEO／IDOについても、触れておきます。2017年のICOブームがあった際のステージは、ほぼ全てのプロジェクトが、この図で言うところのエンジェル・ラウンドのレベルでした。

図：No.8　個人投資家にとってのWeb3市場の最適な投資機会

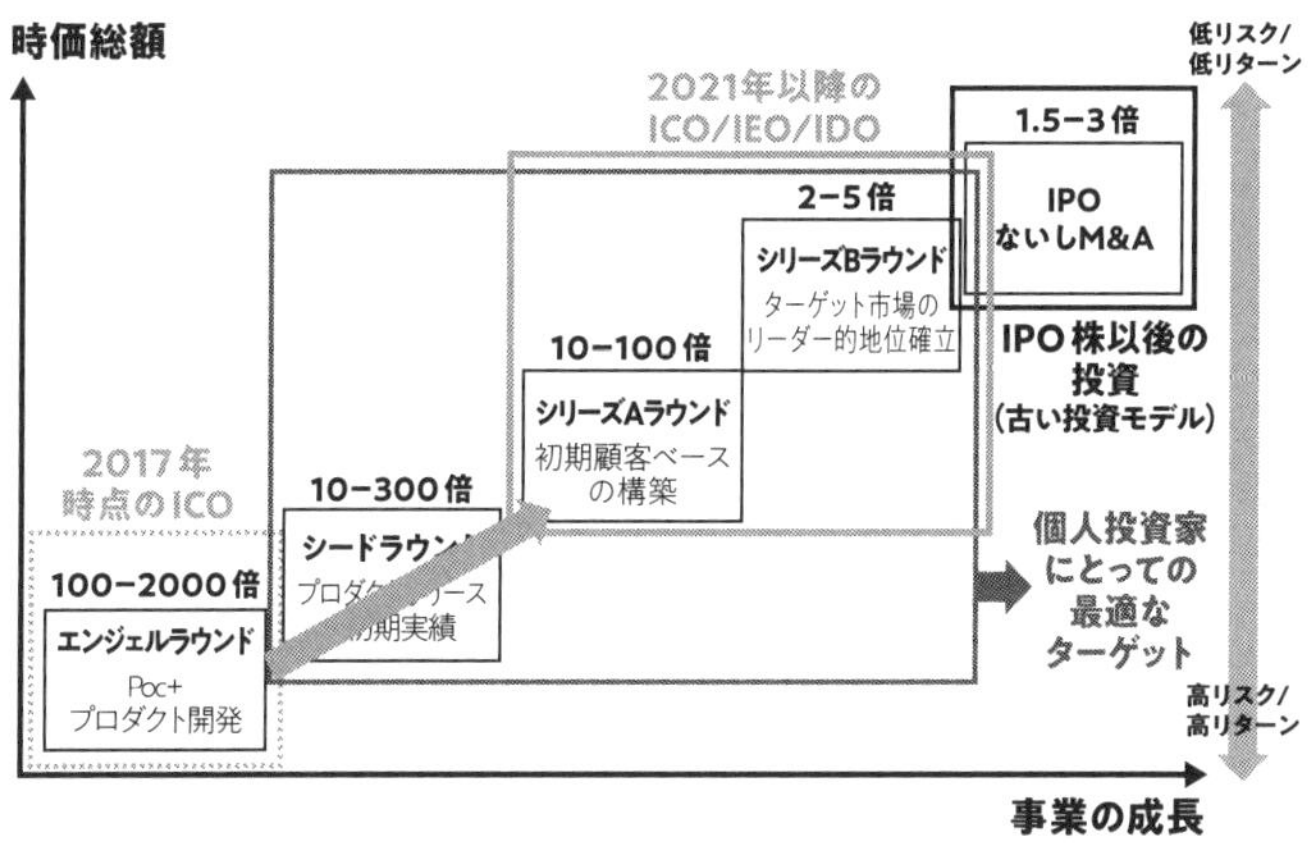

つまり、かなりリスクの高い投資ということです。

しかし、現在のブロックチェーンスタートアップのＩＣＯ／ＩＥＯ／ＩＤＯは、大半が、このシリーズＡからシリーズＢぐらいのステージで実施されるケースが多いです。その点も頭に入れておくとよいでしょう。

背景にあるのは、ＳＡＦＴやトークンワラント付きＳＡＦＥに代表される、プライベートでのトークンセールスの資金調達の法的な担保が整ってきたことにより、プロの仮想通貨ファンドが、エンジェルやシードラウンドのブロックチェーン・スタートアップに投資するようになってきたからです。僕も、プロのエンジェル投資家として、プライベートセールのラウンドも積極的に参加しているので、この手の知識も十分持っています。

しかし、この本は、個人投資家向けなので、その詳細説明は省略します。

ですから、1万3000以上のプロジェクトからこの2つのフィルターを活用するだけでもかなりプロジェクト数を絞り込むことができます。

2－2．僕のポートフォリオ戦略

では、ここから、僕のポートフォリオ戦略の基本の考え方について話をします。

まず、基本の考え方は、株式、債権、または法定通貨など既存の金融市場をオールドマーケットとして捉えています。この市場の特徴は、年率最低2％以上でお金の量が増えてい

図：No.9　僕のポートフォリオの戦略

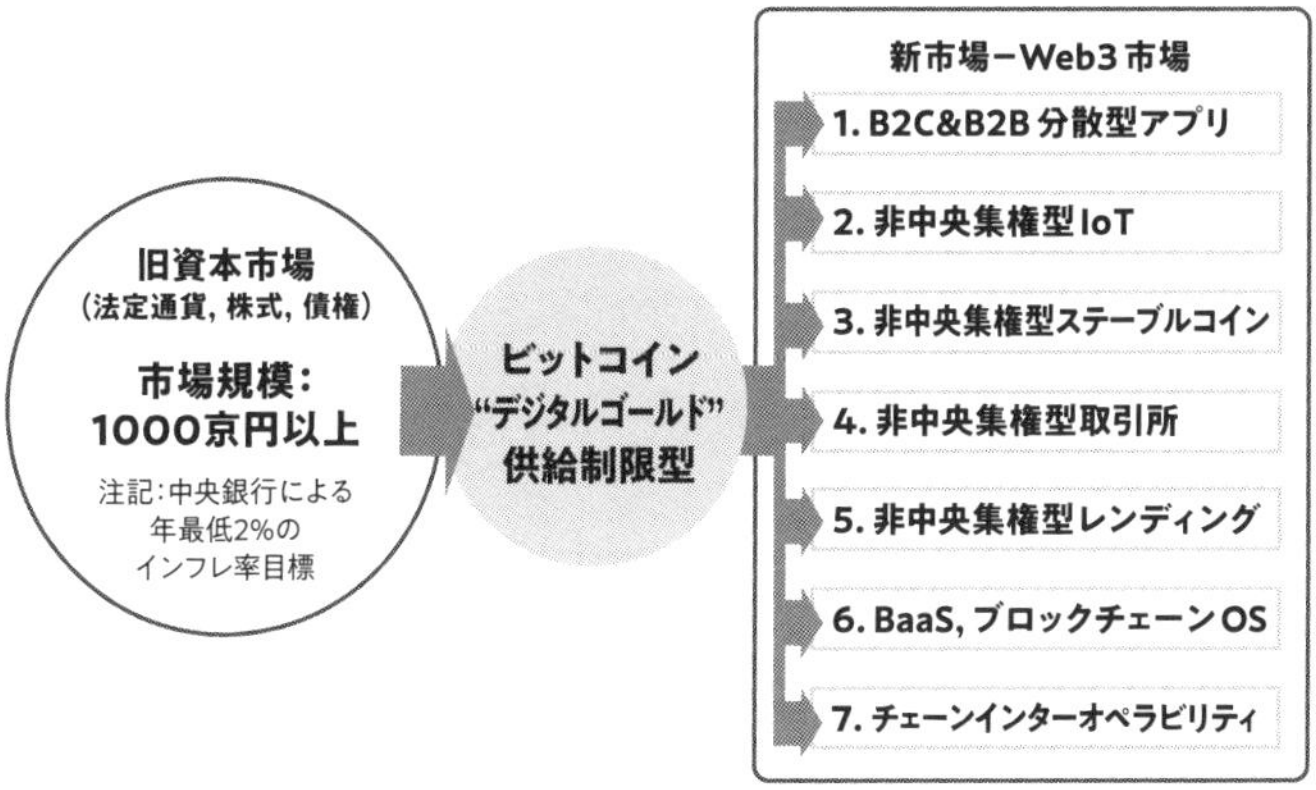

く、つまり、未来永劫インフレが続く市場です。ですから、毎年の収入が継続的に2%以上増え続けない限り、この古い経済で生きている人は貧乏になっていきます。

一方、仮想通貨・ブロックチェーンを中心とするWeb3市場は、古い経済システムに取って代わる全く新しい経済システムです。

まず、その第一号プロジェクトにあたる供給制限型のビットコインが、〝デジタルゴールド〟として、徐々に既存の市場から資金をこの仮想通貨に引きつけ、ビットコインの価格は、古い経済がインフレをやめない限り持続的に上昇。そして、先にビットコインに投資していた人が、その資金を利食いしたり、新たな資金を投入するなどして、右側のアルトコイン市場に投資していくことでアルトコイン市場が成長していく、という産業成長モデルを僕のポートフォリオ戦略の土台として、考えています。

その上で、この新興産業は、大きく7つのレイヤーに分類しています。ビットコインと同じデジタルゴールドのレイヤーを含めると合計8つです。

僕が投資する仮想通貨は、全て、この8つのカテゴリのどこかに分類されます。逆に、どのカテゴリにも全く当てはまらないと判断したプロジェクトには一切投資しません。今後の、ブロックチェーン産業において重要な役割を果たさない分野と判断しているためです。

この分類は、インターネット産業の発展モデルなどを参考に、僕の独自の分析視点から作成しています。一番下がインフラレイヤーで、一般ユーザーからは縁遠いソフトウェアで、一番上のDappsが、一般ユーザーが最も頻繁に触れることになるソフトウェアです。

図：No.10 ターゲット市場① デジタルゴールド

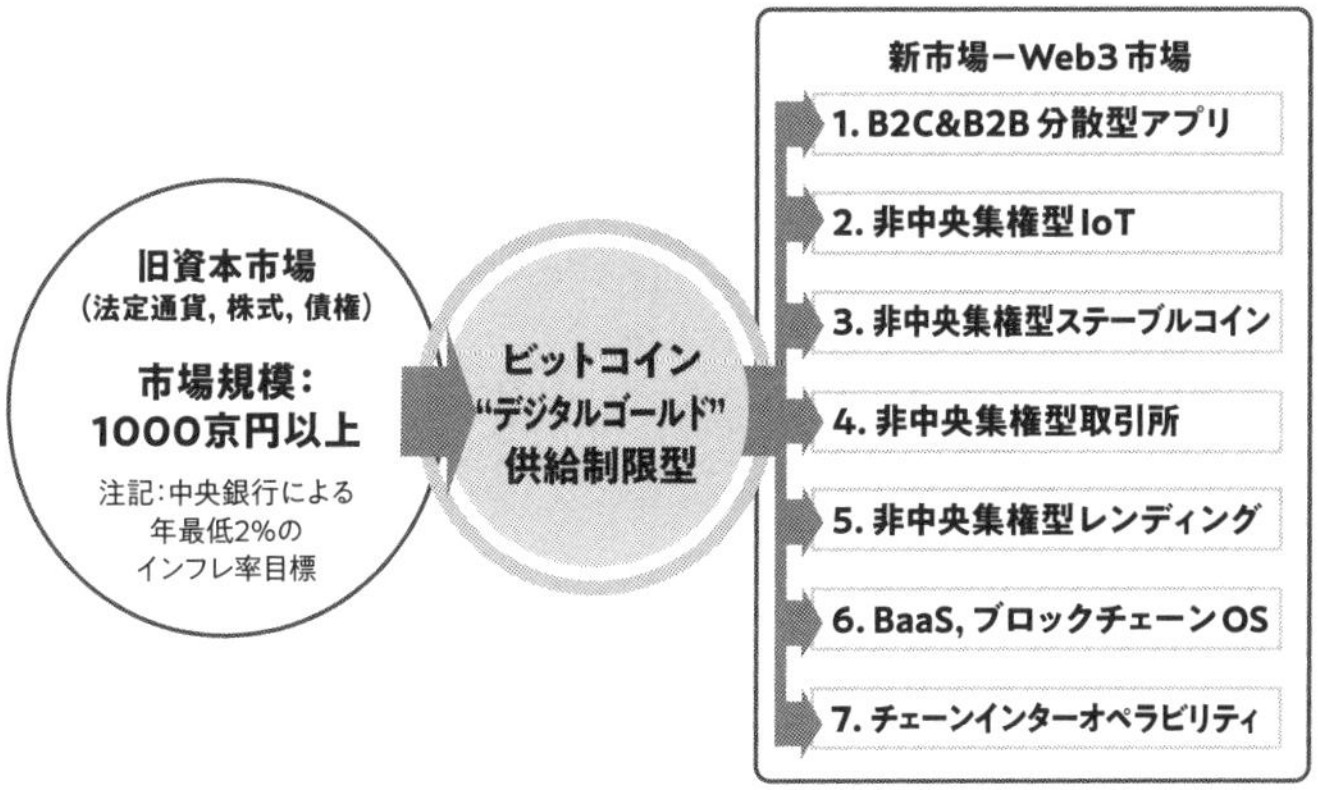

そして、僕は、いずれのレイヤー領域においても、僕の目から見てトップ1、2、3位の銘柄に投資します。

では、ここから、各レイヤーの説明と、最新の市場動向を踏まえた投資ポイントについてお話ししていきます。

デジタルゴールド

まずは、ハブとなるデジタルゴールドから始めましょう。図表にあるグレーの箇所です。

デジタルゴールドの最大の役割は、ポスト資本主義社会を作るための、強力な資金源に

図：No.11　資本主義社会におけるピラミッド構造

出典元：世界の産業労働者のポスター（1911年）

なることです。

まず、理解して欲しいことは、資本主義が、人間社会に、構造的な貧困と経済格差をもたらしているという問題。

資本主義は、過去2世紀にわたり、人類社会に多くの問題を引き起こしてきました。資本に関わる中間搾取者を生み出しています。

これを理解するには、インターネット産業とのアナロジー（類似性）を考えるのがわかりやすいです。

図：No.12 インターネット市場との類似性

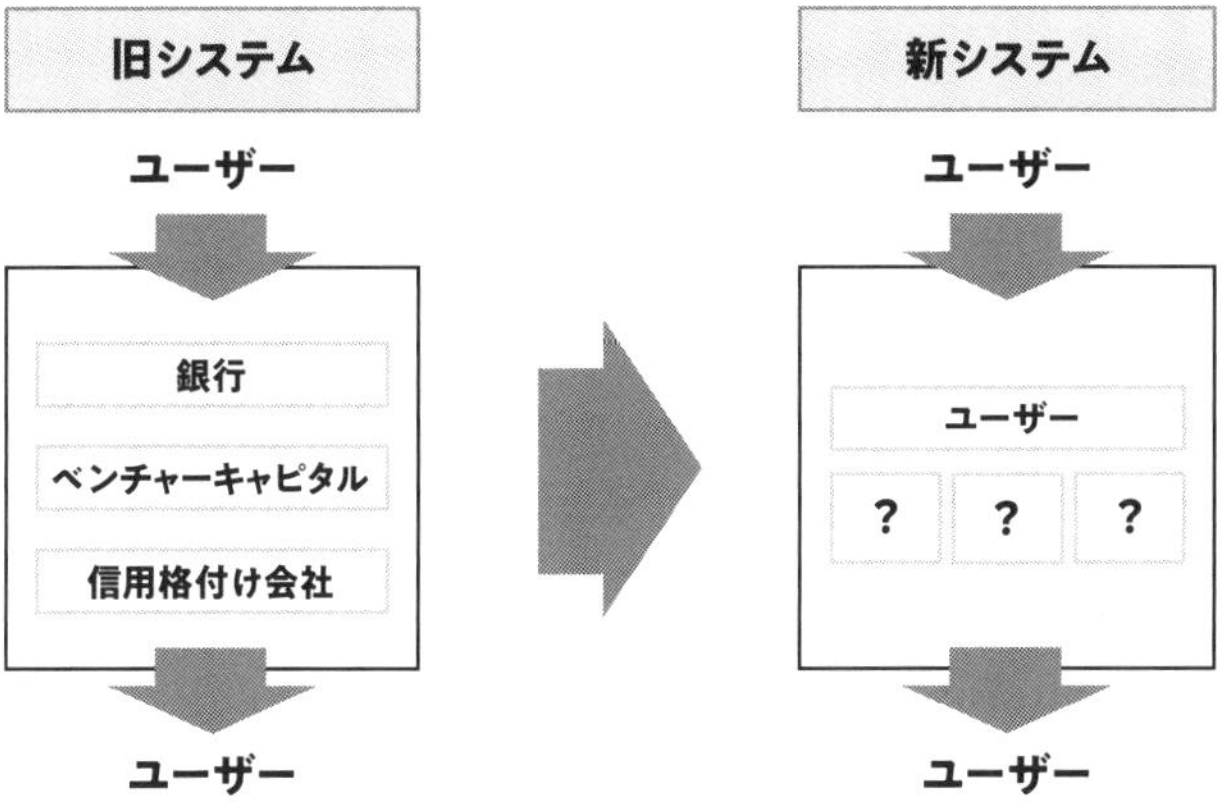

インターネットのテクノロジーは、メディアの世界を非中央集権化しました。

インターネットが普及する前は、TVがメディアの中心でした。そこでは、アーティストは、自分達の作品を、芸能事務所、TV局、広告主などの「中間搾取者」を通してしか、ユーザーに届けることができませんでした。

しかし、インターネットは、彼ら「中間搾取者」を全て取り除きました。YouTube、インスタグラムなど、どのアーティストの作品に需要があるかは、ユーザーが直接決めることができるメディア

図：No.13　インターネット市場における典型的なアーティストの成功事例

イスクラ・ローレンス ――「線が太い。大き過ぎる」という理由で、所属していたモデル事務所をクビになるも、インスタフォロワーで、500万超え。アパレル大手アメリカンイーグルとの間に、年間契約を締結するなど、モデルとして大成功を収める

出典元：イスクラ・ローレンスのインスタグラムより

フォーマットをたくさん生み出しました。

　そのお陰で、ＴＶ時代では決して日の目を見ることがなかったたくさんのアーティストが大成功を収めています。

　典型的な成功例は、モデルのイスクラ・ローレンスです。彼女は、線が太いということで、モデル事務所をクビになってしまいました。しかし、彼女は、あきらめず、インスタグラムに、線の太い人でも着こなせるコーディネート写真を

図：No.14　ポスト資本主義システム

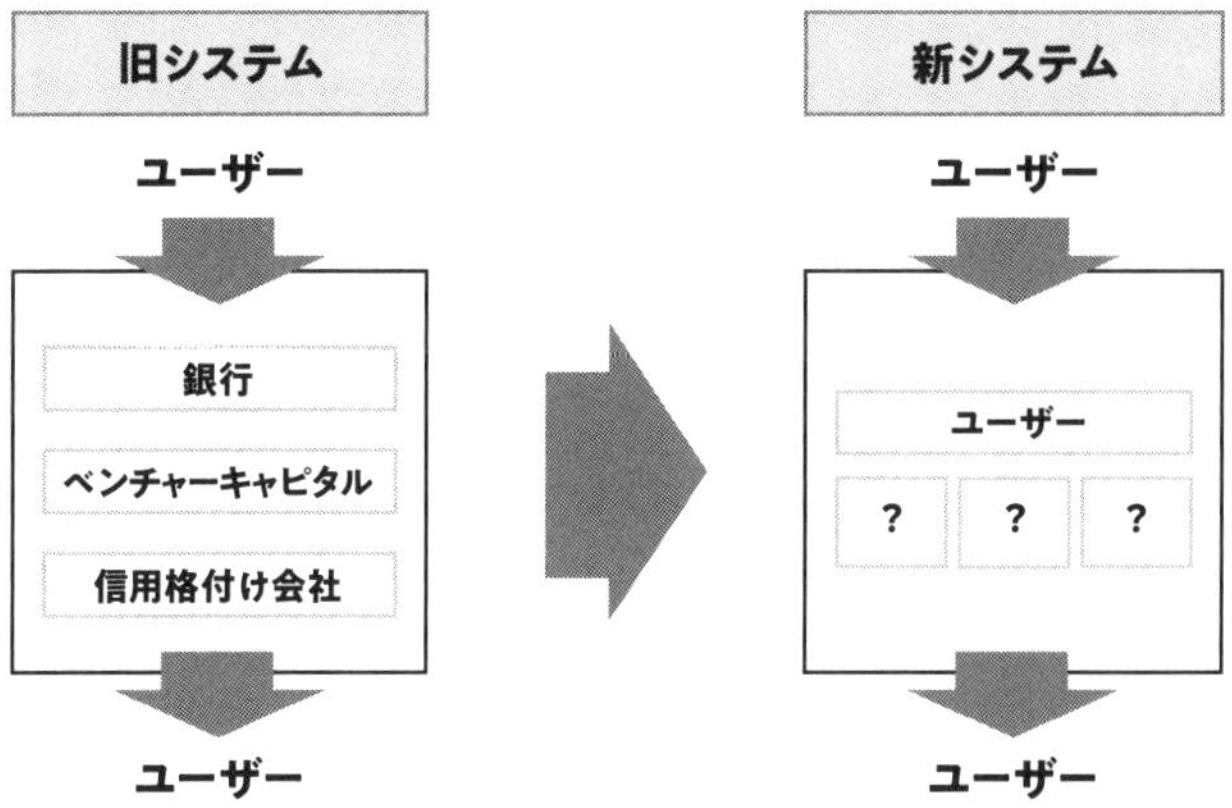

アップし続けることで、同じような悩みをもつ女性から爆発的な人気を得て、フォロワー数は500万を超え、今では、有名ブランドのアメリカンイーグルと5億円相当の年間広告契約を結ぶまでのモデルに成長しました。

今、これと同じ問題が金融の世界で起きています。

現在の金融システムは、ユーザーが預けた余っているお金を、新しくビジネスを始めたり家を買ったり車を買うなどで必要とするユーザーの誰に配分するかは、「中間搾取者」である銀行、VC、信用格付け会社が判断しています。

図：No.15　全世界に25億人いるといわれる銀行口座を持てない成人割合の分布図

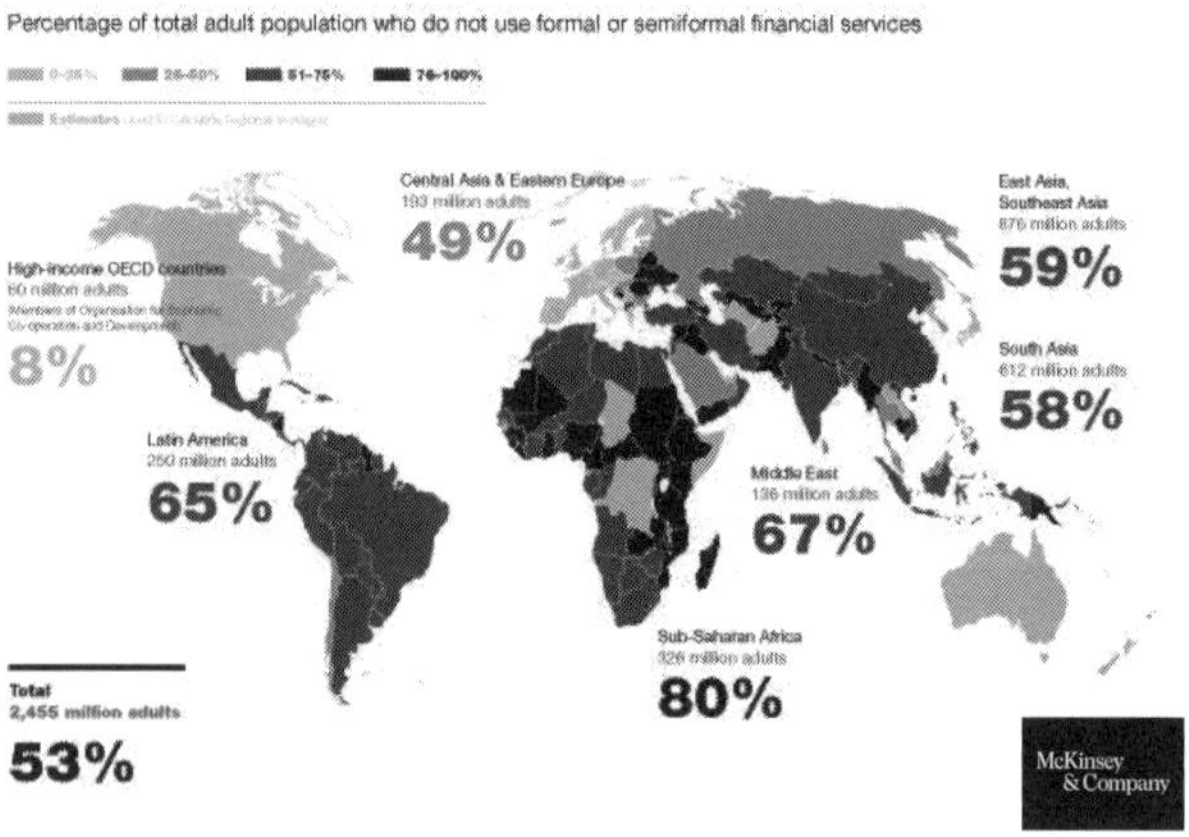

出典元：https://en.wikipedia.org/wiki/Capitalism#/media/File:Anti-capitalism_color%E2%80%94_Restored.png

しかし、ポスト資本主義の社会では、インターネットで起きたことと同じように、ユーザーが直接決めることができるようになるでしょう。それを実現するプロダクトがたくさん出てくるでしょう。それは、インターネットのキラーアプリ同様に、大きな投資チャンスと言えます。

そして、これらのキラーアプリが解決しようとしている最大の問題とは何か？

こちらをご覧ください。

世界には、銀行口座を持つことができず、

図：No.16　旧資本市場からポスト資本主義市場（=Web3市場）

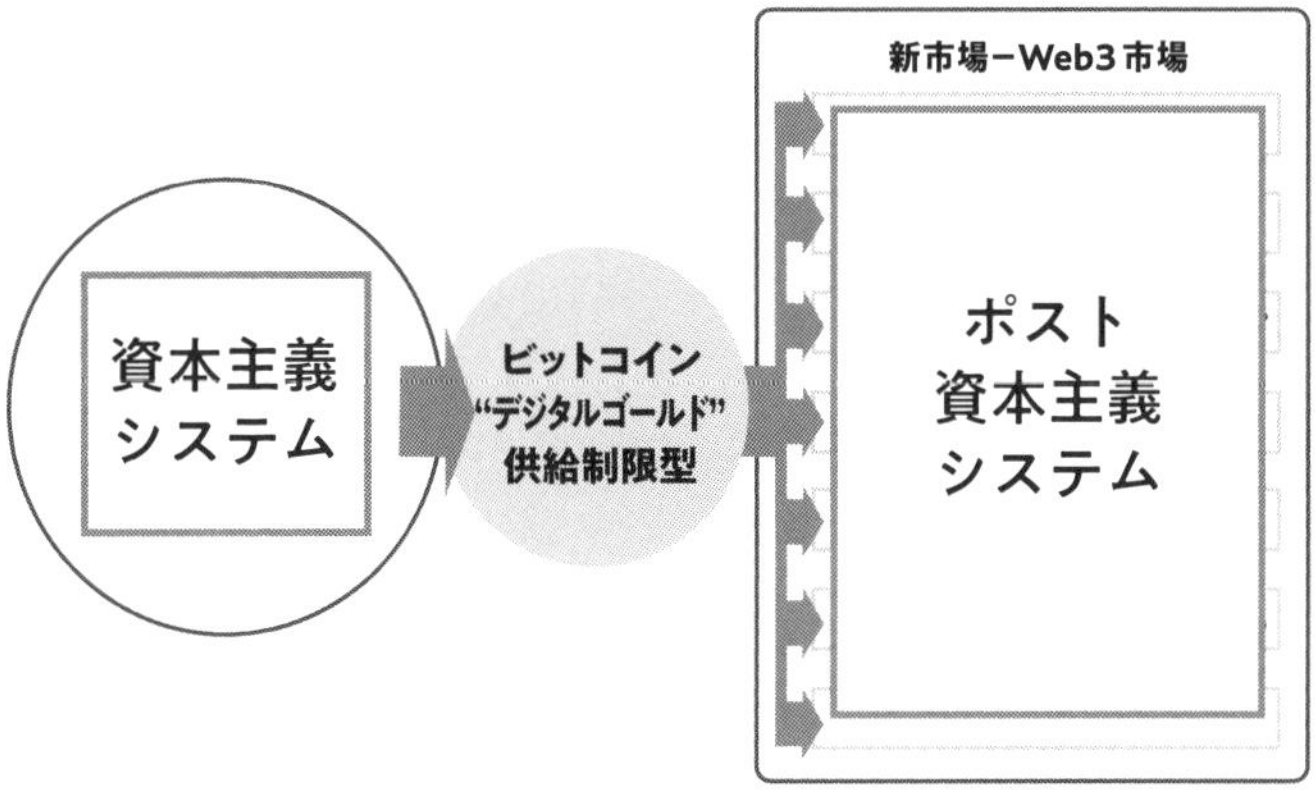

きちんとした金融サービスを受けることができない「アンバンク」といわれる成人が、25億人も存在します。世界の20歳以上の成人の約53%、つまり、半数以上を占めます。

資本主義社会がもたらした、深刻な構造的な社会問題です。

しかし、今の資本主義社会には、この問題を解決する力はありません。過去200年の資本主義の歴史が、それを証明しています。だから、20億人以上もいるアンバンクを救うために、新しい経済システムを作り出す必要があります。

当然、その新しい経済システムを作り出すには、莫大なお金がかかります。ブロックチェーン産業は、ソフトウェア産業なので、特にソフトウェアのコードを書いたり、そのソフトを使うユーザーを開拓するマーケティングなどの人件費ですね。ですから、資本主義の社会に大量にあるお金が、この新しい経済システムに流れていく仲介的な役割を果たす触媒のような機能が必要であり、僕はその役割のことを「デジタルゴールド」と名付けています。

無論、この役割に最もふさわしい存在は、ブロックチェーン産業の始祖である「ビットコイン」です。

ここで、この業界特有の投資モデルについて触れておきます。それは、ファースト・ムーバー・アドバンテッジ（＝先行者益）です。

ビットコインは、デジタルゴールドの領域で、正にこのファースト・ムーバー・アドバンテッジを獲得している典型的なプレイヤーです。

図：No.17　デジタルゴールド市場における時価総額の比較（2019年）

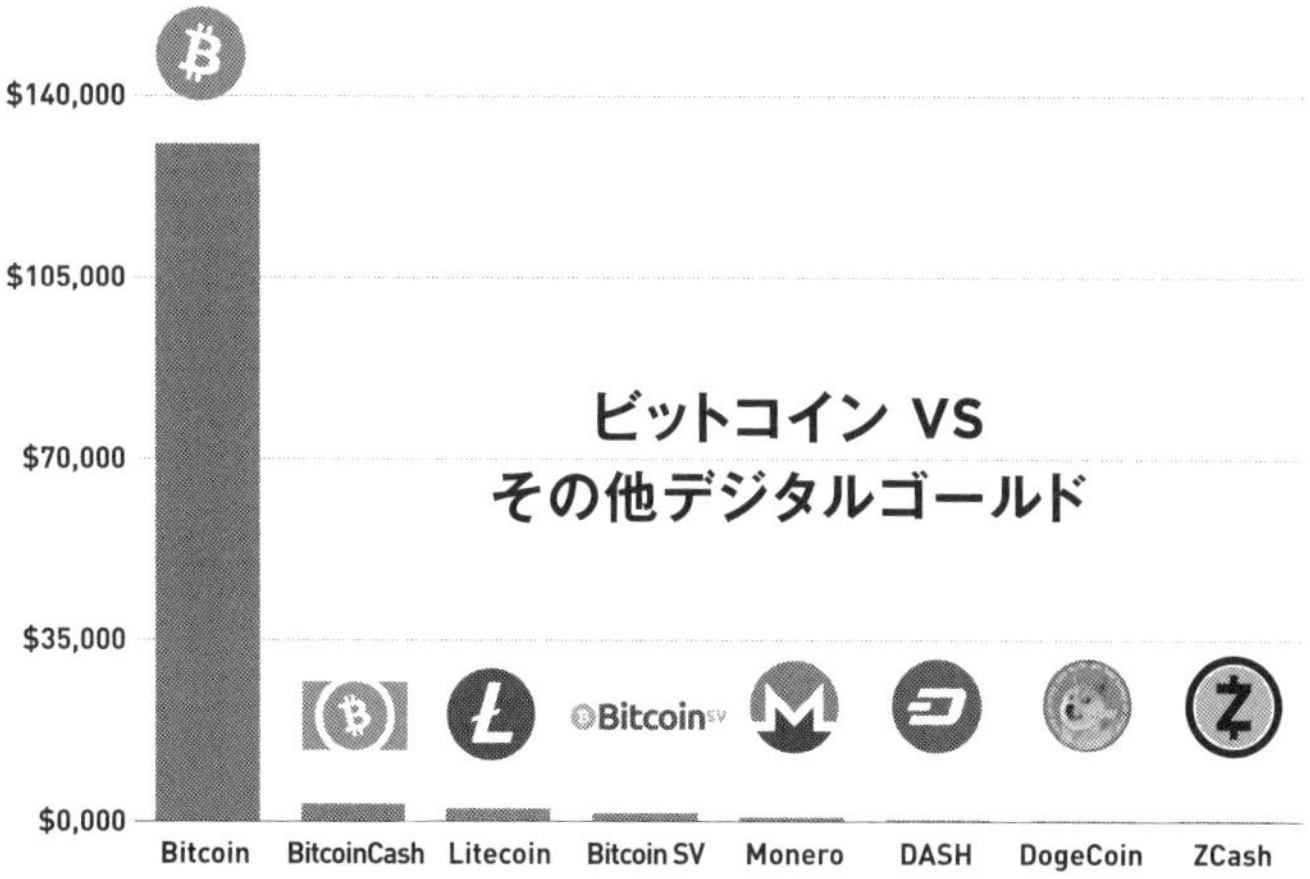

出典元：Coingecko のデータを元に著者が作成

こちらを見てください。同じデジタルゴールド系仮想通貨との時価総額比較です。

ビットコインが圧倒的ですね。これが、ファースト・ムーバー・アドバンテッジのパワーです。この性質は、僕が定義しているほかのレイヤーでも確実に機能していることを頭に入れておいてください。市場の先行者はサボってない限りは、確実にこの強力なモメンタムを得て、No.1であり続けます。

参考までに、過去の2つのIT革命において、このファースト・ムーバー・アドバンテッジは、効果をあまり持っていませんでした。

一般的に、特定市場において、「先行者より後発組が有利」というのがセオリーでした。知らない人も多いと思いますが、Google も検索エンジン市場で後発組、マイクロソフトもＯＳ市場で後発組です。

理由は、「ＶＣの存在」なのですね。文字通りの中間搾取者です。彼らは、ある程度、市場性が確認できてからの方が、投資リスクが下がると考えます。だから、先行者には極力入れたがりません。彼らが地ならしした後に出てくる、後発組で優秀なスタートアップに投資したがります。一番リスクをとっている先行者の起業家からしたら、たまったものではないですね。実に、酷い話です。

しかし、ブロックチェーン産業で、なぜ、ファースト・ムーバー・アドバンテッジが効力を持つのか？

VCの影響力が低下している市場だからですね。どんどん低下しています。むしろ、イーサリアムのICOに代表されるように、クラウド・ファンディングがこの市場の中心であり、そこをリードしているのは、個人投資家です。彼らは、そのプロダクトにとって、未来のユーザーでもあります。

つまり、インターネットのときと同じで、ニーズの有無を決めているユーザー自体が、投資家にもなることで、このプロダクトの可能性を判断し、それによって、そのトークンの価値も上昇して行くので、ニーズのある市場で、優れたプロダクトを出せば、ちゃんとファースト・ムーバー・アドバンテッジが取れる市場になっていっているのですね。これも、ポスト資本主義社会の実現に向けた素晴らしい動きと言えます。

チェーンインターオペラビリティ

では、ここから僕のポートフォリオ戦略における7つの各レイヤー分析です。

図：No.18　ターゲット市場② チェーンインターオペラビリティ

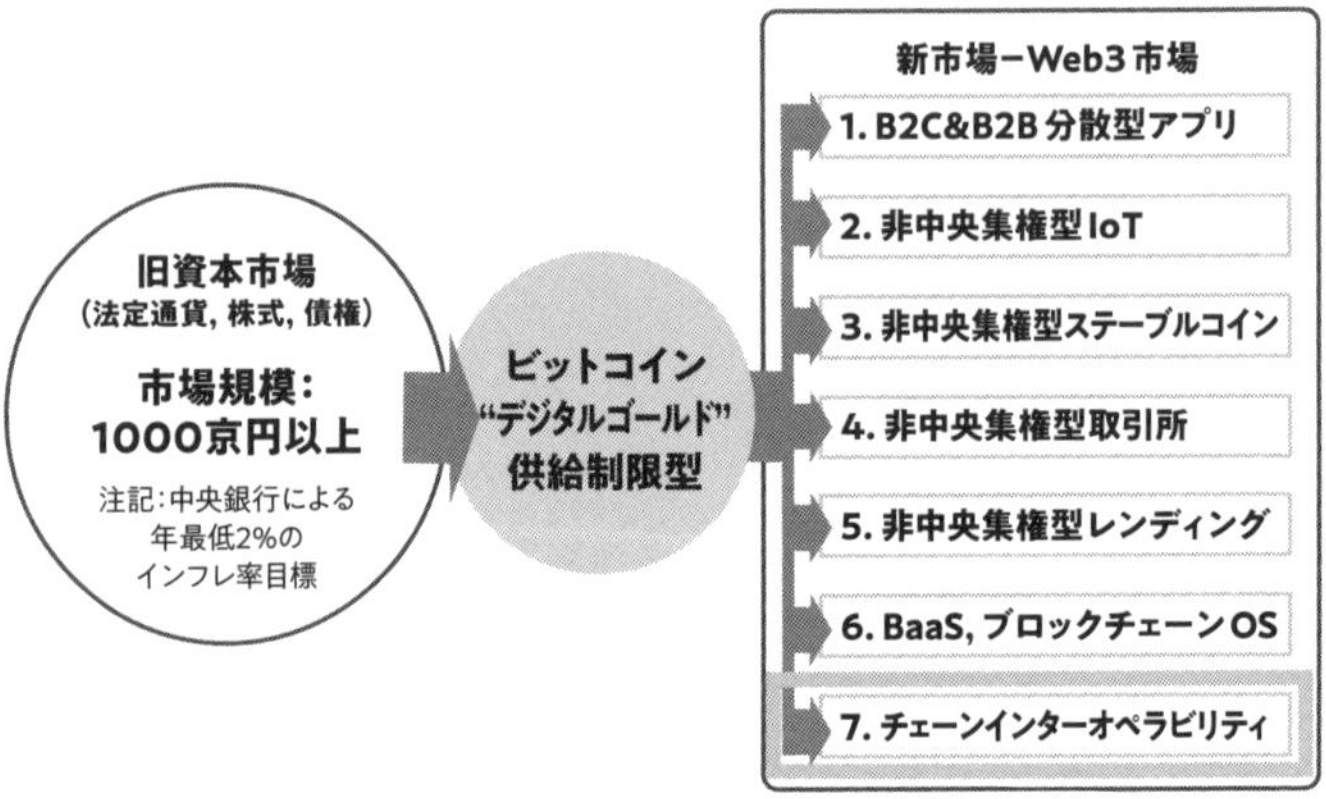

図：No.19　ブロックチェーン・インターオペラビリティとは？

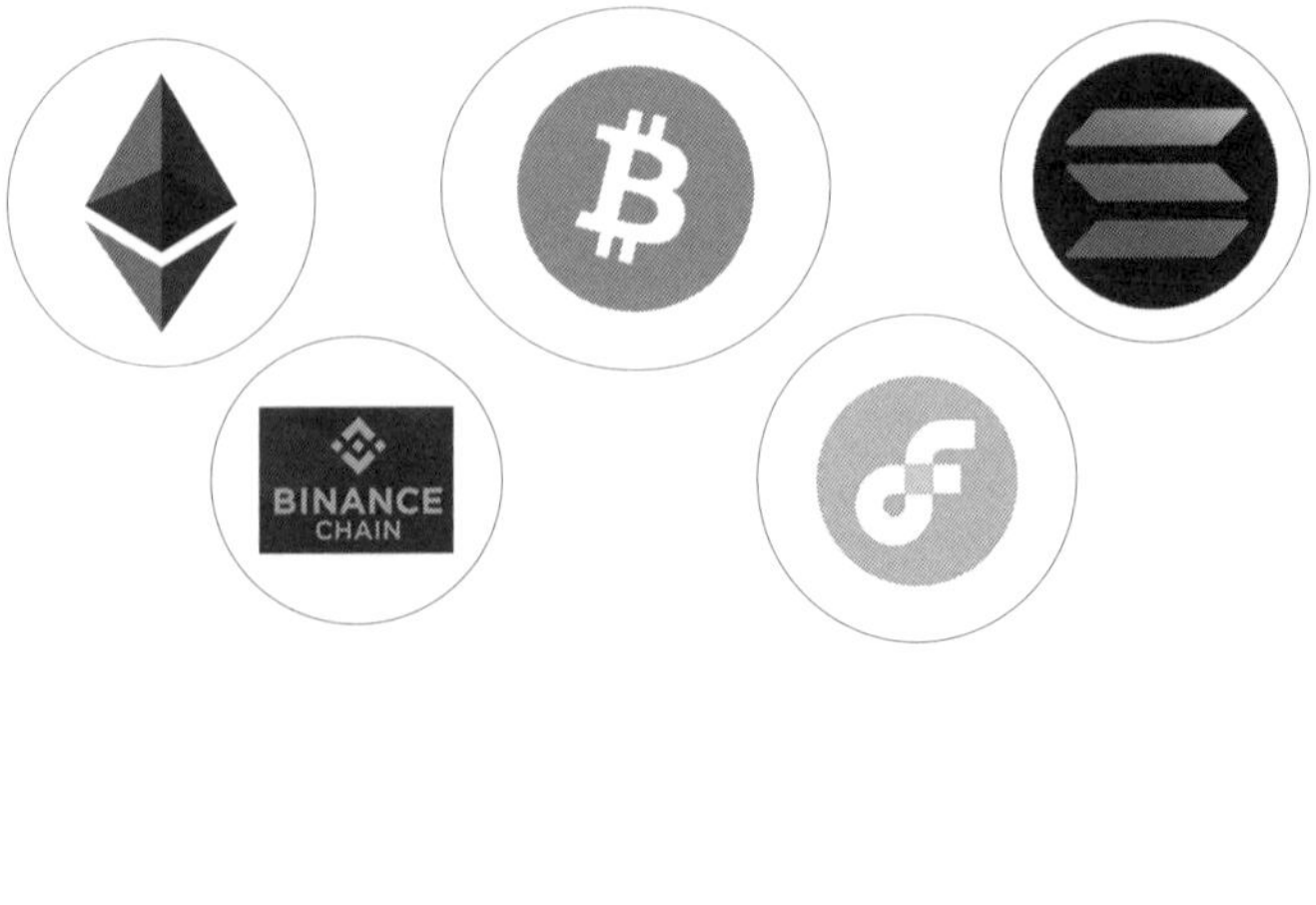

一番底辺レイヤーからスタートしましょう。まず、7. チェーンインターオペラビリティの世界ですね。

こちらをご覧ください。まず、ブロックチェーン技術の特徴として、各ブロックチェーンは、バラバラに存在しており、クローズドな環境で運用されているというのがあります。

例えば、BitcoinとETHは全く別のブロックチェーンなので、お互いに何かデータをやりとりしたり、トークン同士を交換することはできません。これが、ブロックチェーン技術の特徴の1つです。

それと同時に、これは、非中央集権的なインターネットを目指すブロックチェーン産業にとっては、非常に大きな問題の1つです。

その解決策を作っているのが、ブロックチェーン・インターオペラビリティの領域で、ブロックチェーン同士のデータのやりとりなどを支援するためのソフトウェアのことを言います。

そして、この市場の最新の動向がこちらです。

それぞれの比較項目は、ランク付で評価しており、A＝最高、D＝最低で評価しています。この市場は大きく2つのプレイヤーカテゴリが存在し、1つは、PolkadotやCOSMOSに代表されるブロックチェーン・インターオペラビリティ専門のソフトウェアを提供しているプロジェクト。

もう1つが、DeFiから生まれた動きで、

図：No.20　バリューカーブ比較分析

	マルチチェーン対応	クロスチェーン対応	システム拡張性	ステーキングソリューション	流動性マイニング	自前バリデーターネットワーク
Polkadot	A	B	A	C	―	A
COSMOS	A	B	A	C	―	A
Multichain	A	A	A	A	A	A
Curve	A	D	D	A	A	―

図：No.21 ターゲット市場③ BaaS, ブロックチェーンOS

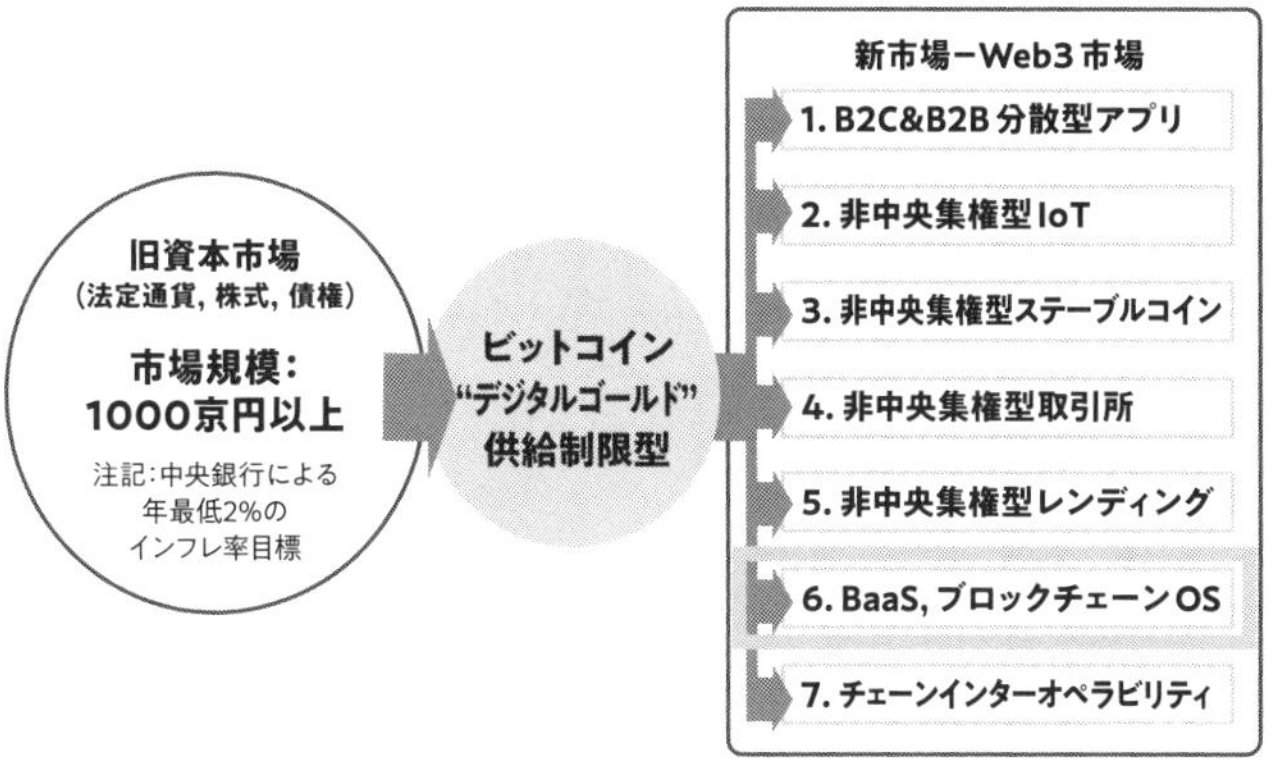

イーサリアム系のDeFiプロジェクトが、マルチチェーンサポートを開始して、イーサリアム以外のブロックチェーンにもDeFiソリューションを提供開始していることです。業界では、「クロスチェーン・ブリッジ」と呼んだりもします。Multichainはその代表格です。

DeFiは、ブロックチェーン産業の旗艦ソリューションの一つでもあるため、このクロスチェーン・ブリッジのプレイヤーがこのカテゴリにおけるブロックチェーン・インターオペラビリティの機能性も、将来的に抑えていくと、Polkadotなどは苦しくなっていく可能性があります。

図：No.22　BaaSがもたらしたDappsビックバン、Web2市場の歴史との類似性

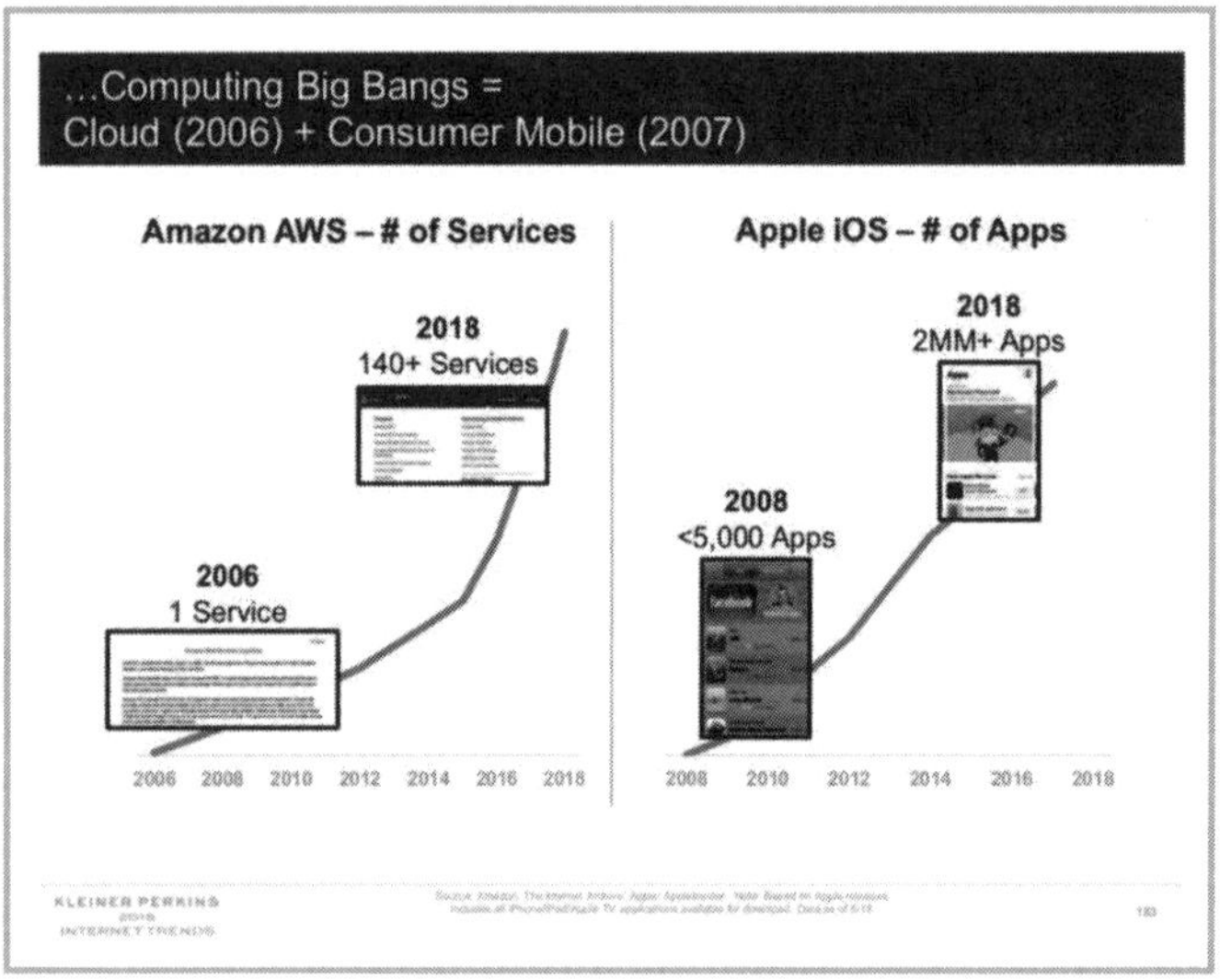

出典元：KPCBのデータを元に著者が作成

BaaS/ブロックチェーンOS

次に、6．BaaS/ブロックチェーンOSです。

まず、BaaSから話しましょう。

BaaSのソフトウェア価値を理解するには、インターネット産業の発展史がとても参考になります。

こちらをご覧ください。

それは、２００６年から２００７年にかけて起きた「コンピューティング・ビッグバン」といわれる現象です。このときから、アプリが大量に市場に出回るようになったのですね。このお陰で、インターネット産業は、一気に大きく成長しました。非常にインパクトのある出来事でした。

そして、そのキッカケとなったのが、中央集権型クラウドのAmazonのAWSと、AppleのiPhoneです。BaaSと関連しているのは、前者です。

AWSが普及する前は、アプリ開発者は、データセンターを借りる必要がありました。毎月、最低、数十万円は支払う必要がありました。お金がとてもかかったのですね。だから、なかなか簡単にアプリを作ってリリースすることができませんでした。

しかし、AWSがこの問題を解決してくれました。なんと秒単位で課金してくれたのです。この場合、ユーザーが少ない段階であれば、毎月数千円の支払いですみます。このお陰で、たくさんのプログラマがアプリを開発するようになったのですね。

BaaSは、このAWSのブロックチェーン版です。ブロックチェーンの世界では、AWSのようにサーバーはAmazonが中央集権的に管理しているのではなく、ビットコインのマイナーと同じで、みな自分の自由意志でネットワークに参加して来ますから、BaaSは、このマイナー達をアプリ開発者に代わって大量に集めてくることで、その上で、誰でも簡単にブロックチェーンを使ったアプリを提供できる世界を作り出しました。

つまり、このペインポイント解決は、ブロックチェーン産業の発展にとって、とても重要ということです。

この市場は、イーサリアムがいる市場で、僕が彼らと同時期に創業し、経営していたOrbもこの市場に該当します。

現在、BaaS市場は、大きく2つのレイヤーで成り立っています。

L1とL2ですね。別名、レイヤー1やレイヤー2と呼びます。

図：No.23　BaaS市場におけるL1・L2とは何か？

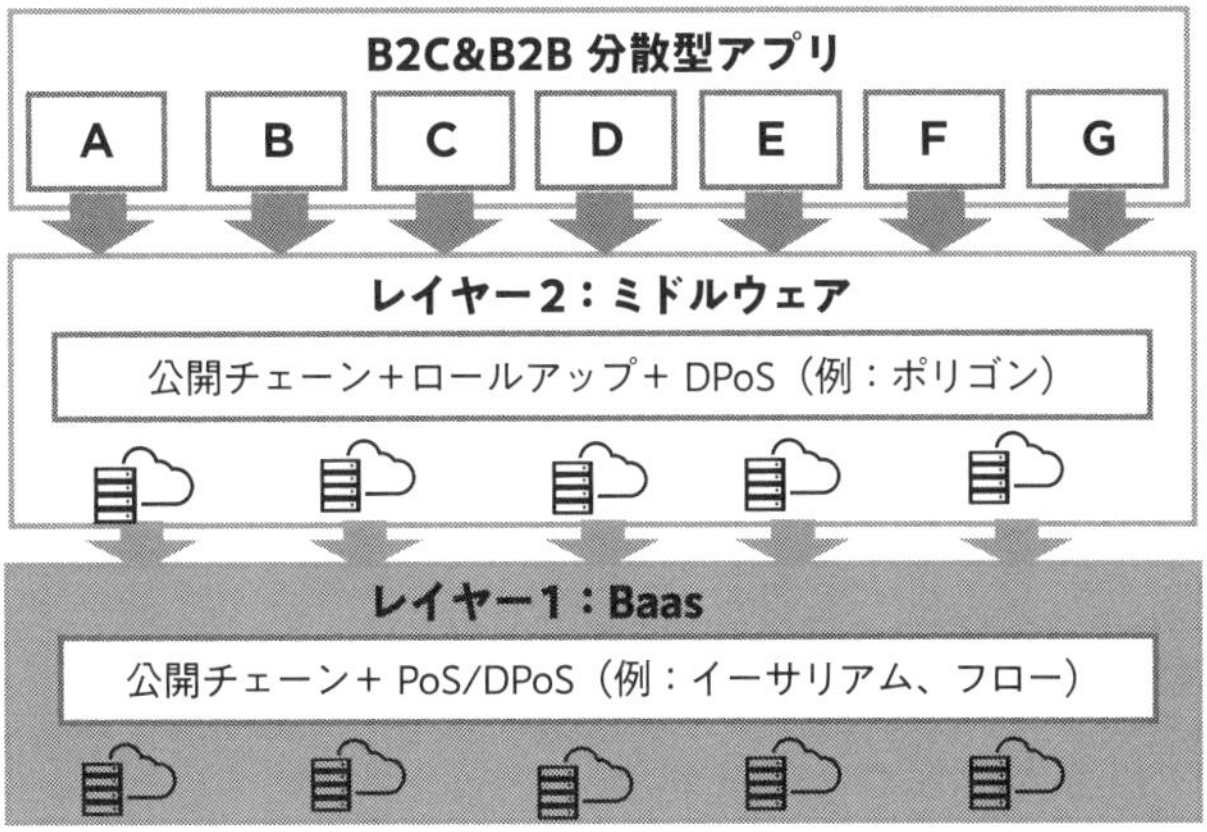

イーサリアムは、L1です。SolanaやBNBチェーンなども、L1です。イーサリアムが非常に強いので、彼らのことは、代替L1といったりもします。L2の代表格は、PolygonやRONINなどですね。

BaaSが2つのレイヤーで構成されるようになった背景は、BaaSのファースト・ムーバー・アドバンテッジを持つイーサリアムのガス代が、非常に高くなっているためです。

こちらの図にあるように、イーサリアムのガス代は、L1で常に最も高いです。

図：No.24　主要なL1・L2の利用ガス代比較（2022年7月）

名前	ポジショニング	平均ガス代	注記
Solana	**L1**	**$0.000005**	2022年時点
Polygon	**L2**	**$0.0008**	
Moonbeam	**Polkadotのブリッジ**	**$0.0015**	
Avalanche	**L1**	**$0.014**	
BSC	**L1**	**$0.028**	
Ethereum	**L1**	**$0.41**	

出典元：CoinToolのデータより著者が作成

これは、Dappsにとっては、非常に大きな問題ですね。なるべく安い方がいいです。先に触れたAWSが普及した背景も、自分でデータセンターを借りるよりはるかに「安かった」という歴史的背景があります。

ガス代は、イーサリアムのブロックチェーンが秒間に何件処理可能か？という性能に依存します。

その処理件数が多いほど、ガス代は安くなります。しかし、ブロックチェーンというP2P技術の特徴として、この性能をあげるのが、従来のインターネット技術の中心であるクライアント・サーバー型のシステムに比べると、恐ろしく難しいのですね。色々なイノベーションがここにも起きていますが、時間もかかります。

ならば、イーサリアムの上に、もう1つブロックチェーンのレイヤーを作って、そこで1回処理をまとめてから、たまにイーサリアムを使おうというのが、L2のレイヤーです。このまとめる処理のことは、文字通り「ロールアップ」と呼びます。

Dappsは、L2を直接使います。L2は、Dappsの諸々の処理をある程度まとめてから、L1に最終的な処理をお願いするため、イーサリアムの利用頻度は減り、結果、ガス代が安くなるというわけです。

そして、BaaSにおける中長期のテーマが、ブロックチェーンPaaSへの進化ですね。PaaSは、プラットフォーム・アズ・サービスの略称です。別名、サーバーレス非中央集権型クラウドコンピューティングとも言います。

図：No.25　ブロックチェーンプラットフォームとは？

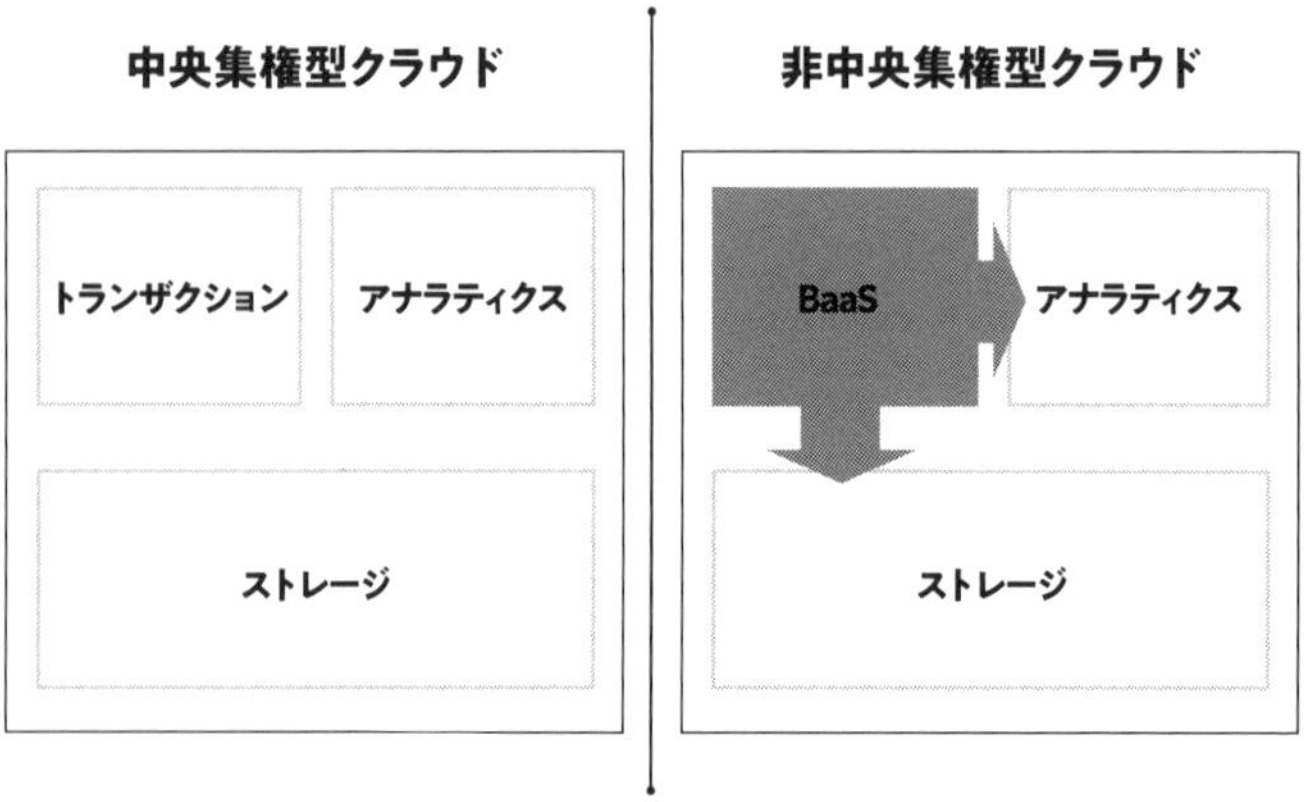

このテーマを理解するためには、こちらをご覧ください。

中央集権型クラウドとBaaSの非中央集権型クラウドを比較したものです。クラウドコンピューティングシステムは、一般的に3つの機能を持っています。トランザクション処理システム、ストレージシステム、そして分析システムです。

そして、BaaSというのは、この図でいうとトランザクション処理システムのことを指します。ブロックチェーン自体が、トランザクション処理システムの技術だからです。ストレージ機能や分析機能は持っていません。

なので、BaaSは、ブロックチェーンの技術を拡張してそれらの機能性を持たせていく必要があります。

この場合の拡張方法は、二択しかありません。自ら拡張するか、すでにその機能を持ったソフトウェアと連携するか？　です。

後者の選択肢の場合、分析システム領域では、DUNEなど、そして、ストレージ領域では、FileCoinなどが出てきています。

ちなみに、僕が率いていたOrbは、この3つの機能を全て持つ非中央集権型クラウドコンピューティングシステムでした。その上で、秒間3万件の処理を公開ベンチマークテストで証明したので、イーサリアムの対抗馬として、世界的に注目を集めていました。

僕のOrbでの知見も踏まえて、今後の市場発展に関わるポイントを言うと、ブロックチェーン技術の拡張の難易度から言って、ブロック自体がストレージ機能は持つので、ストレージ機能の方が自ら拡張するのは、そこまで難易度は高くありません。ただ、短期間でブロックサイズを大きくしてしまうと、強いマイナーやバリデーターしかマイニング競争に勝てなくなってしまい、中央集権性が強まるリスクなどがあるため、このあたりの状況も踏まえながら、段階的にブロックサイズを大きくする取り組みがイーサリアムなどでも進んでいます。

ですから、今後、ブロックチェーンBaaSは、イーサリアムなどが全て自前でやり切るのか？　それとも、他のソフトウェアと連携するのか？　は注目ポイントになります。

もし、連携を選んだ場合は、イーサリアムやGraphなどを統合したソフトウェアの登場の可能性などもあり、これが、L2になる可能性もある点も踏まえ、非常に大きなソフトウェアになる可能性が高いので、注目テーマの一つです。

このような具合に見るとわかると思いますが、このBaaS市場は、非常に巨大で、今なお、ブロックチェーン市場全体において、最大の市場規模を持ちます。

もう一つが、Blockchain OSです。

ここで重要になってくるのは、いわゆるApple税・Google税問題ですね。

AppleやGoogleは、スマートフォンアプリ内でのコンテンツなどの売買に20－30％と非常に高い手数料を取ります。また、OSとしての自分達の優位性を守るために、アプリ間で連携するなども禁止されており、実際にこの機能を提供しようとすると、アプリストアなどから削除されてしまいます。早い話、2社で完全に市場のゲームルールをコントロールしており、独占状態です。全く、オープン市場ではないですね。これは、由々しき問題です。

ですから、これは、今後、仮想通貨を利用した諸々の経済活動を行う上では、成長のか

図：No.26　ターゲット市場④ 非中央集権型レンディング

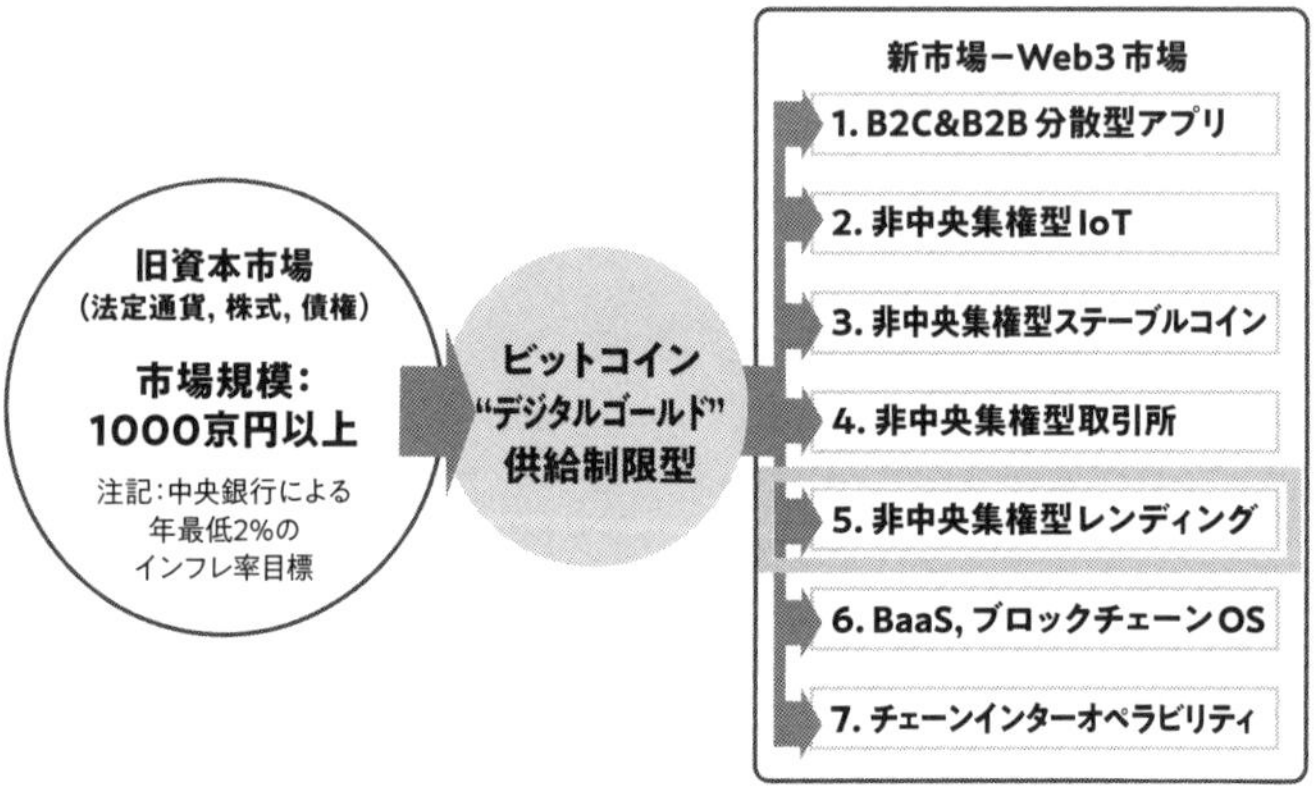

なり大きな障害になることが予想されます。

この問題を解決する最適なソリューションは、AppleやGoogleのOSに依存しないOS市場を育てること。これが、BlockchainOSのミッションです。

現時点では、イーサリアム、Polygon、Solanaなどが、ブロックチェーンOSのスマートフォン開発を進めています。

ここも、とてつもないイノベーションをもたらすカテゴリの一つです。なので、僕も動向には常に注目しています。

非中央集権的な融資システム

次に、5.非中央集権的なレンディング、です。これは、DeFiの一つです。DeFiとは、Decentralized Financeの略で、分散型金融、非中央集権型金融と日本では表現されることが多いです。僕は、DeFiは、Web3における基幹産業の一つになると見ています。つまり、それだけ、大きなプロジェクトが育ってくる可能性が高いため、あえて、レンディング、取引所、ステーブルコインと細かく分類して、ポートフォリオを組んでいます。

まず、銀行の融資モデルは、非常に問題が多いです。期限、金利、担保などの条件を色々と細かく決めて行うからです。この背景は、銀行が、金融システムにおける「中間搾取者」になっているからですね。

こちらの図を見てください。

銀行のビジネスモデルは、とてもシンプルです。お金が余っている人は、銀行に預ける。そして、金利収入を得る。一方、お金が欲しい人は、その銀行に預けられているお金を借

図：No.27　銀行は、レンディング市場における単なる中間搾取者でしかない

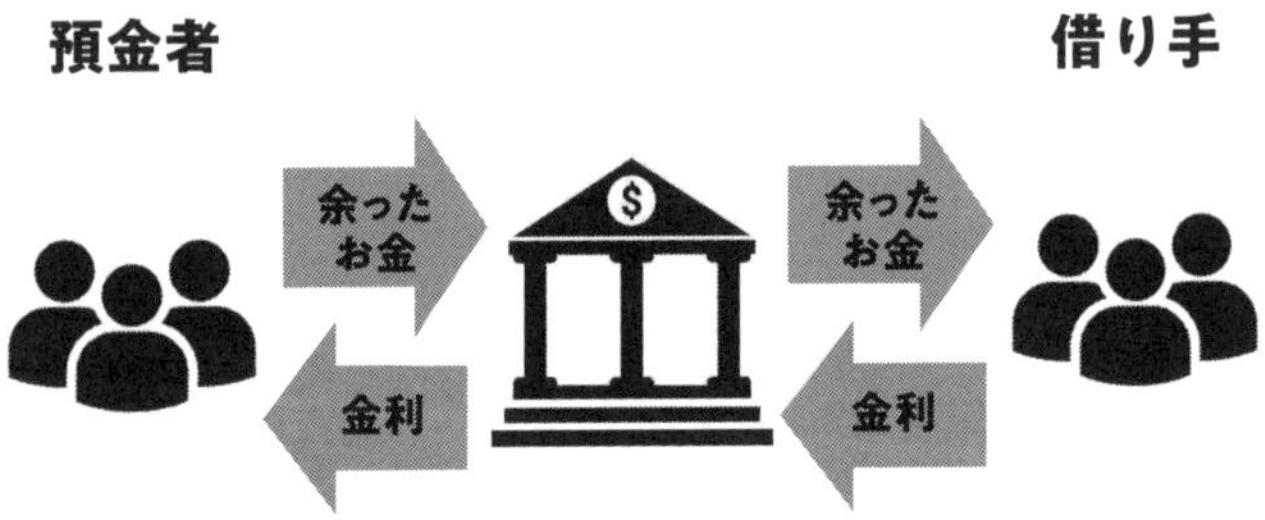

りにくる。この仲介役の役割として、銀行員が存在します。銀行員は、お金を必要としている借り手から、「審査」して、お金を融資して、金利という形で支払ってもらい、その手数料の一部を預金者に還元します。

しかし、誰に融資するかは、銀行員が決めてますよね？　これが、「中間搾取の問題」を引き起こしているわけです。その点は、下記の図で述べた通りです。

今までの金融システムは、お金の余っている人と、必要な人の間に、銀行、ベンチャーキャピタリスト、そして、信用格付け会社などが中間搾取者としてビジネスをしていまし

図：No.28　ポスト資本主義システム

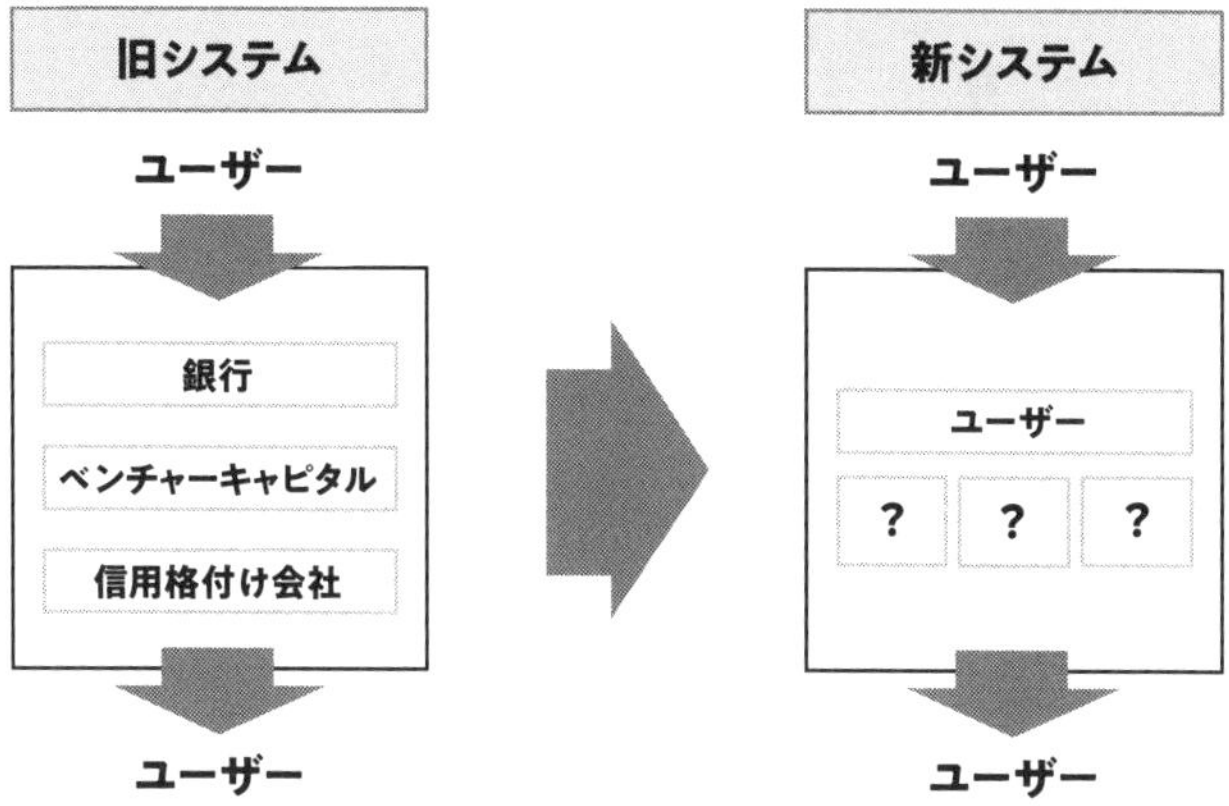

た。

それが、ブロックチェーンによって、民主化され、非中央集権化され、お金の余っている人と必要としている人が直接やりとりできる仕組みが今後、当たり前になっていくということです。

また、このレイヤーでもう一つ理解しておく必要があるのは、ノン・カストディアン型が必須であるということ。

中央集権型の取引所やレンディングプラットフォームは、ハッカーに狙われやすいです。

例えば、仮想通貨取引所は、過去、合計で1

図：No.29　中央集権型の銀行システムは、常に巨大資金を持つため、ハッカー達がより積極的に狙う

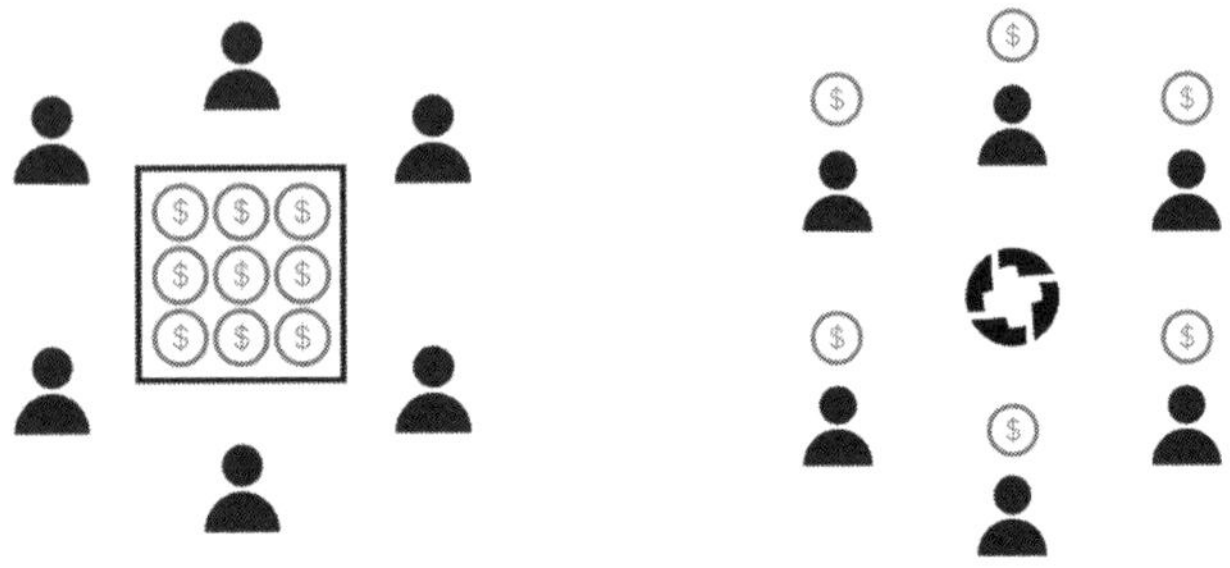
中央集権型取引所
顧客資産を全て預かっているため、ハッキングされやすい
DEX
各ユーザーが、自分で資産を管理する

出典元：0xProtocol サイト の画像を元に、著者が作成

500億円以上のハッキング事故を起こしており、全て、中央集権型の取引所で発生しています。なぜか？

こちらは、DEXプロトコルの一つ0xプロトコルのホワイトペーパーからの抜粋ですが、要するに、中央集権取引所は、一つのシステムにユーザーが保有・または売買する仮想通貨をプールして持っているため、一度のハッキングで、何十億という規模のお金が手に入る可能性があります。だから、ハッカーは狙うインセンティブがあるのですね。

一方、DEXはこれとは全く異なります。

ユーザーのウォレット単位で保有する仮想通貨が、分散しています。

このレベルまで分散していると、ハッカーにとっては、ハッキングする意欲が損なわれます。なぜなら、一つのウォレットアカウントをハッキングする労力は、一つの中央集権型取引所をハッキングする労力と同じなのに、手に入る可能性通貨の量が個人保有レベルだからですね。

このような状態にあるDEXや非中央集権型のレンディングプラットフォームを「Non-Custodian」（ノン・カストディアン）型、つまり、カストディーサービス（保管サービス）を持たないシステムと呼んでいます。

もう一つ、この融資市場で、理解しておくべきことがあります。それは、MakerDAOとAAVEの違いです。多くの人は、よく同列扱いしているのですが、プロダクト開発を専門とする僕の中では、全く違うものです。

図：No.30　MakerDAO と Compound の違い

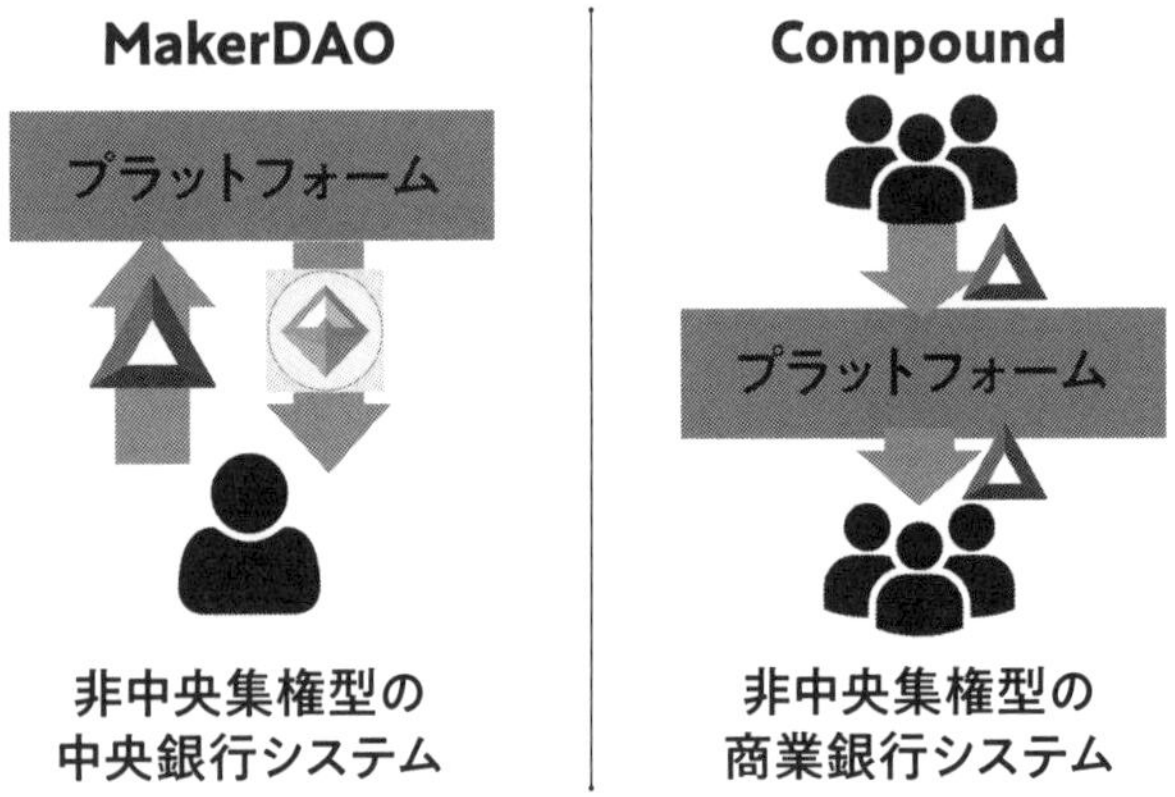

なぜか？

まず、MakerDAOの中核機能は、ステーブルコインを非中央集権的に運用することです。そのための機能として、自分でレンディング機能を持っています。

自分の保有しているトークンを預けてDAIというステーブルコインを借りるシステムですね。ですから、レンディングモデルも基本、「セルフ質屋システム」という具合で、自分で預けて自分で借りるというモデルです。

質屋という、自由市場経済の仕組みをうまく発想に取り入れているのがポイントなのですが、MakerDAO自体の機能は、既存の金融システムにおいては、いわゆる「通貨発行権」（別名：シニョリッジ）を持つ中央銀行と全く同じです。

一方、AAVEは、ここまで説明してきたように、一般的な銀行システムです。ですから、基本は、お金が余っている人が預けて、他の誰かに貸すという仕組みです。このモデルの場合は、質屋とは違って、様々な貸し方や借り方が生まれてくるでしょう。

ですから、言い換えれば、MakerDAOは、中央銀行システムを非中央集権化したプロダクトで、AAVEやCompoundなどは、一般的な商業銀行を非中央集権化したプロダクトということです。

なので、僕は、MakerDAOとAAVE、Compoundは、産業レイヤーとして完全に分けて、投資判断しています。

図：No.31　ターゲット市場⑤ 非中央集権型取引所（DEX）

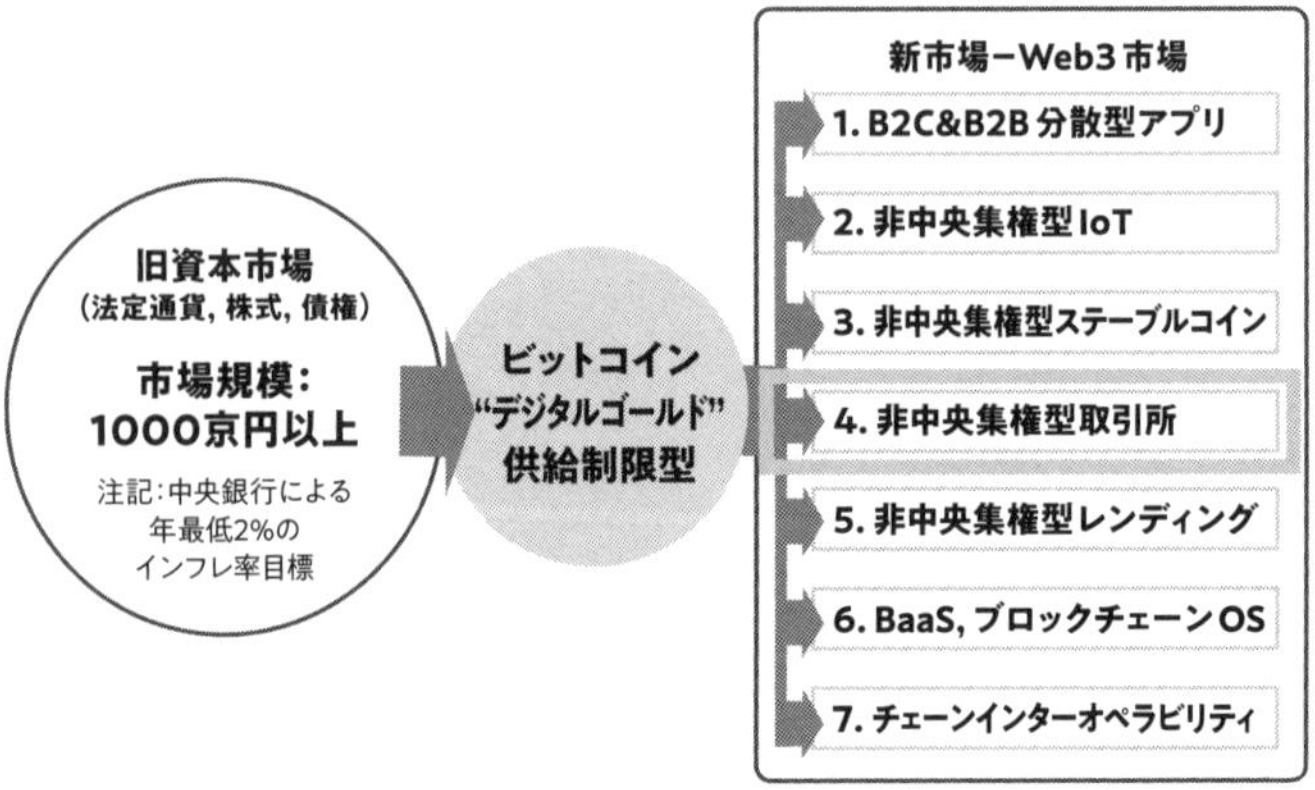

DEX市場

続いて、4．DEXです。別名、非中央集権型取引所です。

DEXも融資市場で伝えたと同じように、ノン・カストディアン型である点は同じです。その上で、更に追加で、中央集権取引所との根本的な違いが何点かあります。

こちらに一覧でまとめています。

中央集権取引所の代表格として、Coinbase。DEXの代表格として、Uniswapを挙げています。

図：No.32　中央集権型取引所と非中央集権型取引所との違い

	中央集権型取引所	**非中央集権型取引所**
事例	Coinbase	**Uniswap**
トークンのリスト方法	取引所側が管理	**自由にリスト可能**
価格決定メカニズム	注文板	**プールバランス型**
顧客資産の管理方法	取引所が管理	**ユーザーがアプリで管理**
ユーザー体験の特徴	高速トレーディング	**長期投資＋ 流動性マイニング**

まず、中央集権取引所は、トークンのリストに関しては、完全に彼らがコントロールしています。ユーザー側が自由に登録できません。

一方、DEXは自由です。トークンを発行しているスタートアップが、自分達のトークンをUniswapに自由にリストして、個人投資家が売買することができます。つまり、取引所側は何の「権力」も持っていないのですね。

次に、価格決定のルールです。中央集権取引所は、1枚の売買板に最新の売買注文を集めて、マッチングしていくことで、値段を中央集権的に決めるオーダーブックシステムを採用しています。

一方、DEXは、このオーダーブックを全く持ちません。非中央集権的な価格決定システムを持ちます。

この手法は、プール・バランス型と呼びます。

簡単に説明します。

まず、Uniswap は、Uniswap と接続可能なウォレットアプリ（例：Metamask）を持っていれば、誰でも参加可能です。つまり、KYC（ユーザー審査）はありません。

そして、ユーザー同士で自由に銘柄ペアを作って取引できますから、全ての銘柄に対応可能です。しかし、Uniswap は、イーサリアムで発行されたトークンしか扱っていないので、Solana やBNBチェーンで発行されたトークンは売買できないです。

図：No.33　DEXの価格決定モデル

そして、ユーザーは、自分のウォレットの中にある仮想通貨を全く動かさずに、他のユーザーと取引ができます。

それを可能にしているのが、この「プール・バランス型」という仕組みです。

簡単に言うと、自分が売買したいトークンを、Uniswap側がすでに一定量保有しており、Uniswap内のシステムでは、実際にはこのトークンを使って、売買しているため、ユーザーは自分の保有しているMetaMask内のトークンは一切動かしていません。

これによって、ノン・カストディアン型のＤＥＸとして完成しています。

例えば、ＥＴＨ／ＤＡＩのペアが、Uniswapにあるとしましょう。

これは、中央集権型取引所の価格決定メカニズムと比較するとわかりやすいです。

中央集権型取引所は、この図にあるように、シンプルに言うと、買いたい人と売りたい人が、それぞれの希望売買価格と希望売買量を注文し、それを売買板に登録し、この中央値が最新値段として決まっていくシステムです。注文は、指値と成行の両方を出すことができます。

一方、Uniswapの場合は、成行しか出すことができません。そして、価格の決定は、以下のようにして決まります。

例えば、ＥＴＨ／ＤＡＩのペアがある場合、当然、そこには、２つのトークンの流動性供給者が存在します。その総合計が、ＥＴＨのプールが10,000ETH、ＤＡＩが、1,000,000DAIとします。

すると、シンプルには、価格は、このプールサイズの比較で決まります。ですから、1ETH=100DAIとなります。

ただし、プールに預けられているそれぞれのトークン量は常に、ユーザーの活動に応じてダイナミックに変化していくため、価格もダイナミックに動きます。

この価格決定メカニズムであるからこそ、オーダーブックが存在しないので、指値ができないのですね。いずれ、指値を可能にするイノベーションも起きる可能性もあるとは思います。

そして、先ほどあげた「流動性供給者」が、なぜ、Uniswapに参加するかといえば、

図：No.34　DEXの流動性規模の比較（2022年7月）

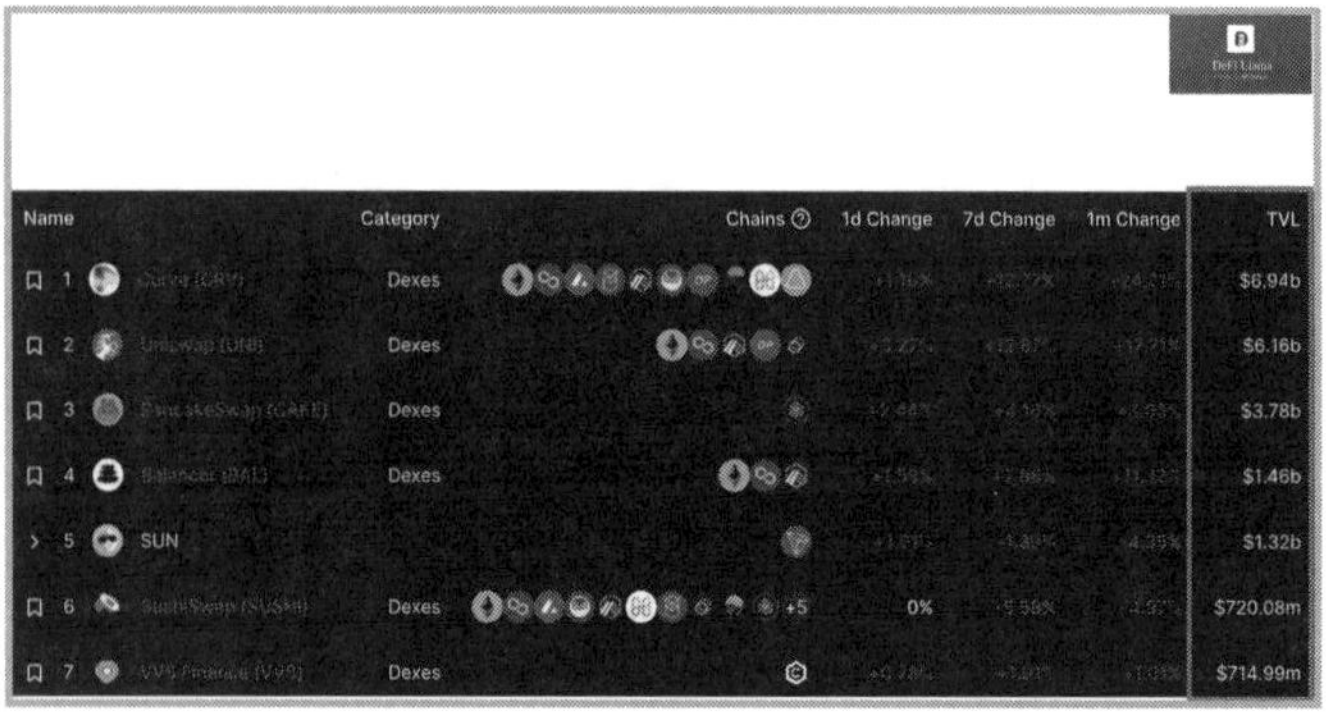

出典元：DefiLlama ホームページ参照

Uniswapの売買手数料の一部をリベニューシェアしてもらえるからです。

このDEXに流動性を供給するビジネスのことを、「流動性マイニング」と呼びます。

実は、この発明が、DeFi市場の急成長をもたらすことになるのですね。その点は、Dappsのところで後述します。

ただし、このDEXモデルは、仮想通貨の投資家に「インパーマネント・ロス」と「スリップページ」という新たな課題をもたらすのですが、この課題を逆手に利用して、見事な差別戦略で、DEXを第一号で成功させたUniswapを上回る実績を出し続けているCurve Financeなどのプロジェクトも生まれています。以下は、実際のDEXの流動性プールの総額ランキング（別名：TVL）です。TVLは、預かり残高と覚えておくとよいです。金融機関では、よくKPIとして使われる指標です。

見ての通り、Curveが、UniswapのTVLを上回っているのがわかりますね。

ここには、Curveの隠されたプロダクト戦略があるのですが、これ以上の話は、あまりもピンポイントのテーマの話になってしまうので、この本では説明しません。

そして、僕は、将来的に、このDEXが果たす未来の大きな役割として、「決済インフラの再発明」があると見ています。

こちらは、既存の決済インフラについてまとめたものです。

図：No.35　DeFiは世界の決済インフラを再発明する

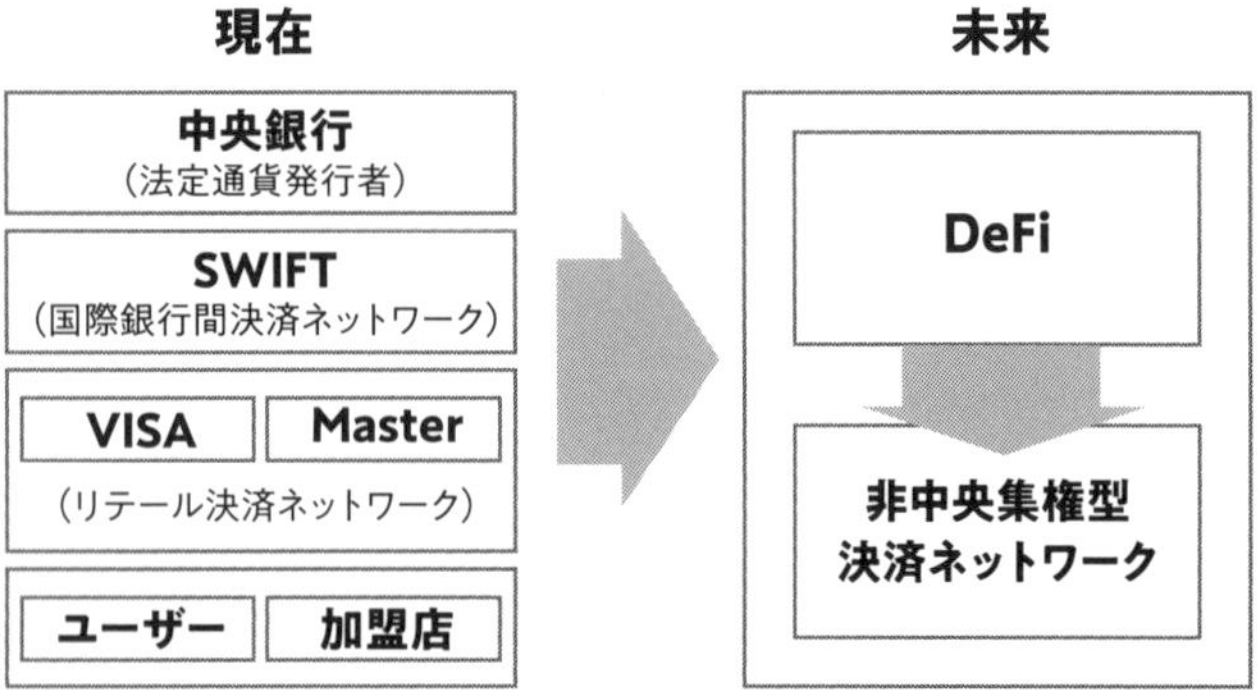

まず、ドルやユーロなどの法定通貨の発行主体として、中央銀行が存在します。

そして、世界中の法定通貨の送金ネットワークとして、銀行連合で運営されるSWIFTが存在します。

さらにそのSWIFTなどを利用して、オフラインの店舗やオンラインショップなどで利用できる電子決済として、VISAやMasterなどのクレジット・デビットカード決済システムが存在します。

この先に、ユーザーやその決済ネットワークの加盟店がいるということです。

では、ブロックチェーンを活用してどのようなシステムが、この既存のシステムをリプレイスしていくか？

僕は、ブロックチェーン産業の全体の市場参入戦略として、まずは、先にDeFi市場から立ち上がり、これがやがて、非中央集権的な決済ネットワークとして、既存の決済ネットワークをリプレイスしていくと見ています。

この背景は、既存の決済インフラもそれなりに安く、技術としても成熟しているからですね。なので、DeFiという迂回戦略をとって、最終的にこの市場をリプレイスしていくと見ています。

その際に、決済市場の流動性や価格発見機能を支える役割として、DEXが非常に重要な役割を果たしていくと見ています。

図：No.36　ターゲット市場⑥ 非中央集権型取引所（DEX）

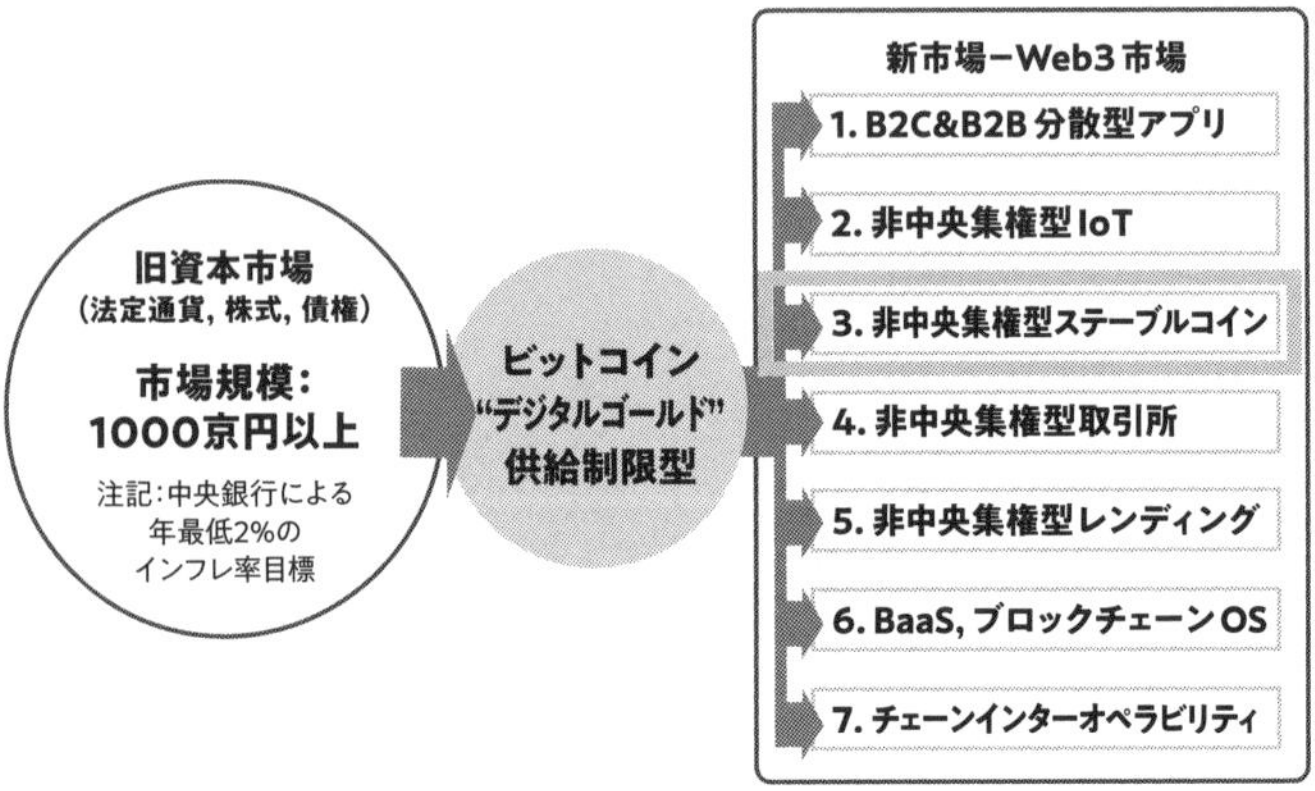

非中央集権型ステーブルコイン

次に、3.非中央集権型ステーブルコインのレイヤーです。

ポストドル時代の非中央集権型グローバルステーブルコインが必要であるということ。

詳しくお話しします。

仮想通貨市場の永続的な発展を実現する上で、不可欠な存在が、アメリカのドルに代わるステーブルコインです。

図：No.37　USドルが、中央銀行市場における準備通貨市場の圧倒的シェアをもつ

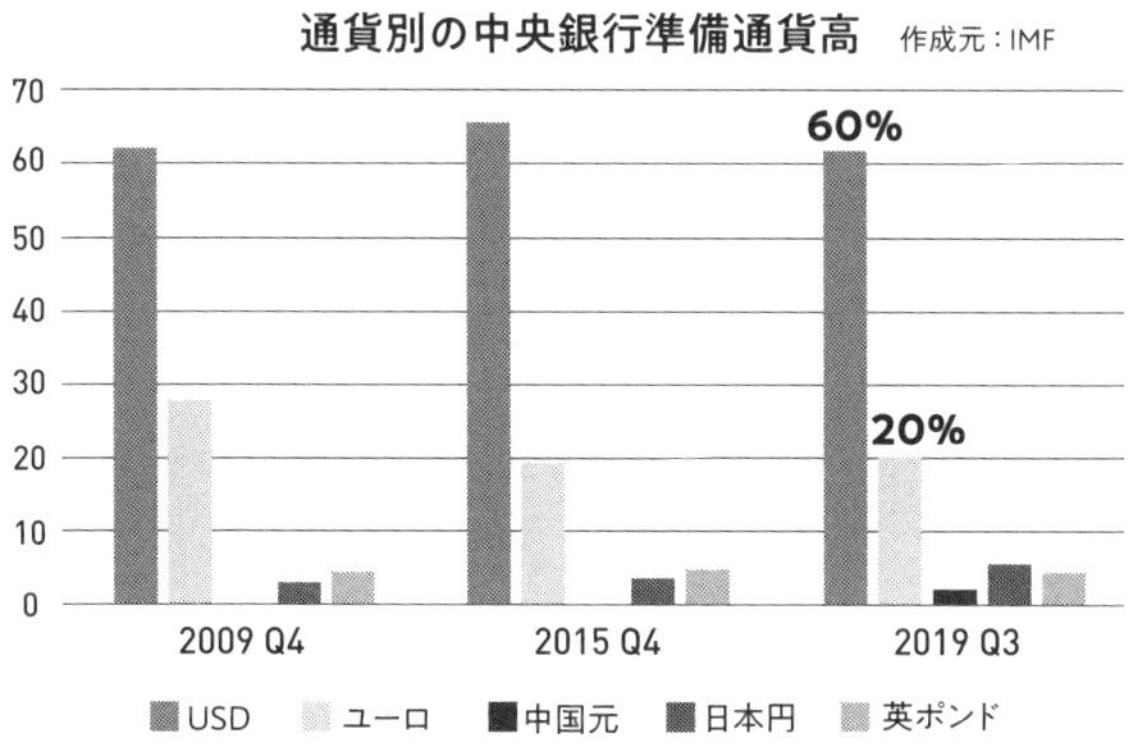

現在、アメリカのドル経済は、第2次世界大戦終結直後をピークに、衰退が続いていますが、コロナショックの影響もあり、その事態は更に深刻化しています。

次世代の受け皿になれるのは、仮想通貨の他は存在しないと僕は考えており、そこには、ドルにとって代わるステーブルコインの存在が不可欠です。

上のグラフは、IMFがまとめた、基軸通貨に関するデータで、2009年、2015年。2019年を比較したものです。

ＵＳＤが市場全体の60％以上のシェアを持ちます。2位ユーロの20％を突き放して、圧倒的ですね。アメリカの世界経済全体におけるＧＤＰのシェアが第２次世界大戦終結以降、継続して落ち続けているにもかかわらず、この実績は、すごいです。

ただ、今後も続くドル経済の衰退に伴う最も効果的な回避策は、現在の基軸通貨ドルを中心とした経済システムではなく、ブロックチェーンの思想そのもののように、より分散的なステーブルコインのインフラを構築することです。

そして、ポストドル自体の非中央集権型グローバルステーブルコインについて、僕は、大きく2つのシナリオを想定しています。

1つは、将来的に多くの人が間違いなく持つであろう仮想通貨、かつその仮想通貨が稼働するブロックチェーンが、十分なスケーラビリティを持っていることで、その仮想通貨自体が、基軸通貨に成長していくというシナリオです。

図：No.38 ポストドル時代に、非中央集権型ステーブルコインは必須アイテムの一つ

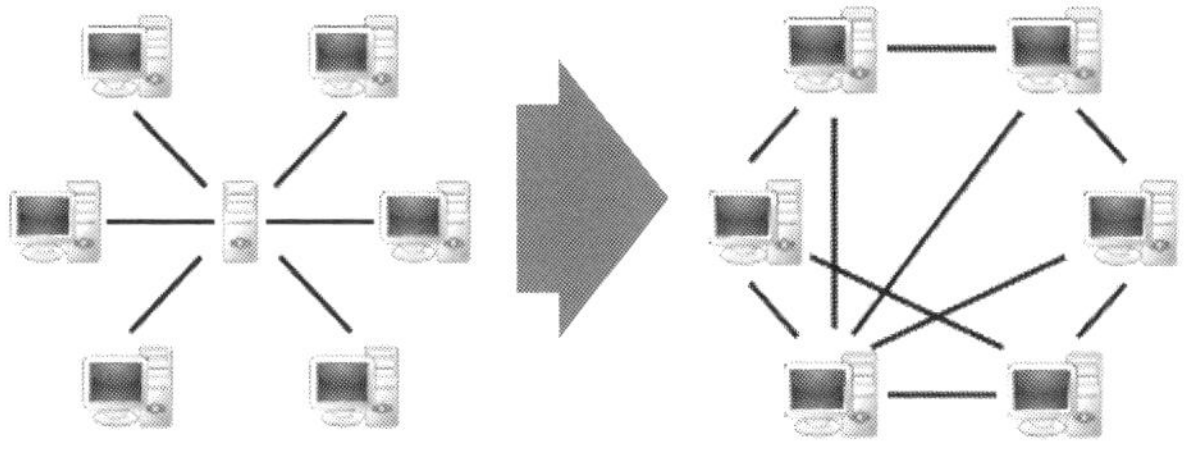

ドル基軸通貨システム
（Web2型）

ポストドル通貨システム
（Web3型）

有力な候補としては、ETHなどがあります。業界の一部では、イーサリアムのことを「ウルトラ・サウンド・マネー」と呼び、次世代通貨になると考えている人々もいます。

しかし、このシナリオの場合の最大の課題は、ボラティリティです。

ドルの価格は、そんなに動かないですよね。安定しています。一方、ETHは？というと、6ヶ月ぐらいで3倍になることもあれば、逆に1／3になってしまうこともあります。

図：No.39　ポストドル時代の2つの基軸通貨シナリオ

これでは、文字通りステーブルコインとしての価値をアピールすることはできません。

価格が安定していることが必須要件です。その問題解決のため、様々なプロジェクトが立ち上がっているのが、もう1つのシナリオ、グローバルステーブルコインです。

例えば、MakerDAOのDAIなどがメジャーです。彼らは、この市場のファースト・ムーバーでもあります。彼らのシステムは、「シニョリッジ＝通貨発行益」を全く持たない非中央集権的なステーブルコインシステムとして設計されています。素晴らしいイノベーションです。

彼らは、現時点では、ドルの価格にソフトペッグする形で、DAIの価値を安定させる仕組みを作っていますが、いずれ、ポストドルの地位を目指すことになると見ており、その場合は、「通貨バスケット制」などを採用して、ドルの価値とは極力切り離した形で、DAIの価格を決めていくメカニズムの導入が予想されます。

例えば、複数のメジャーな仮想通貨資産を組み合わせたインデックスを作り、そのインデックスをドルから置き換えて、DAIのソフトペッグ対象にするということですね。すると、非中央集権型のステーブルコインを生み出すことができます。

僕は、実際、Orbのときに地域通貨をベースにした通貨バスケットシステムを作り、最終的にグローバルステーブルコインを作り出すプロダクト戦略を展開していたので、このアイデアは十分考えられるシナリオだと見ています。

MakerDAOの場合、課題の一つは、オーバーコラテラル・リスクの問題です。この問

図：No.40　MakerDAOは「質屋」の仕組みにヒントを得ている

あなたが、DAIをMakerDAOから借りるために預けたETHなどの担保の評価率が、150%を下回った場合、選択肢は2つしかない。1つは、DAIの一部を返済し、その借入率をETHの担保率が150%以上になるまで下げるか、もう1つは、更にETHを担保追加して、担保率を150%以上に引き上げるか。

ポイント：担保になるトークンのボラが低いほど、上記の担保われリスクは減る

題は、DAIをMakerDAOのシステムからユーザーが借りる場合に、必要となる担保とする仮想通貨のボラティリティがまだまだ高いため、担保対象のトークンが暴落などしてしまうと、途端に借入金の担保割れが発生し、不良債権化してしまうことですね。

実際に、2022年のベア相場では、当時、世界最大手の仮想通貨ファンドであったシンガポールに拠点をおくThree Arrows Capitalが、この仕組みを利用して、BTCやETHを担保に数百億円規模の借入を実行し、様々なレバレッジ取引を行い、結果的に、価格の急落に耐えられず、返済不能に陥り、倒産するなどの事件も発生しています。

解決策の1つとして注目を集めているのは、実物資産をNFT化して担保対象にすることですね。

例えば、不動産などが有力と言われています。価値が安定しているものであれば、オーバーコラテラル・リスクの問題が、発生しづらくなると考えられているためです。

この市場は、時間軸で見ると、イーサリアムのプラットフォームが、着実に成長を続け、ETHのボラティリティがステーブルコインと呼べるレベルで落ち着いてくるまでに、ドルから価格決定モデルが完全に分離した、もしくは、ドルの役割が一定以下に下げられたグローバルステーブルコインが、ETHと同等レベルかそれ以上に普及するかどうか?がこのカテゴリが、大きな市場になるかどうかのポイントになってきます。

現状、DAIに始まる多くの非中央集権型ステーブルコインの主なビジネスモデルは、DeFiにおける安定的な運用手段の一つとして、活用されているユースケースになります。

つまり、Ｅコマースやコンビニなどで利用する日常決済で利用されているケースはまだほとんどありません。が、このステーブルコインとDeFiの進化に伴い、近い将来、確実に実現されていくでしょう。

非中央集権型ＩｏＴ

次に、№２の非中央集権型ＩｏＴです。

この市場は、いずれBaaS市場における究極の問題を解決するレイヤーになると見ています。

BaaS市場の課題の一つは、「誰もがマイナーとして参加できるわけではない」というものです。

ビットコインの革命的な要素であり、最大の社会的なインパクトの一つは、この「マイ

図：No.41　ターゲット市場⑦ 非中央集権型IoT

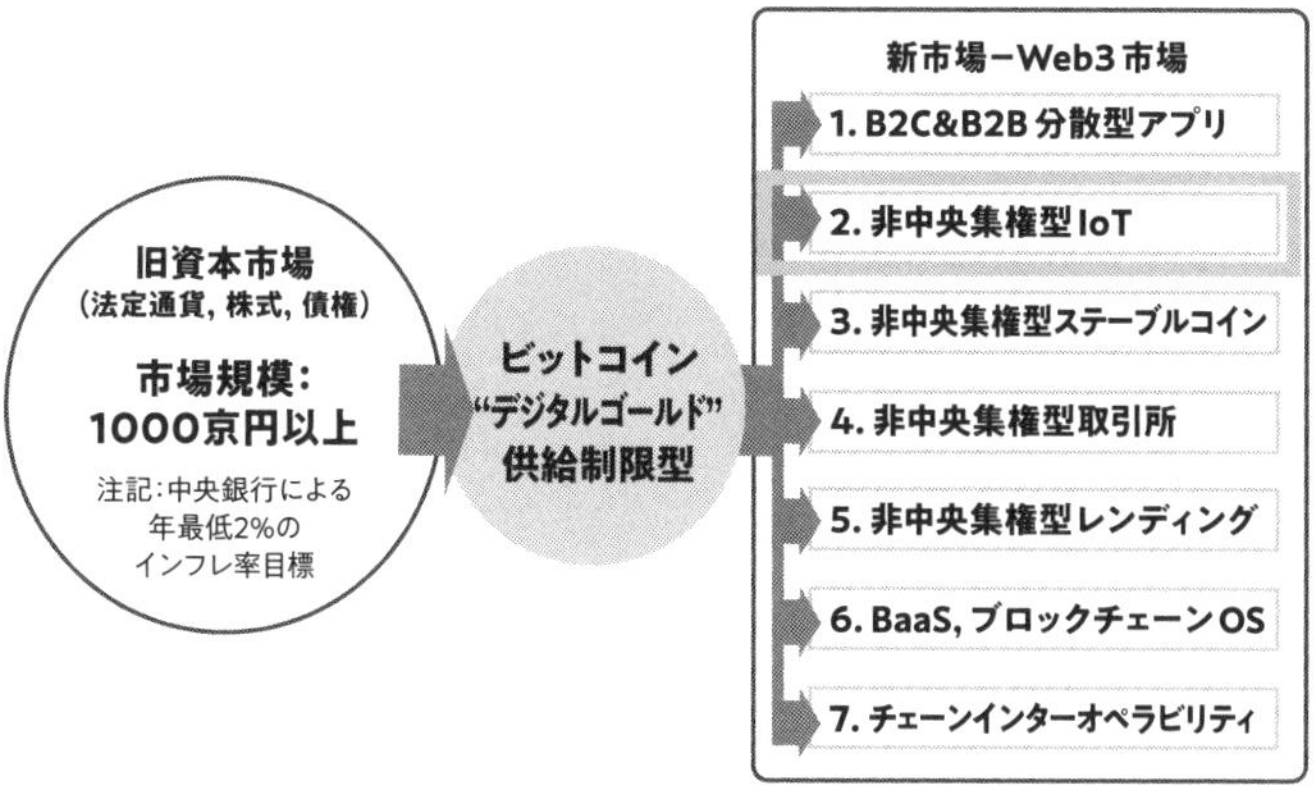

ナーに誰もなることができる」というテクノロジーを生み出したことにあります。

実際に、初期のビットコインは、みなさんが持っている普通のノートパソコンでマイニングできました。

しかし、人気が上がるにつれ、マイニング難易度が上がるゲームルールになっているため、データセンターなどの大規模なインフラを持ったマイナー専業業者が登場し、今は、彼らがマイニング市場の主人公です。もはや、個人ではほとんどマイニングで稼げない市場になってしまいました。

この点は、現状のBaaS市場も同様です。最も、非中央集権型であるイーサリアムのPoSマイニングにおいても、現状は、最低32ETHを所有していることが条件になります。簡単に言えば、それなりの大きなお金を持っていないとマイニングに参加できないのですね。

もちろん、この32ETHという条件も段階的に引き下げられていく可能性はありますが、時間がかかるでしょう。

これを覆す可能性を持った市場が、非中央集権型IoTです。

簡単に言えば、今、あなたが持っているスマホや、また、家のホームインターネットルーターを使って、マイニングできることを目指す市場です。

彼らは、現状、モバイル通信が、4Gから5Gに移行する中で、ドコモやソフトバンクなど、全ての通信業者が、より分散的な通信ネットワークが必要になってきていることから、ユーザーが持つ家のWi-Fiルーターやスマホのネットワーク帯域で余っている部分を一部貸す仕組みを作り、報酬としてトークンを提供するソリューションを広げています。

僕は、"Stay to Earn"（=住みながら稼ぐ）と名付けています。動く必要もなく、勝手にシステムがあなたの収入を稼いでくれます。

僕は、やがてこの仕組みの対象が、関連技術の進歩に伴い、イーサリアムやSolanaなどのマイニングや、ファイルコインのストレージ機能などにも拡張されていくと見ています。

スマホのそのアプリを開けば、いつもいくら稼いでいるのか確認でき、必要に応じて、DEXなどを通じて、ステーブルコインに換金して、生活資金に当てる。

僕は、この、"Stay to Earn"（=住みながら稼ぐ）は、将来的に「ユニバーサル・ベーシック・インカム」の土台にもなりうる、とてつもないポテンシャルを秘めた市場になると見

図：No.42　ターゲット市場⑧ B2C&B2B 分散型アプリ

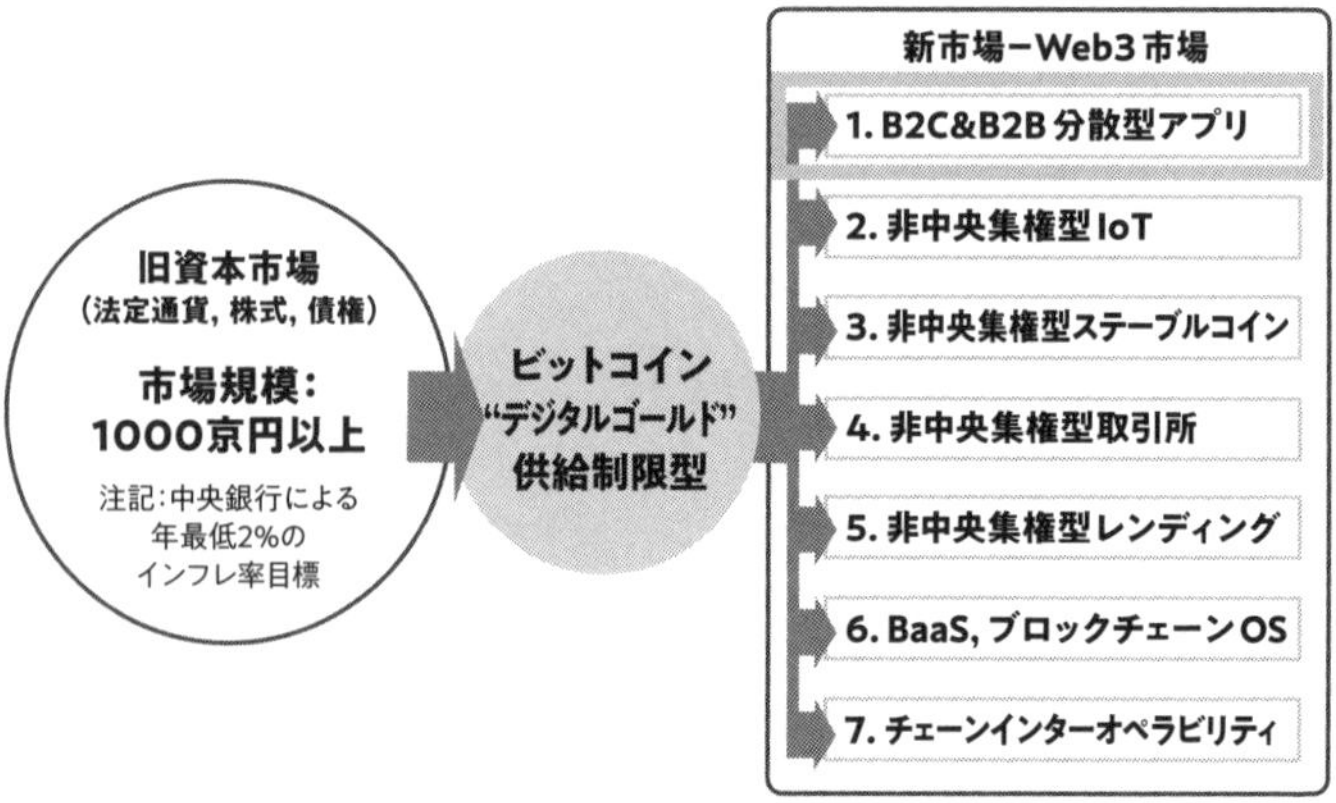

ています。

Dapps

最後が、No.1 Dappsですね。

まず、このカテゴリで最重要の前提条件です。
図の左側は僕がよく話をするキャズム理論です。

そして、右側は、世界の企業時価総額ランキングのTop10です。

このTop10に入っている、Apple, MicroSoft、Amazon, Google, Facebook, Tencent、Teslaに共通している項目は何かわかりますか？

図：No.43　キャズム理論から見えてくる巨大プロジェクトの特徴①

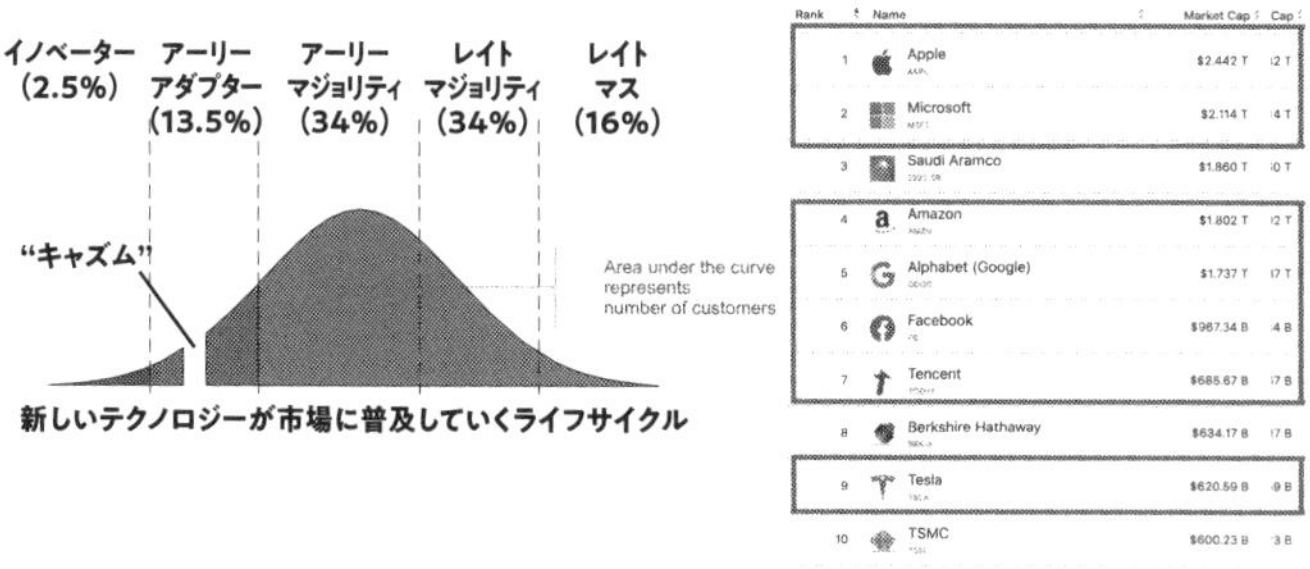

出典元：キャズム理論とCompany Marketcapのデータを元に著者が作成

全て、「B2Cプロダクト」を提供しているということ。

なぜ、B2Cプロダクトの投資人気はこれだけ伸びるのか？

キャズム理論から考えるとわかりやすいです。

技術に詳しいイノベーターやアーリーアダプターなどは、B2CやB2B問わず、面白そうな技術にどんどん投資していきますが、後半にいるレイトマジョリティやレイトマスは、技術などほとんどわかりませんから、自分がよく使うプロダクトを提供している会社の方が投資しやすいのです。

図：No.44　キャズム理論から見えてくる巨大プロジェクトの特徴②

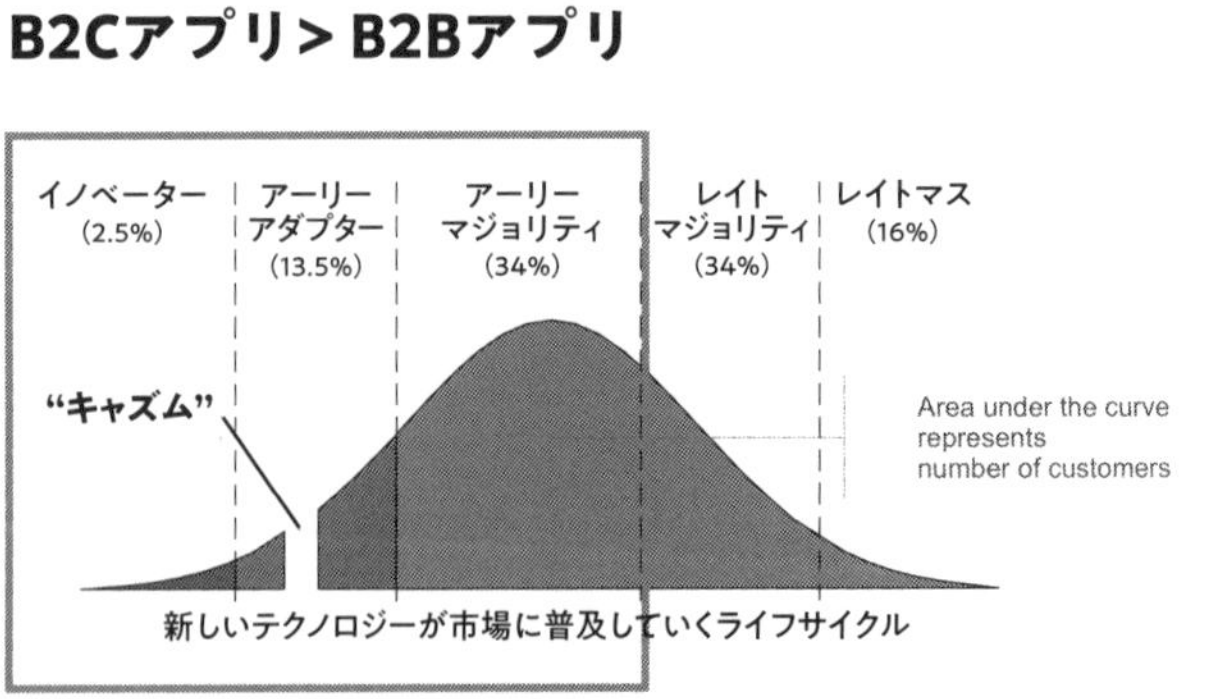

出典元：キャズム理論のデータを元に著者が作成

この点は、ブロックチェーン産業でも同じことが言えると思います。もちろん、イーサリアムなどの例外は存在しますが、基本、B2Cプロダクトを提供するプロジェクトの方が、投資先としての成長力は高いと見ています。

その点を踏まえて、一つ目のトピックは、新しい技術は常に、B2CからB2Bアプリという流れです。

インターネット産業を見ればわかりますが、GoogleやAmazonなど、B2Cアプリがはじめに大成功し、その後、B2B市場が本格的に立ち上がり、Slack や Zoom などの SaaS プロダクトが成功しています。

これもキャズム理論から説明できます。

新しいテクノロジーはなんでもそうなのですが、B2BよりB2C市場の方が、先に立ち上がります。なぜか?

B2C市場は、「消費者一人一人が意思決定者だから」です。使うか使わないかは、すぐに決めることができます。

そして、その中で、このキャズム理論でいうところのイノベーターやアーリーアダプターといった、新しい技術を積極的に使っていく人が自然と取り入れてくれるので、クラウドコンピューティングのお客さんであるB2Cアプリのユーザーベースはすぐに伸びていくのですね。

一方、Ｂ２Ｂアプリは、会社内で導入するかしないかの意思決定がされるため、時間がかかります。組織の中には、イノベーターやアーリーアダプターは一部ですから、キャズムにおける、アーリーマジョリティやレイトマジョリティの意見に押されてしまい、なかなか導入が進みません。

だから、Ｂ２Ｂアプリ市場は、Ｂ２Ｃ市場に比べて立ち上がりが遅いのですね。

実際に、これはインターネット市場で起きた事実です。Ｂ２ＣアプリであるGoogleやAmazonが一定以上普及してから、それに続いて、B2Bアプリの主流である営業管理ツールのセールスフォース、動画ミーティングのズーム、ワーク用チャットアプリのスラックなどが登場していきました。この歴史は、間違いなくWeb3市場でも繰り返すと見ています。

また、この点に関する僕の投資哲学の裏付けとして、天才投資家ウォーレン・バフェット氏のポートフォリオがあります。大半は、Ｂ２Ｃ向けに製品やサービスを提供する企業がほとんどなのですね。彼自身が、この点の理由について、明示的に語ったことは未だかつてありませんが、おそらく、彼も、この点においては、僕と同じ投資哲学を実践していると考えています。

まず、これが、Dapps市場の特徴を理解する上での基礎です。

その上で、僕が、Dapps市場で、Googleなどに相当する最も破壊的なイノベーションになっていくと見ているサブカテゴリが2つあるので、ここで簡単にお話ししておきます。

それは、「DeFiアグリゲーター」の存在です。

それが、僕が、DeFiアグリゲーターは、ブロックチェーン業界においてGoogleのようになる可能性があると考えているポイントにつながってきます。なぜか？

こちらを見てください。

図：No.45　B. DeFiアグリゲーション

Googleは、インターネットを万人に“検索可能”にした

Google
Google-Suche

ユーザーが、価値ある情報に効率的にアクセスできることを助けるツール

DeFiは、Web3投資は万人が“収益化可能”なものにする

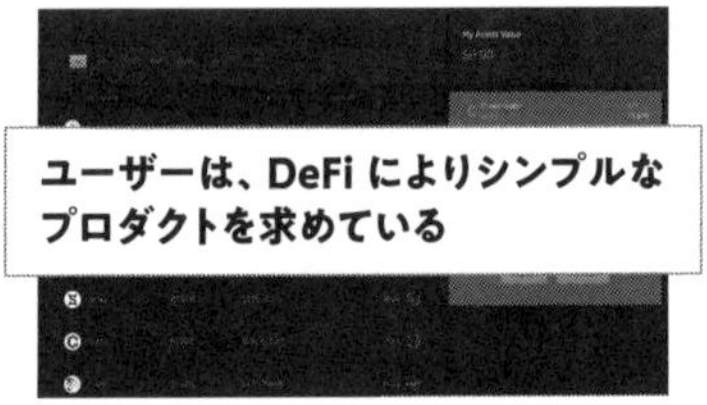
ユーザーは、DeFiによりシンプルなプロダクトを求めている

ユーザーが、Web3投資のリスクを最小化し、リターンを最大化することを助けるツール

出典元：Concentratorなどのデータを元に著者が作成

Googleがインターネットに起こしたイノベーションは、インターネット上に無数にあるコンテンツの中から、あなたが欲しいコンテンツをキーワード検索で見つけてくる仕組みを作り上げたことですね。

インターネットは、メディアの技術ですから、コンテンツ発見ツールにこそ価値があるのは当然ですね。

一方、ブロックチェーンは、今まで述べてきたように、金融の世界を相手にしている技術です。

金融の世界の存在理由は、投資や融資、資産運用などですよね。

DeFiアグリゲーターとは、DeFi市場の様々な稼ぐ手法を組み合わせて、仮想通貨市場で、みんなが手軽に稼げる仕組みを作り上げることがミッションです。

なので、プロダクトの文脈が、Googleと似ているのですね。

圧倒的に使いやすいB2CのDeFiアグリゲーションアプリは、ブロックチェーン産業において間違いなくキラーアプリの一つになると考えています。

こう考える背景の一つは、WBTCの商品開発が、ブロックチェーン産業の発展にとって不可欠だと考えているからです。僕は、ビットコイン・マキシマリストでは全くありませんが、業界の発展を考えると、ビットコインを長期保有することがメリットにつながるイノベーションは必須だと考えています。

こちらをご覧ください。

先ほども話をしたキャズム理論です。

まず、当然のこととして理解して欲しいのは、仮想通貨投資家の中で、ビットコインの保有者が世界で最も多くなること。つまり、キャズムの最後のユーザー層レイトマスまで持つであろう仮想通貨ということ。

そして、WBTCの商品開発が進むほど、BTCの長期保有者は増えますよね。

トレーディングする必要性が減るからです。これが、この市場全体にどれだけの恩恵をもたらすか？

その答えは、僕のポートフォリオ戦略にあります。

図：No.46　WBTCは、DeFi市場成長の鍵の一つ

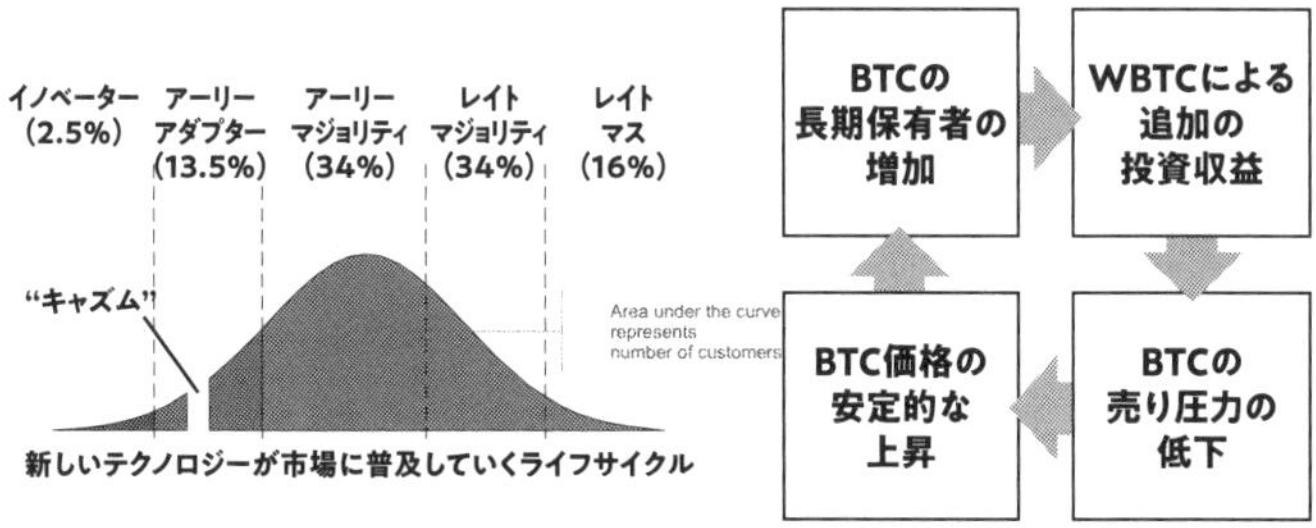

出典元：キャズム理論のデータを元に著者が作成

ビットコインは、既存の金融市場から資金を引きつけるための強力な触媒の存在です。

しかし、ここのボラティリティが高いと、保守的な個人投資家は敬遠します。

また、トレーダーが多いと、短期売買が増えることで、ＢＴＣの取引手数料の高騰が起きるため、これもまた価格下落の要因になります。

つまり、ＷＢＴＣ商品の進化はこれらを防ぐ上で、非常に効果的ということです。

僕は、ビットコインは、イーサリアムと異なり、これ以上、テクノロジー面で劇的に進化する

図：No.47　僕のポートフォリオ戦略

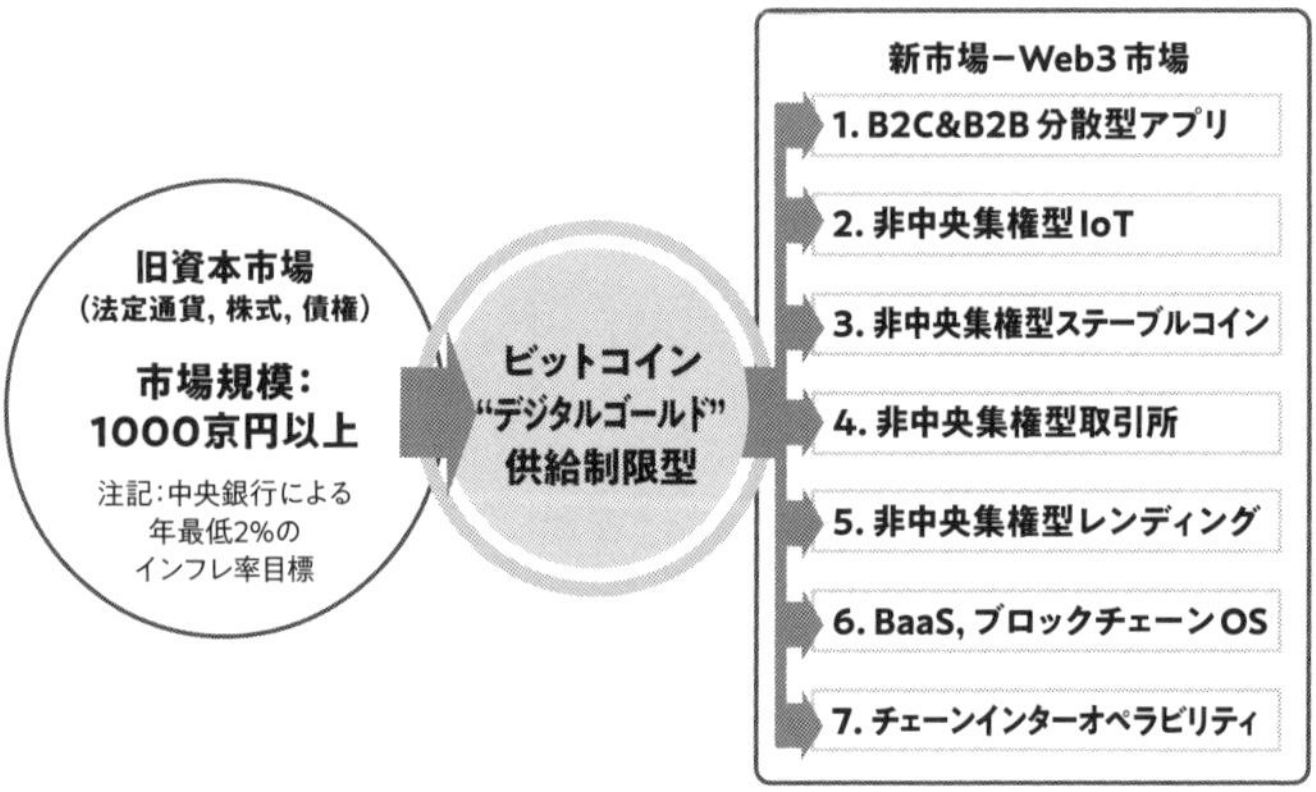

ことはないと見ています。つまり、1秒あたり7件というスローな処理スピードが劇的に伸びることもありません。ライトニングネットワークの普及も、限定的なものになるでしょう。ですから、決済利用より、長期保有と運用を前提にしたWBTCを上手に活用したDeFiソリューションの方が、ビットコインの真価を効果的に引き出せると見ています。そして、そのためには、おそらく、僕らは、「Blockchain OS」の普及を待たなければならないでしょう。なぜなら、WBTCの普及の最大の課題は、ユーザーが自分で、WBTCの発行をできないためであり（セルフ・カストディアンではない）、その原因は、今のスマートフォンの

ハードウェア側のセキュリティ技術をAppleとGoogleというWeb2企業が支配していることが原因です。Blockchain OSを利用したスマートフォンは、僕らが、セキュリティレベルの高いハードウェア・ウォレットとして利用できるようになるため、WBTCの利便性が一気に向上します。すると、今はまだニッチなWBTCを利用したDeFi商品の開発が一気に進むと見ています。

そして、もう一つは、「NFTゲーム」です。

一般的には、BCG（Blockchain Game=ブロックチェーン・ゲーム）と呼ぶのですが、僕があえて、NFTゲームと呼ぶのは、BCGにとって、NFTの活用が、非常に重要になるからです。

そして、僕が、NFTゲームに注目する背景は、これが、Web3の中心的なプラットフォームに成長する可能性があるからなんですね。特に、Axie Infinityが、「Play to Earn」の世界を生み出したことで、ゲームがWeb3の中心的な役割を担う可能性が更に

図：No.48　A xie Infinity が "Play to Earn" を発明

Menu　Search　Bloomberg Wealth　Sign In　Subscribe

Source: Sky Mavis

Crypto

This Video Game Is Turning the Pandemic Jobless Into Crypto Traders

Investors see an onramp to crypto and NFT adoption. Detractors see a flimsy business model and potential for abuse.

By Kristine Servando and Ian C Sayson
2021年8月26日 1:05 JST

Bloomberg

出典元：https://www.bloomberg.com/news/articles/2021-08-25/axie-infinity-how-game-is-turning-pandemic-jobless-into-crypto-nft-traders#xj4y7vzkg

高まったと見ています。

特に、Axie Infinityが実現したゲームで貧困層を救うという世界観は、２０１８年、正に絶妙なタイミングで、ハリウッドがリリースしたスピルバーグ監督による「レディ・プレイヤー1」のマルチゲーム空間「オアシス」の世界観とリンクしているのですね。

ですから、正に今、ブロックチェーンゲーム市場では、「どのプロジェクトが、オアシスになるのか?」というのが常に議論のテーマに上がります。

この点の理解を深めていく上で、まず、「N

FT」についてから話をしましょう。Web3の鍵を握るのは、間違いなくNFTです。

なぜなら、インターネットとは、先に触れたようにメディアのテクノロジーですよね。

つまり、コンテンツがビジネスの中心です。ソーシャルネットワークが普及した背景も、一つは、ユーザーが自分のコンテンツを手軽に、しかもキレイにメディアとして他のユーザーに見せることができるからです。

YouTube、Instagram、Twitter、Facebookなど、いずれも共通点はそこです。

しかし、Web2においては、そこで公開されているコンテンツの所有権は、本質的にはユーザーには、ありません。

所有権を管理しているのは、サービス提供している事業会社側です。

図：No.49　Web3とは何か？

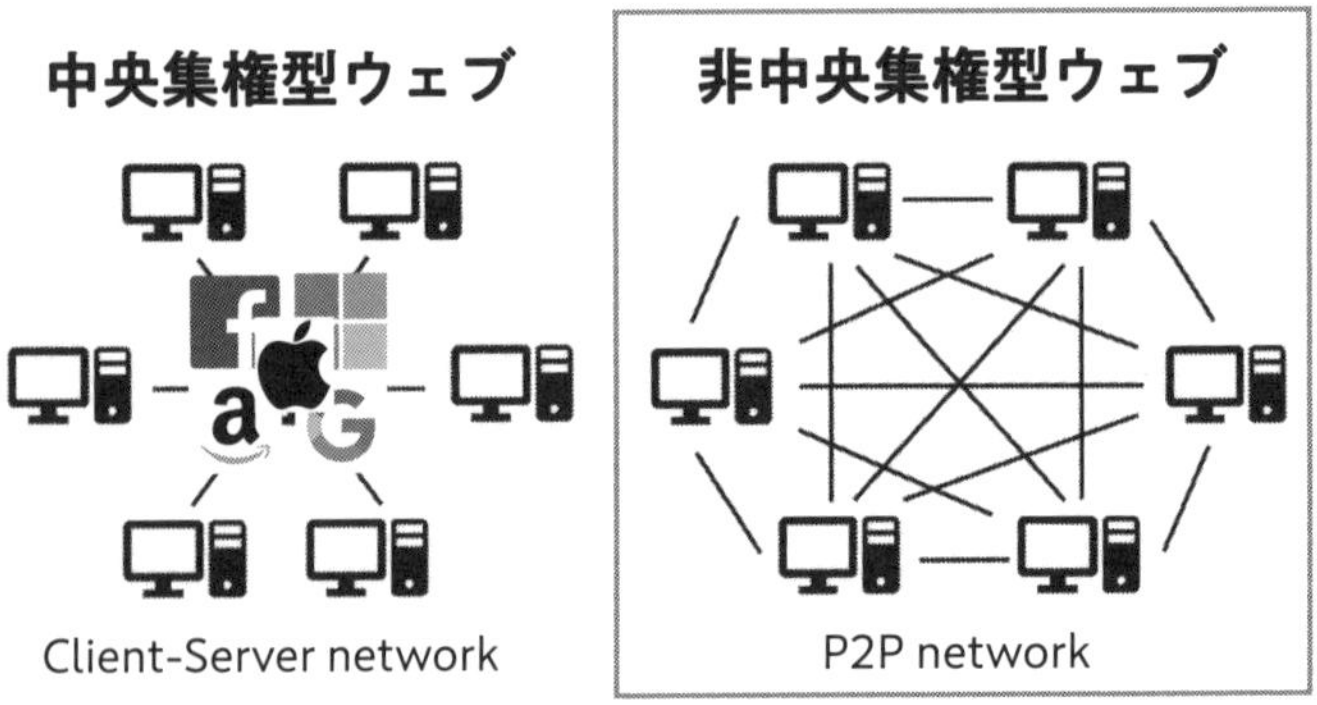

一方、Web3の時代が到来すると、これらのコンテンツを全てNFTの技術を使って、ユーザーが主体的に管理、売買することができるようになります。

派生的な仕組みとして、レンタルや共同保有、グループバイイングなどもできるようになるでしょう。

ということは、今のYouTubeやFacebookが、毎月、何十億人と利用しているレベルと同じレベルのB2Cアプリをブロックチェーンを使って、作り上げるには、NFTは不可欠の技術になります。

しかし、次の疑問が登場します。

「でも、Googleの検索エンジンも便利だし、YouTubeも便利、ファッション系のソーシャルならInstagramがあるし、コミュニティ系ならFacebookもある。NFTを使うだけでは、膨大なユーザーをWeb3に連れていくのは不可能ではないか?」

この疑問への解が、必要です。僕のヨミでは、それは「ゲーム」なんですね。

特に、先のハリウッド映画に出てくる〝オアシス〟となるような、非常に「オープンな設計」が施されているゲームですね。ソーシャル性も加味した様々なアプリが、そのゲーム内で展開可能なプラットフォーム型ゲームです。かなり抽象的なデザインが求められるため、高難易度のWeb3スタートアップになることは必須でしょう。

まずは、次ページの表をご覧ください。

図：No.50　世界トップ3のモバイルゲームアプリ（2021年時点）

	開発元	リリース時期	日別アクティブユーザー	ゲームジャンル	プレイタイプ
Subway Surfurs	Kiloo&SYBO Games	2012年5月	2,800万	エンドレスランニング	シングルプレイ
Candy Crusy Saga	king	2012年4月	2,100万	パズル	シングルプレイ
Clash of Clans	Super Cell	2012年8月	1,700万	リアルタイム戦略	マルチプレイ

出典元：Wikipedia のデータなどを元に、著者が作成

主要モバイルゲームの実績データをまとめたものですが、いずれも日別アクティブユーザーで、１０００万から３０００万の実績を持ちます。月間の数字に置き換えると、数億は超えるでしょう。

そして、やがて、ここで、多くのユーザーが保有することになっていくＮＦＴを活用したDeFiが生まれていくことで、ＧＡＦＡを中心とするWeb2の巨人達を倒すためのコアエンジンが、Web3市場に造られていくでしょう。

ここで、２０２１年10月から、Facebook社がMetaと社名変更し、「Metaverse（メタ

バース)」というコンセプトを大々的に宣伝を開始したとき、僕は、「なんと、幸運な展開なんだ」と思いました。

メタバースのコンセプトが普及したことで、インターネット市場に新たに巨大なホワイトスペースができ始めたからです。

それまでは、僕は、ブロックチェーン・スタートアップが、GAFAが独占しているインターネット市場をどう取りに行くか、様々なプロジェクトを分析しながら考えていましたが、いずれも、強力な決定打に欠けると感じていました。

既存の検索エンジン、Eコマース、ソーシャルの体験を圧倒的に凌駕するような全く新しい体験やベネフィットを与えてくれる存在が、Web3市場には不可欠なのですね。それがなければ、そのプロダクトが、キャズムを超えていくことはありません。DeFiも、もちろんそれに該当しますが、多くの個人投資家にはまだサクサクと使え、かつ便益が得られるプラットフォームがまだ育ってきていません。

しかし、その上でも、メタバースの考えが、Metaの莫大な投資によって、世の中に普及していっていることは、Web3にとっては、大変な追い風だと考えています。

なぜなら、僕は、Metaが、Web3で勝てる可能性は「ゼロ」だと考えているからですね。

これは、テックイノベーションの世界を深く理解している起業家であれば、誰もが見抜いていることです。

Yahoo!は、ポータル市場を制しましたが、検索エンジン市場で、Googleに勝つことはできず、Googleは、検索エンジン市場を制したが、ソーシャル市場では、Facebookには勝てなかった。

これが、テックスタートアップ市場の「黄金律」です。

今は、この次の段階にきています。Meta自身、自らWeb3プレイヤーに駆逐される脅威を取り除くために、膨大な人と資金を投じて、このメタバースの実現に取り組むが、結果的に、Web3のプレイヤーに勝てないということです。ただ、幸いなことに、Web3プレイヤー自体が、Metaの大規模なマーケティングキャンペーンにより、自分達の市場に多くの人が注目したり、集まってくる効果を副次的に得られるので、助かるのですね。

これは、実際に、FacebookとGoogleとの間に起きた「ソーシャル戦争」と同じ歴史的文脈を持っています。すなわち、Facebookが、自分達のサイトに投稿されるユーザーのコンテンツを、Googleの検索エンジンに掲載させないようGoogleのコンテンツ収集エンジン（クローリング・エンジンという）をブロックしたことに対して、Googleが危機感を覚え、自ら、Google Plusという Facebookの対抗馬を仕掛け、莫大なマーケティング費用をかけたことで、ソーシャル市場自体が非常に盛り上がったエピソードです。結果、Google Plusは完全に失敗に終わりますが、Googleのこの攻勢が、実は、Facebookを育てることに一役買ったのですね。これが、今度は、Web3で起きるということです。

図：No.51　Web2のインフラがどのようにして個人情報をトラッキングしているか？

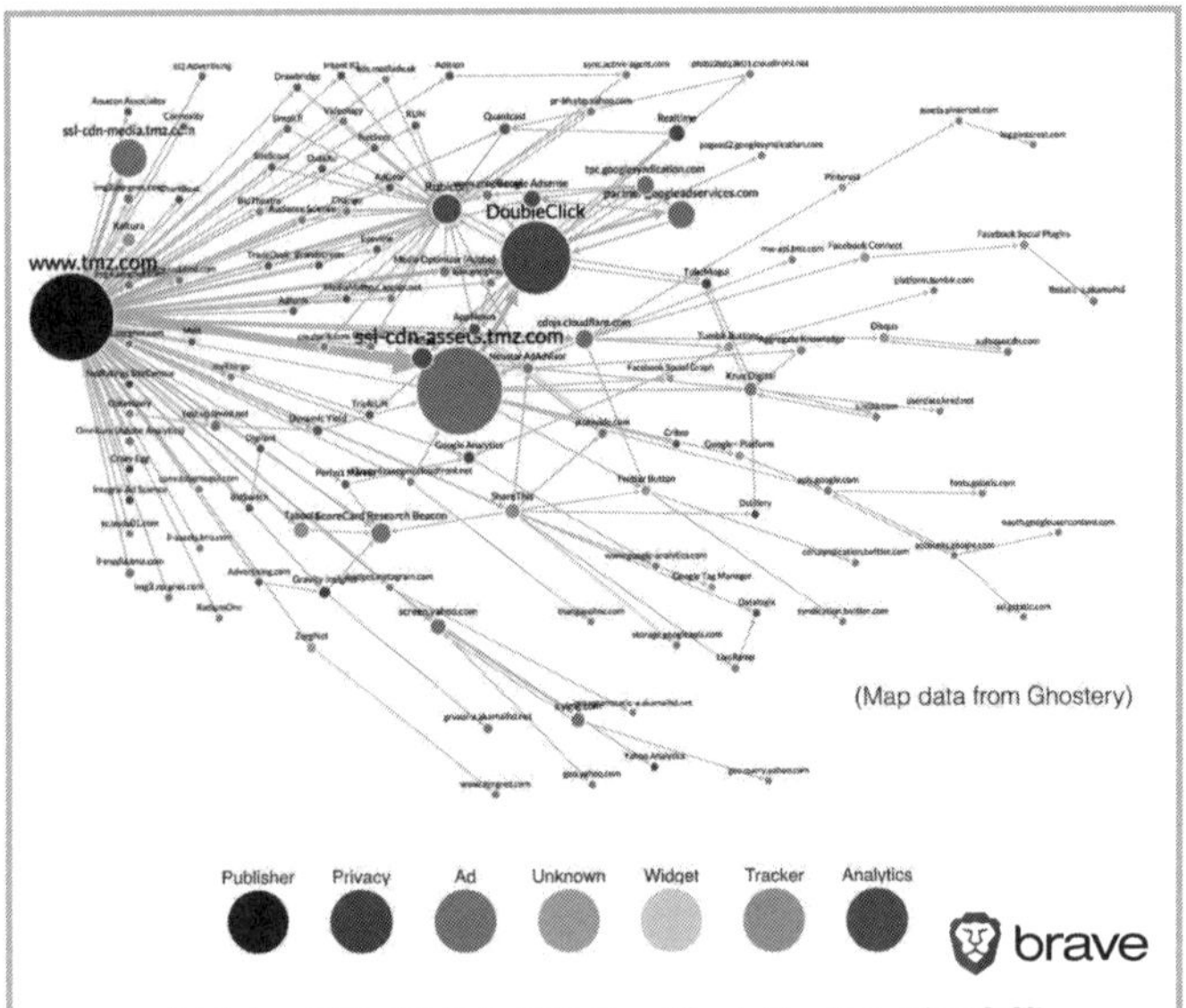

大手ウェブサイトにおけるユーザートラッキングの実態

出典元：ブレイブブラウザのホワイトペーパーより

また、当然ですが、仮にWeb2企業が、このメタバース市場を制してしまった場合、当然、我々はそれによって、大きな損失を被ります。

その最大のものは、間違いなく「個人情報」でしょう。

FacebookやGoogleは、僕らのネット上での活動データを大量に収集して、趣味嗜好に合わせた広告を表示する事業をメインにしています。その動きは、メタバースでも変わりません。

つまり、彼らをメタバースの主役にしてしまうと、僕は、今と変わらず彼らに膨大な個人情報を取られ、彼らの利益のために使われてしまう世界になってしまいます。これは、由々しき問題ですね。

それは、先ほど話に上げた「レディ・プレイヤー1」でも描かれていることですね。その点から、僕は、Web3では、Web2の主要事業の一つであるオンライン広告事業が、衰退するかもしれないと見ています。

では、ブロックチェーンゲームは、何を収益源にするのか？　それが、NFTということです。

ですから、僕は常にNFT関連のプロダクトには、注目しています。

まず、必要になってくるのは、NFTにDeFiソリューションを加えていくための基本の土台となる非中央集権型のNFTマーケットプレイス市場の立ち上がりですね。

この話も、ステーブルコインの話と同じで迂回戦略の一つですが、NFTが普及し、かつ、そこにDeFiソリューションが化学反応を起こしていくことで、Amazonを破壊する強力なキラーソリューションが生まれてくると考えています。

自分の所有するNFTを担保にステーブルコインを借りたり、他の人に貸して収益をあげたり、またはグループバイイングして、所有権のレンタルや売買などをすることができるからですね。

Amazonはそういう機能は一切持っていません。

そして、その立ち上がりは、ゲーム市場から起きていると考えています。Axieなどに代表される「Play to Earn」の登場です。

図：No.52　全世界に25億人いるといわれる銀行口座を持てない成人割合の分布

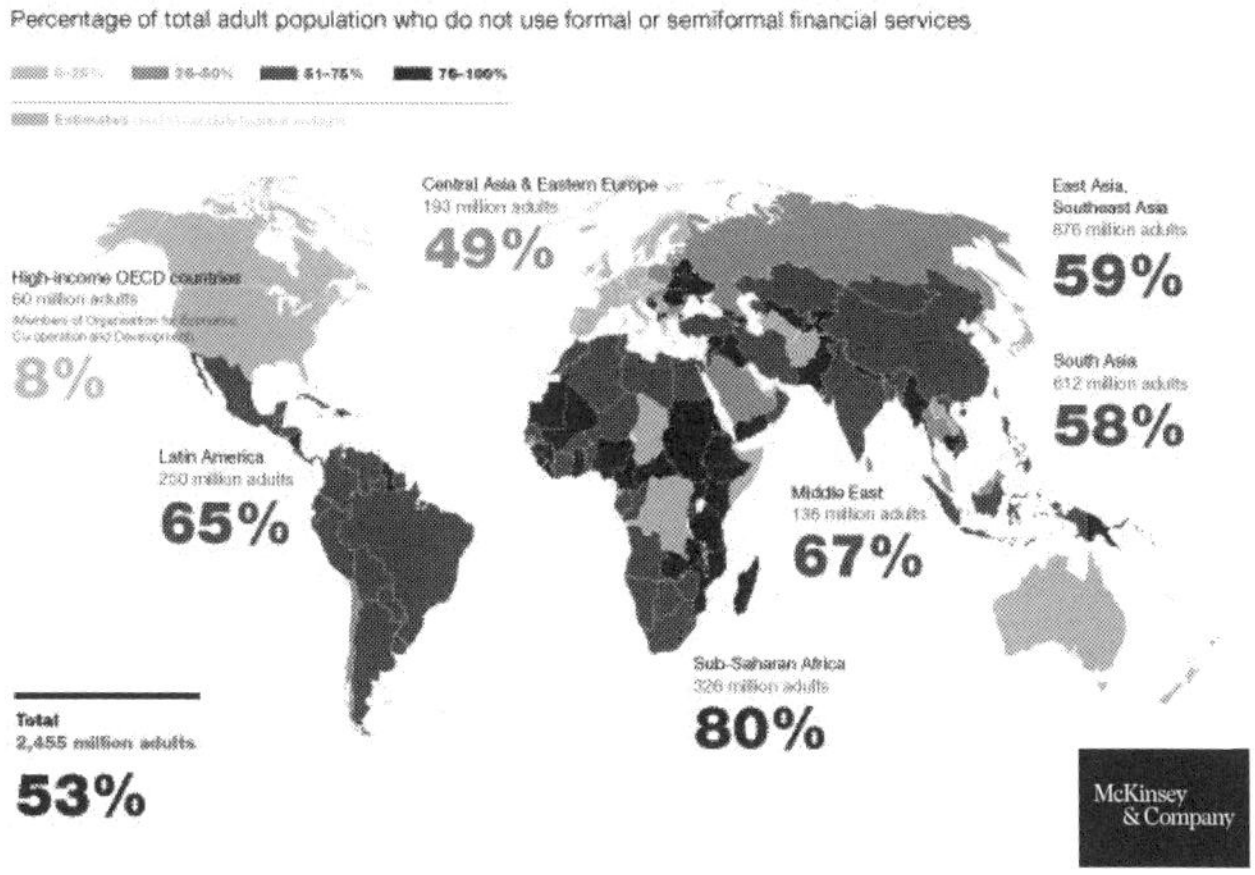

出典元：https://www.mckinsey.com/industries/financial-services/our-insights/counting-the-worlds-unbanked

ゲーム市場の強みは、「政府が無視していること」ですね。趣味嗜好の市場だから。つまり、厳しい市場規制の対象にはならないということ。彼らは、そのことを「トロイの木馬」と呼んでいます。言い得て妙な言い回しです。文字通り、奇襲作戦ということです。

つまり、ここから立ち上がったPlay to Earnの世界は、やがて、世界に25億人いるといわれる銀行口座を持てないアンバンクユーザー層を救うキラーソリューションとして成長していくと見ています。

そして、その実現のために、今、多くのブロックチェーンゲームは、Axie Infinity の次の世代のゲーム開発競争を展開しており、「Play to Earn」から「Play and Earn」を標語に、新たな進化に取り組んでおり、Axie Infinity で課題として浮上した単に稼ぐことだけがBCGをプレイする目的になるのではなく、ゲーム自体がしっかりと楽しめた上で、稼ぐこともできる、というより従来のゲームタイトルと本格的に競っていくための新しいゲーム体験開発に集中しています。

ものすごい数のBCGスタートアップが立ち上がってきていることから、イーサリアムの BaaS 市場同様に、ここからは、イーサリアムに匹敵するプロジェクトが生まれてくると見ています。

次に、このポートフォリオ分析を軸にした各ブロックチェーン・スタートアップの分析の仕方について、お話しします。

2−3. 6つのブロックチェーン・スタートアップの分析軸

そして、次に、僕の各アルトコインプロジェクトの6つの分析指標を使うことで、更に定量的に評価していきます。

1.ペインポイント、2.プロダクト、3.チーム、4.成長スピード、5.トークン・エコノミー、そして、6.ハイプサイクル、の6つです。

それぞれに最高5点を配点するので、満点は30・0ポイント。僕は、25・0ポイント以上のプロジェクトにしか投資しません。

そして、これはスコアのサンプル事例です。

このような具合ですね。大体、6ヶ月に1回程度、再度スコア評価を見直します。進展

図：No.53　6つの分析軸

30点満点中、25.0以上のプロジェクトを投資推奨

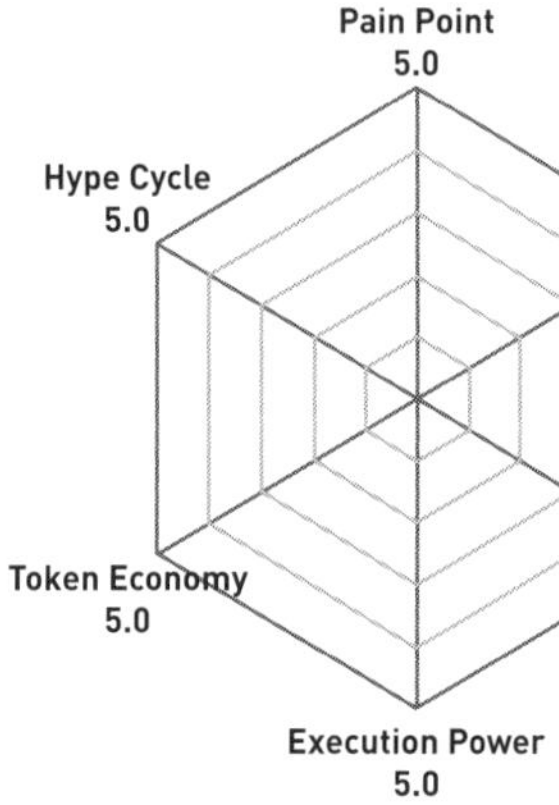

図：No.54　総合スコア評価のサンプル

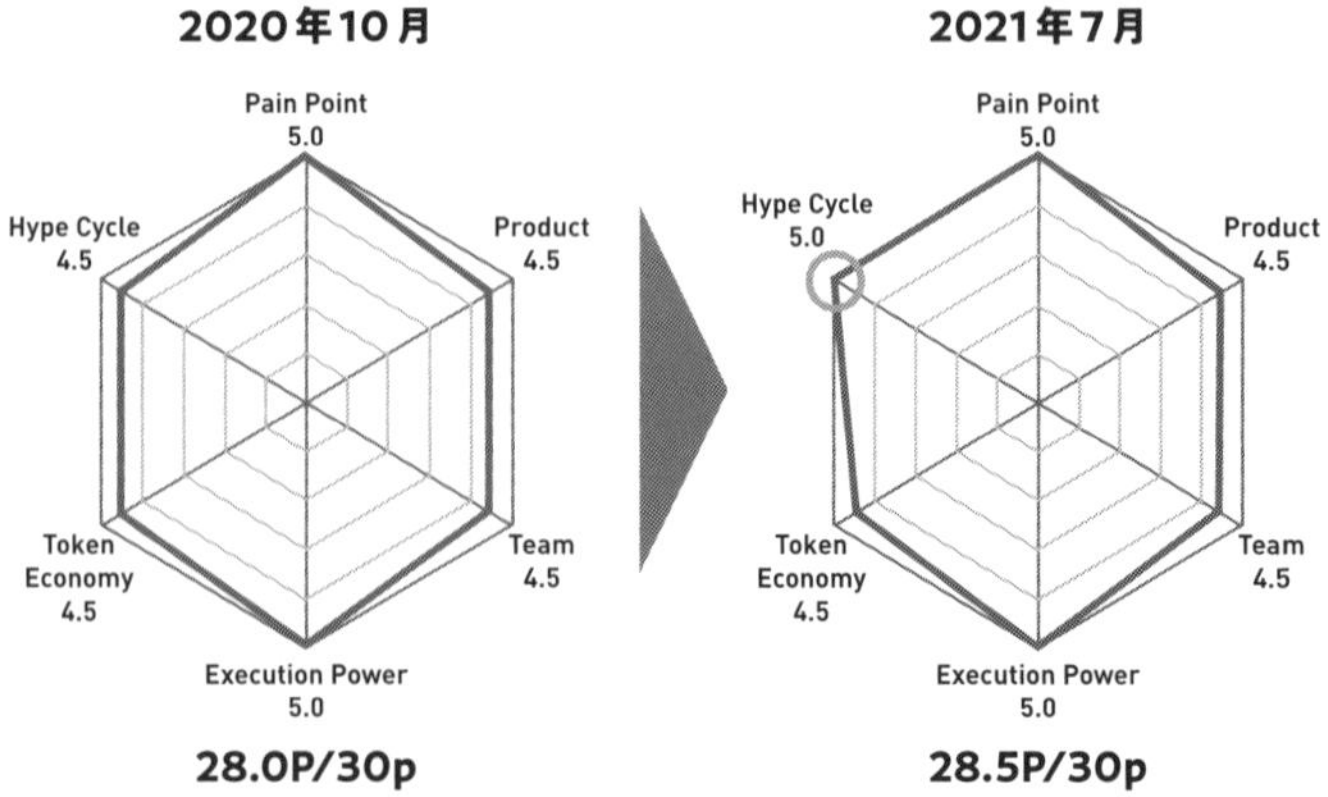

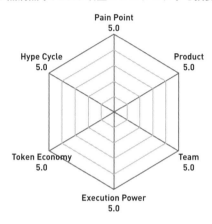

に応じて、スコアが上がることもあれば、そのままのときもあれば、下がることもあります。

では、ここから、この6つの分析ポイントで、僕がそれぞれどのような視点で分析しているか?について、詳しくお話ししていきます。

ペインポイント分析

では、1つ目のペインポイント分析からです。

僕が、この分析を一番目に持ってくる理由は、これです。

ペインポイントが曖昧なプロジェクトには絶対に投資しない。

ブロックチェーン・スタートアップのプロジェクトの大半は、ペインポイント定義がかなり曖昧か弱いです。なので、その時点で落とします。

じゃあ、その曖昧かどうかをどうやって判断しているか？

いつも3つの質問をぶつけます。

1つ目、そのペインポイントが、社会的に重要かどうか？

2つ目、タイミングが早すぎず、遅すぎず、ちょうどよいか？

3つ目、市場参入戦略はニッチだが、長期では拡張性高いペインポイントに挑んでいるかどうか？

実際のプロジェクト例をベースに話をした方がよいと思うので、YGGをケーススタディにして考えていきましょう。

まず、YGGは、NFTゲーム市場における、Game Guild のパイオニアです。既存のゲーム市場にも、Game Guild は存在しますが、YGGの場合は、Guild 内で明確な役割を定義し、攻略ノウハウを共有し、メンバーがそのゲームできちんと生活費を稼げるように運用していき、またYGGのトークンを活用して、ゲームプロジェクトのプライベートセールに投資したり、そのゲーム内のNFTアセットを購入して運用したりします。ですから、既存の Game Guild に比べると更にプロフェッショナルな運用モデルを敷いています。このゴールにあるのは、彼らが、NFTゲームを使って、途上国で銀行口座も持てず、過酷な経済格差に苦しむ世界25億人存在するアンバンクドユーザーを救うことです。

アンバンクドユーザーを救うこと自体、ブロックチェーン産業の社会的な最重要ミッションの一つなので、非常に素晴らしいペインポイントをターゲットしています。

そして、次、そのアンバンクドユーザーにNFTを活用した DeFi ソリューションを提供しようとしていること。

図：No.55　A）重要なペインポイントかどうか？　YGG は、Gami-Fi で世界のアンバンクを救う

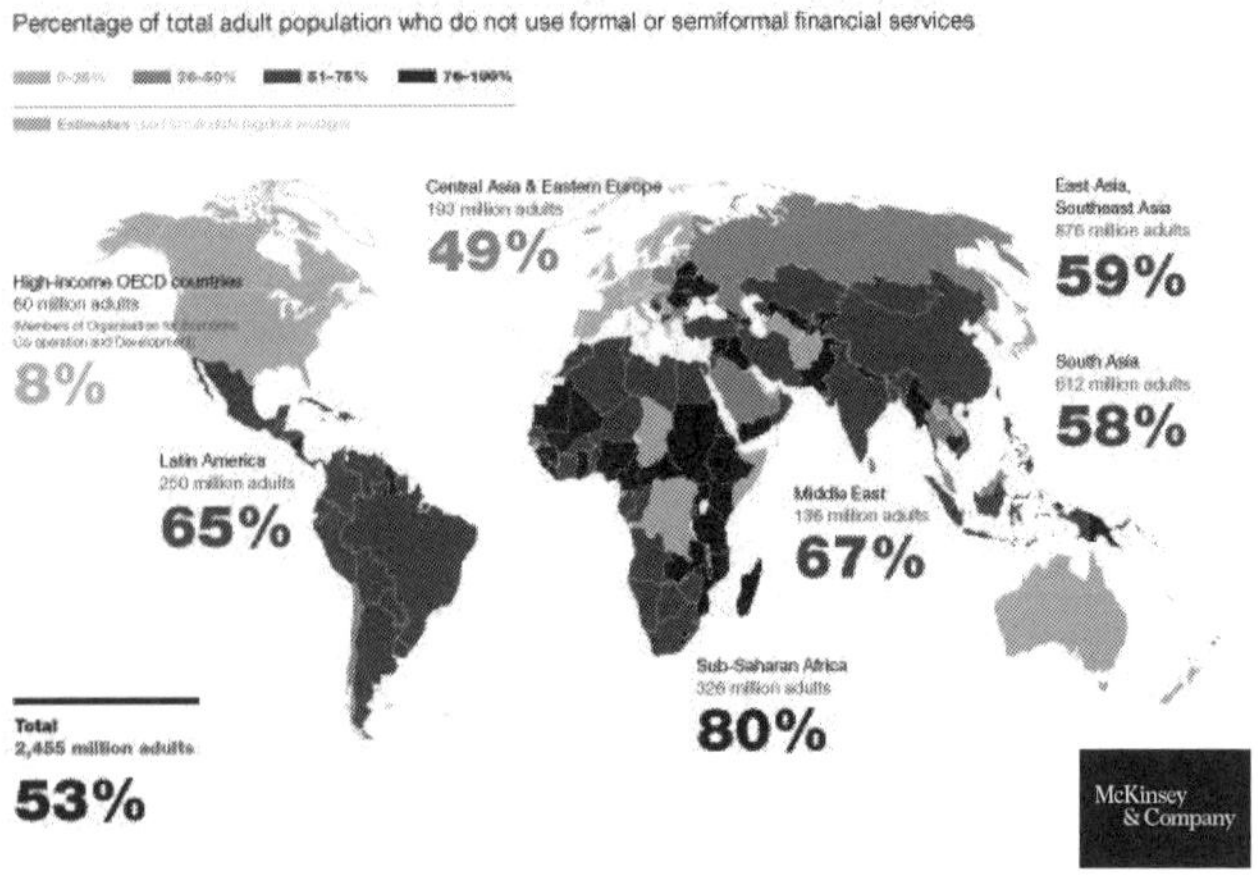

出典元：https://www.mckinsey.com/industries/financial-services/our-insights/counting-the-worlds-unbanked

その第1号ソリューションが、Axie Infinity で有名になった「スカラーシップ プログラム」です。

簡単に説明します。

例えば、ＹＧＧの Guild 内に、先進国で Axie Infinity をプレイする Alice がいます。

彼女は、お金があることもあり、Axie をすでに20体以上保有しています。

Axie Infinity は、Axie が3体いれば遊べるので、20体も持っている Alice は持て余している状態です。

図：No.56　Play to Earn スカラーシップ by YGG

事例：Axia Infinityをプレイするには、最低3体のAxieが必要

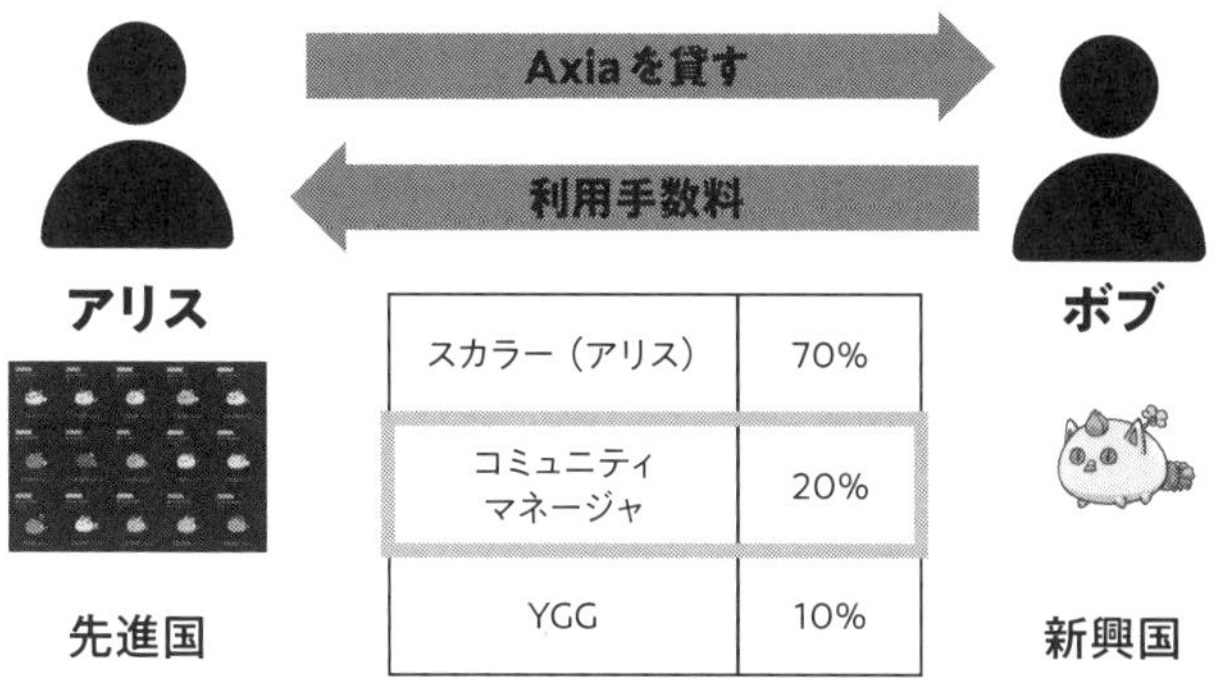

　一方で、新興国に住むBobは、お金もないため、一体分のAxieは持っていますが、それ以上のAxieを買う余裕はありません。

　ここで、YGGのDAO内のコミュニティ・マネージャは、この二人をマッチングし、AliceがBobに、Axieを貸すことを仲介します。

　Aliceは、レンタル手数料をもらい、Bobは3体手に入るので稼ぐことができ、稼いだ一部をAliceに払います。

この際、20％が、仲介したコミュニティ・マネージャに仲介手数料として入ることがポイントで、これによってマッチングが活性化する効果を狙っています。

この通り、Game Guilds の存在があるからこそ、新興国のユーザーは、ＮＦＴゲームを収入源として現実的に活用することができるのですね。

最後に、市場参入戦略とその未来の拡張性です。

ＹＧＧは、将来性の高いＮＦＴゲームをコミュニティからのボトムアップで発見し、そのゲーム内のＮＦＴに投資したり、または、他のユーザーの余っているＮＦＴをお金がないけどゲームプレイが上手い新興国の貧しいユーザーなどに安くレンタルして、稼げるチャンスを提供します。

そして、彼ら自身は、ゲーム開発はしません。あくまで、ポテンシャルの高いＮＦＴ

図：No.57　B）ニッチな市場戦略を取っているが、中長期で拡張性の高い市場でビジネスしている

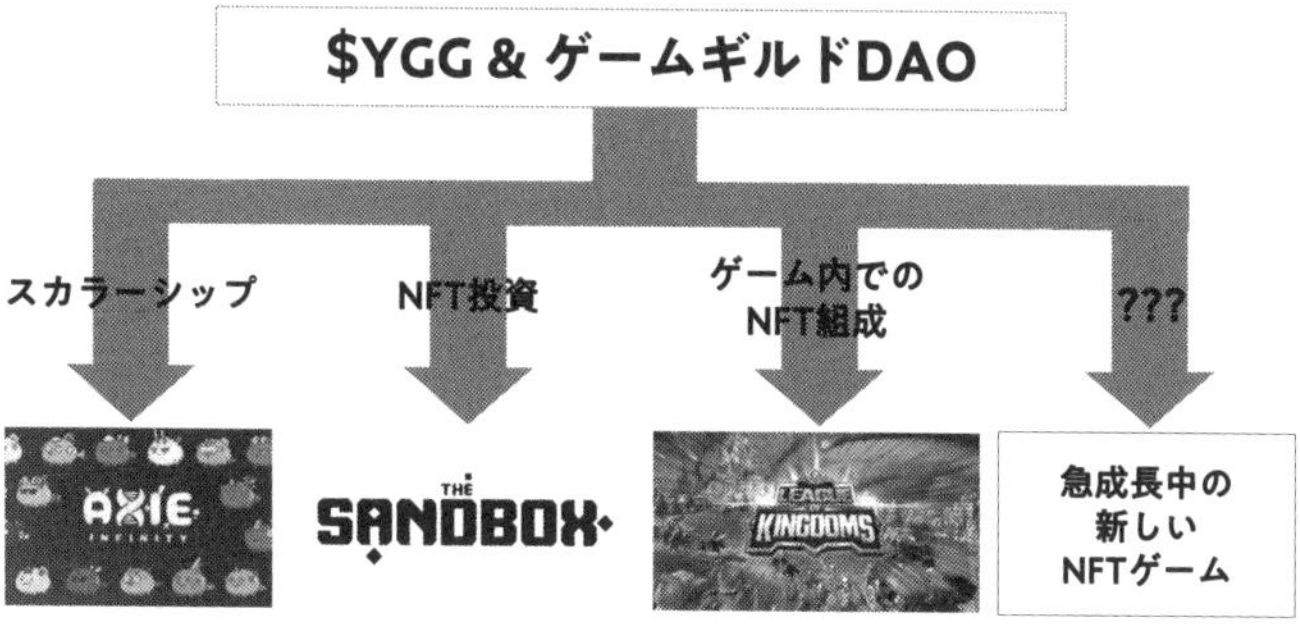

ゲームを活性化することをDeFiを使って支援することをビジネスに変えているわけです。

素晴らしいですね。NFTゲーム自体は、まだまだニッチ産業なので、彼ら自身、NFT DeFiのパイオニアです。しかし、NFTゲームは、オンラインゲーム自体の寿命も伸ばす効果が高いと見ており、NFTゲームは無限大に出てくるでしょう。そこに常に、YGGがグロースインキュベーターとして支援していきます。ですから、ゲームを提供する側にとっても、YGGのような、数万人規模の巨大なGame Guildに支援してもらうことは、自分達のゲームのアクティブユーザーを早期に増やすことができるためとても大きなメリットがあります。

そして、実際のゲーム内でトークンを稼ぐことで、YGGのGame Guildに参加する途上国のユーザーは、どんどん経済的に救われていきます。

つまり、ターゲットユーザーは、全世界に25億人存在します。巨大な市場です。ブロックチェーンゲーム市場におけるGame Guildは、Web3においては、正にアンバンクド向けの「銀行」のようなプレイヤーに成長していくと見ています。つまり、拡張性がとても高いプロダクトを手掛けていることが見えてきます。

プロダクト分析

次にプロダクト分析です。

僕は、常に、彼らがホワイトペーパーなどで書いている内容と、実際に作っているプロダクトのギャップ分析をします。

図：No.58 参考：キャズム理論

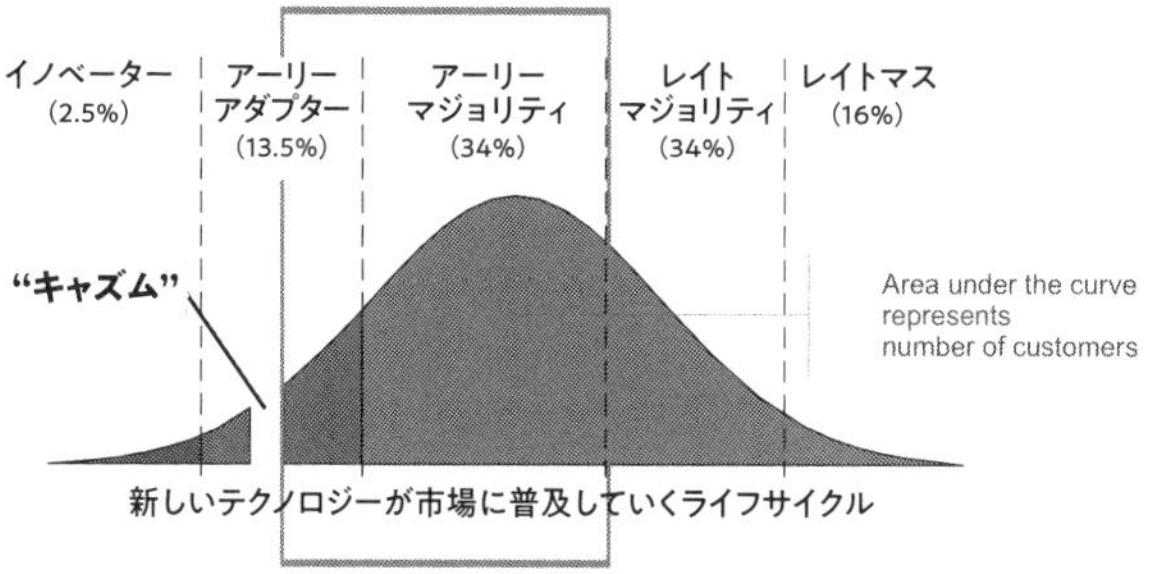

出典元：キャズム理論のデータを元に著者が作成

このような視点を持つ背景を理解するには、キャズム理論が最適です。

キャズム理論は、大きく5つのユーザーベースで、一つの新しいテクノロジーが、一般大衆に普及していく流れを説明しています。

イノベーター、アーリーアダプター、アーリーマジョリティ、レイトマジョリティ、レイトマスです。ここで、プロダクト分析で、見るべきは、アーリーマジョリティ、レイトマジョリティの性質ですね。

イノベーターやアーリーアダプターは、リスク耐性があり、新しい技術が好きなので、多少バグがあったり、使いづらくても、新しい製品を積極的に使ってくれます。

アーリーマジョリティ、レイトマジョリティは、全く異なります。なので、その手前にキャズム＝溝があるのです。

彼らは、直感的に使えて、かつ、バグやセキュリティなどのリスクがないプロダクトしか使いません。

バグやセキュリティなどは、まあ時間をかけて直していくものなので、ある程度待ちますが、僕が一番見ているのは、「直感的に簡単に使えるプロダクトかどうか」ですね。

そこを押さえられていない複雑なUX＆UIのプロダクトには投資しません。

この点を踏まえた代表的な、よい例と悪い例を話します。

まず、悪い例は、steemit ですね。Web3版 reddit として、仮想通貨市場の黎明期に非常に注目されたプロジェクトの一つでしたが、今は完全にその人気を失いました。

僕は、彼らのホワイトペーパーやサイトのビジョンをよく吟味しましたが、とても素晴らしい内容が書かれていました。

しかし、実際のプロダクトを見てがっかりしました。とにかく使いづらいし、トークンエコノミーも全くユーザーフレンドリーではない。なので、投資するのはやめました。案の定、市場から全く注目されなくなりました。

一方、よい例は、Brave Browser ですね。

Brave がターゲットしているブラウザ市場、インターネットの利用には、不可欠ともいえるツールです。これは、Web3 でも変わりません。その規模は、全世界のインターネットユーザーが対象ですから、２０２１年時点で39億人います。超巨大です。

図：No.59　ウェブブラウザ市場：39億人（2017時点）

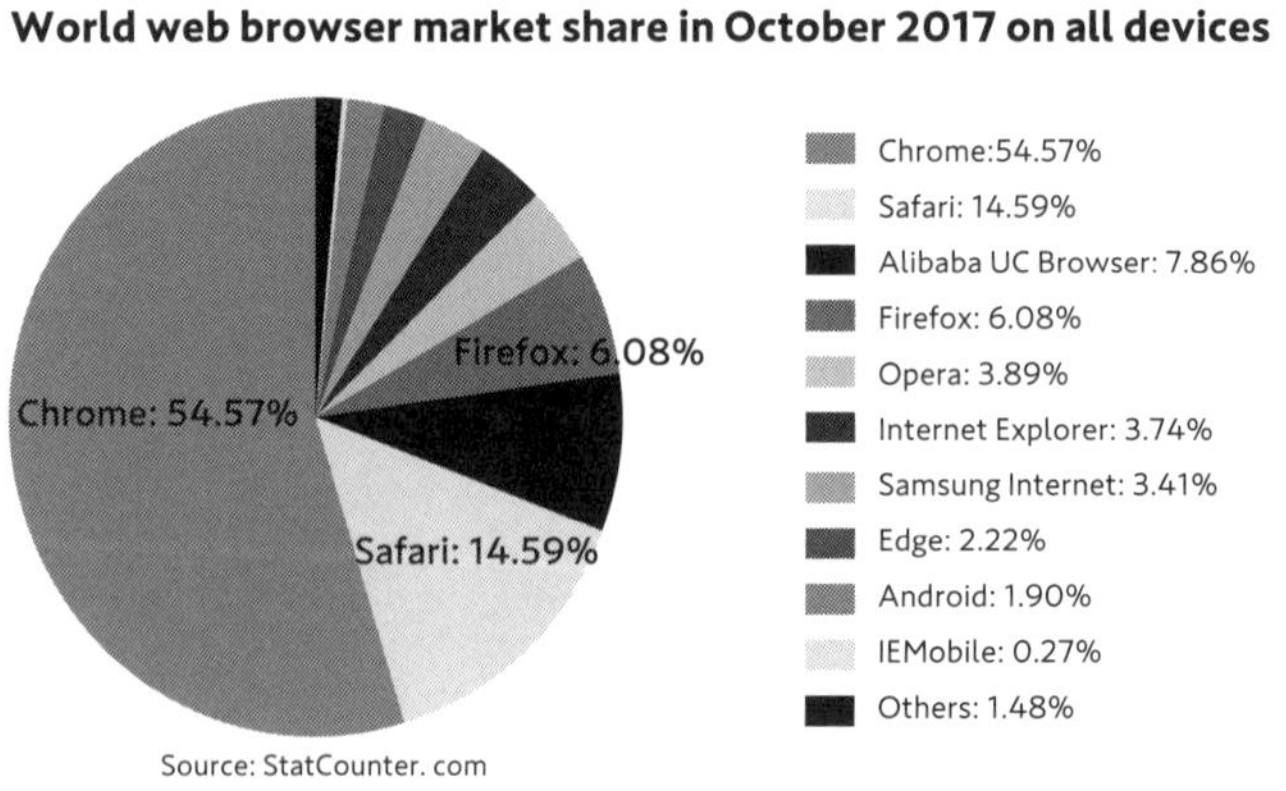

出典元：https://gs.statcounter.com/browser-market-share

そして、その半数を握るのが、Google Chromeです。そして、Braveは、このGoogle Chromeの抱えるイノベーションのジレンマを見事についたプロダクトを提供しています。

こちらが、僕が競合とのプロダクト比較をする際に、よく使うバリュー・ポジショニング・カーブ分析です。

競合比較する上で、重要な評価項目を定義し、AからDでスコア化しています。

たとえば、BraveとChromeを比較した場

図：No.60 バリューカーブ分析の事例

	コントロールプライバシー	プッシュ通知型広告	広告ブロック	AdEx	トークンインセンティブ広告閲覧への	IPFSサポート	DeFi ウォレット機能	検索エンジン	DAO
Brave	A	A	A	A	A	A	A	A	A
Chrome	D	D	D	A	D	D	D	A	D
MetaMask	—	—	—	—	—	—	A	D	B

合、Chromeは、Googleが運営しているので、当然、Googleの広告システムと密接に連携しています。

そして、Googleの広告システムは、ユーザーのプライバシーデータを大量に利用しています。

Braveは、まず、Chromeとは真逆のプライバシーコントロールを全てユーザーに委ねたブラウザソフトを提供し、かつ、ブロックチェーンを使って、そこを完全に非中央集権化し、かつ、プライバシーデータを一切使わない広告配信システムを提供しました。

更に、ユーザーには、広告を見ることで、BATトークンがもらえるインセンティブを提供し、かつ、その広告も、Googleがまだ手を出していなかったプッシュ通知を活用した広告、つまり、パイオニア市場を開拓しました。

これは、Googleにとっては、実はイノベーションのジレンマなのですね。容易に手が出ません。Googleが、Google Chromeを提供開始した目的の一つは、ユーザーのWebページ閲覧の履歴データを収集することで、そのデータを活用して、ユーザー一人ひとりに合わせた検索結果のパーソナライズをし、これを掲載する広告内容にも応用することで、検索結果のクリック率を引き上げるだけでなく、広告のクリック率も引き上げる施策を展開しています。

ですから、このビッグデータを利用することを大前提にしているGoogleにとっては、Braveのやり方は全て真逆なので、手が容易に出せないのですね。手を出せば、自分達の過去育ててきたテクノロジーの大半を否定することになるからです。

図：No.61　広告ブロックアプリのダウンロード数は、スマホ市場を中心に急激に伸びている

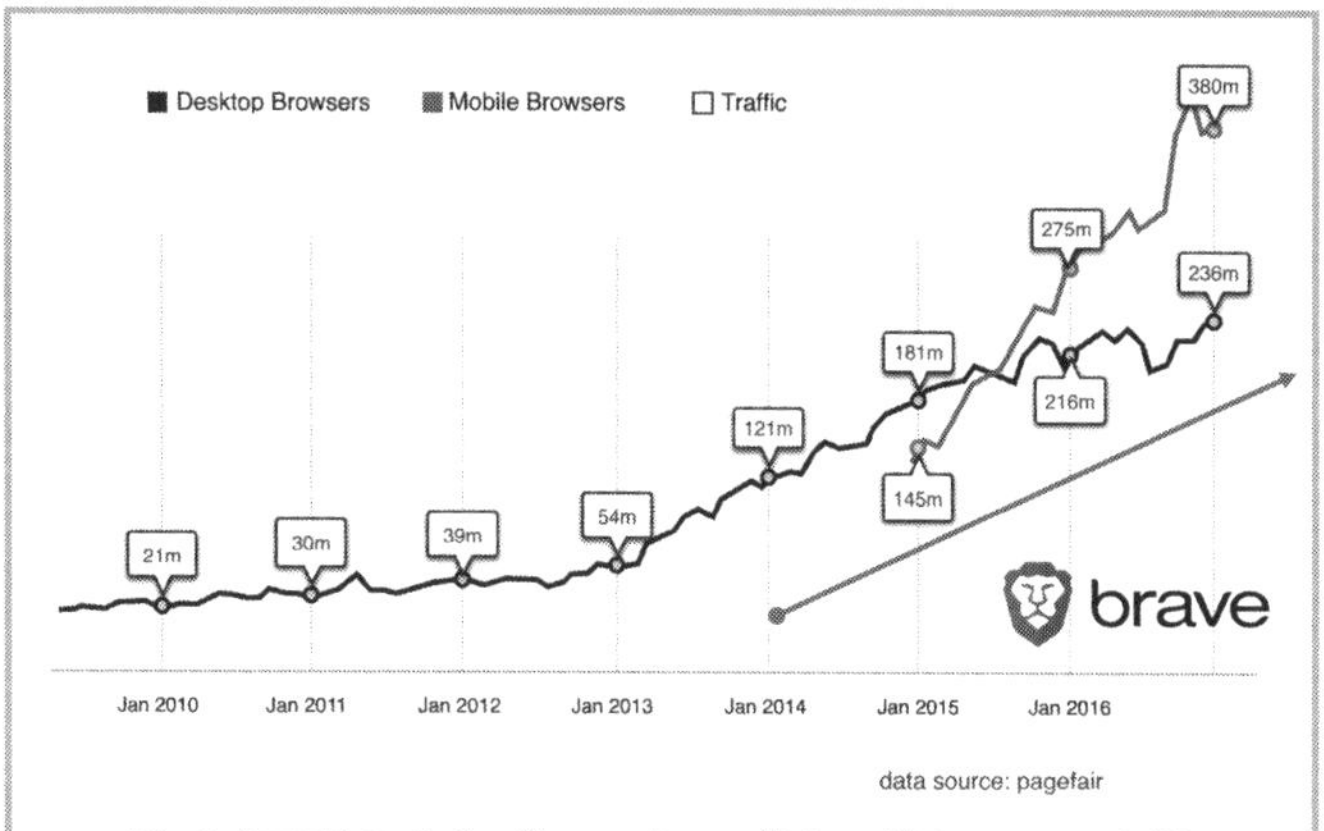

デバイス別の広告ブロックアプリのダウンロード数

出典元：https://gs.statcounter.com/browser-market-share

図：No.62　若年層ほど、広告ブロックアプリの利用率が高い

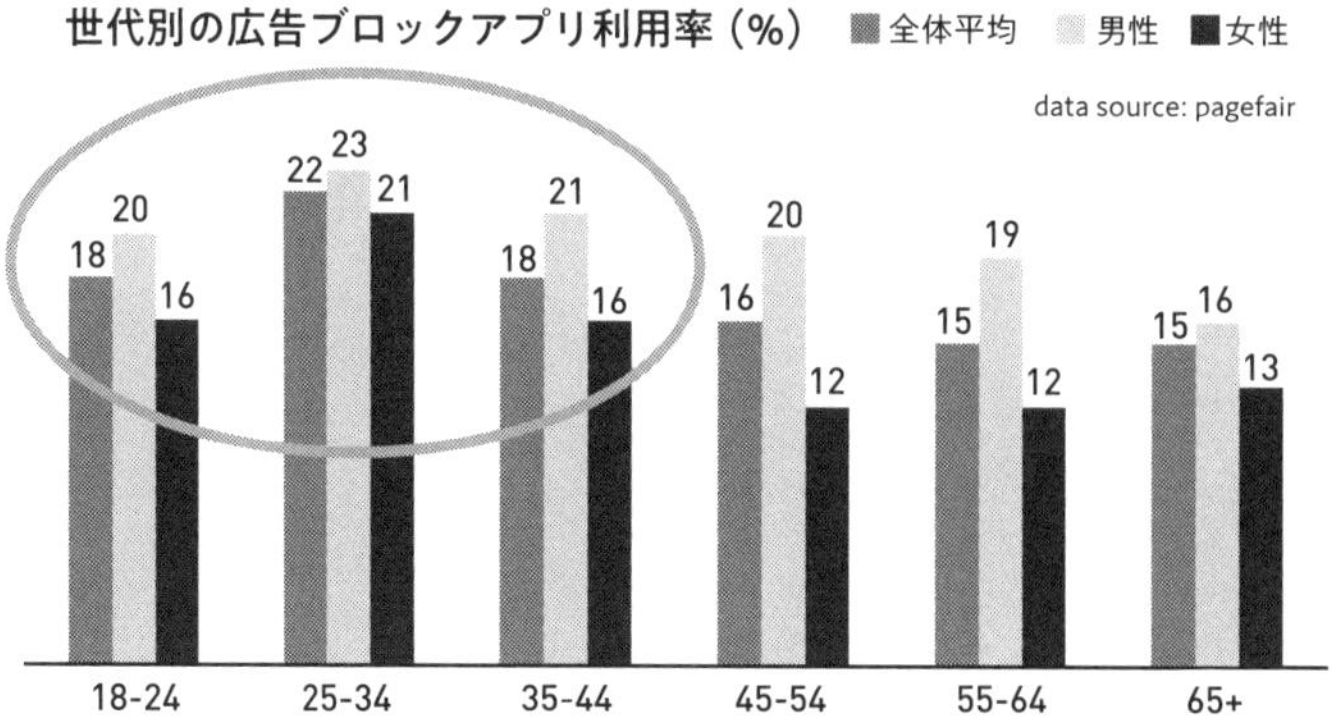

出典元：https://gs.statcounter.com/browser-market-share

更に、彼らは、予定通り、Brave BrowserにBrave自前の検索エンジンを搭載したことで、着実にGoogle Chromeとの距離をつめてきています。

また、プライバシーコントロールについても、きちんとデータの裏付けをしており、こちらにあるように、近年の広告ブロックソフトの利用が急増していることや、世代別の広告ブロック利用も、若い世代が多いため、未来のインターネットが、かなり危ない状況にある点も抑えて、この商品を投入してきています。

見事なプロダクト戦略と言えます。

チーム分析

次にチーム分析です。

ここは、3つのパターンでお話しします。ペインポイントとプロダクト分析が終わってからでないと、的確なチーム分析はできません。

図：No.63 ケーススタディ1：プロフェッショナルチーム型

主要メンバー

ロバート：共同創業者 &CEO - 元金融アナリスト、フィンテックスタートアップを２社起業経験あり

ジェフリー：共同創業者 &CTO - イーサリアムの元ソフトウェアエンジニア。テックスタートアップを２社起業経験あり

ジェイソン：プロダクトデザインヘッド - Coinbase Pro の元リードデザイナー。Uber の元プロダクトマネージャ

カルビン：戦略リード - 仮想通貨の元投資家。仮想通貨系スタートアップの元アドバイザリー。Gusto の元アナリスト

ジェイク：法務専門家 - 弁護士。Kobre & Kim and Baker McKenzie の元コンプライアンス関連の専門弁護士

クウェイ：採用チームヘッド - チーム開発人事の経験豊富

出典元：Compound のデータを元に、著者作成

やろうとしている事業内容に関する専門家がチームにいるかのチェックができないからですね。

よい例として、Compoundがあります。AAVEと並ぶ非中央集権型レンディングの雄です。

Compoundを開発したCompound LabsのCEOのロバート・レシュナーは、銀行のアナリスト出身で、Fintech系ベンチャーを二度手がけたことがある連続起業家です。業界知識は豊富に持っているでしょう。

CTOのジェフリー・ヘイズも、またテックスタートアップを2社起業したことがある連続起業家で、イーサリアムの開発コミュニティメンバーでもあることから、ブロックチェーン技術には精通した人材と言えます。

プロダクトヘッドのジェイソン・ホビーは、直前は、Coinbaseで、プロ向けトレーディングシステムやカストディサービスのプロダクトヘッドをやっており、その前も、UberやOttoでプロダクトリードをやっていたので、かなり優秀なプロダクトマネージャです。

カルビン・リューは、戦略リードですね。仮想通貨の投資を長くやっているので業界動向にはかなり精通していると言えます。

また、Compoundの事業は、銀行業など世界各国の金融法に対応していく必要があるため、このJakeのような弁護士がチームに必要です。

そして、シリコンバレーらしく、このクウェイ・オヘインのような採用チームのヘッド

図：No.64　ケーススタディ2：ハイポテンシャル若手型主要メンバー

主要メンバー

トランク：共同創業者＆CEO - フィンテックベンチャーの元ソフトウェアエンジニア。Eコマースベンチャーの元CTO。FPT大学でコンピュターサイエンスの学士号を取得

トウ：共同創業者＆アートディレクター - Loziの元デザインヘッド。ハノイ建築大学の建築学科を中退。

アレックス：共同創業者＆COO - ブロックチェーンゲームアライアンスの理事。ノルウェービジネススクールの経済学学士号取得

ヴィエット：CTO - GoogleとPayPalでインターン経験あり。ナンヤン工科大学でコンピューターサイエンスの学士号を取得

ジェフリー：共同創業者＆グロースリード - イエール大学で歴史学の学士号取得

出典元：Skymarvisのデータを元に、著者作成

を抑えているので、チームのスケールアップは効率的にやっていけます。

　という具合に、業界の経験値もあるし、テックにも強い専門性の高いチームです。この手のチームは、大化けの可能性はなくとも、手堅い実績を出す力を持っています。

　次のパターンは、若くポテンシャルの高いチームです。専門性は、パターン1に比べると当然、経験値がないので低いですが、抜群のセンスで突破して、高速に事業を拡張する力があります。

　よい例では、Axie InfinityとRONINを手が

けるSky Mavisがそうです。

共同創業者でCEOのチュン・グエンは、ベトナムのフィンテックベンチャーのAnduin Transactionの元ソフトウェアエンジニアで、その前は、LoziというE-Commerceを立ち上げていました。FPT Universityで、コンピューターソフトウェアエンジニアリングの学士号をとっています。

同じく共同創業者でアート・ディレクターのトゥ・ドアンは、Loziでヘッドオブデザインをやっていました。同じベンチャー出身なので、いいチームワークだと言えます。

そして、もう一人の共同創業者でCOOのアレクサンダー・ラーセンは、ブロックチェーン・アライアンスのディレクターです。

そして、CTOのVietは、GoogleやPayPalなどでのインターン経験があり、Nayang Technological Universityで、コンピューターサイエンスの学士号をとっています。

最後に、同じく共同創業者で、Growthリードの Jeffrey は、イエール大学の歴史学の学士号をとっています。

これに加えて、ベトナムを中心に、+50人のメンバーがいます。

見ての通り、Compoound と比べると専門性の高いチーム構成ではないことがわかります。一部のコアメンバーは、学生から直接起業しています。

しかし、抜群のセンスと、早い学習力で、壁を突破し、高速な成長を遂げていくチームパターンでもあります。

そして、最後のパターン。僕が、「サトシナカモト・モデル」と名付けているパターンです。

つまり、一人でとんでもないソフトウェアを開発し、リリースして、開発コミュニティ

図：No.65　ケーススタディ3：サトシナカモト型

主要メンバー

アンドレ：YGIのクリエーターで創業者。南アフリカの大学で法学士を取得。コンピューターサイエンスに関しては、ほぼ独学。

YFIを立ち上げてまもなく、アンドレは、12人のチームを組成し、彼らと開発コミュニティに任せ、自身はサトシナカモト同様にプロジェクトを離れる。

が育ったら、彼らに任せるというプロジェクト育成モデルですね。

ＹＦＩがそうです。ＹＦＩは、DeFi市場を一気に成長させる原動力となりました。作ったのは、アンドレ・クロンジェという南アフリカ出身のソフトウェアエンジニアです。彼は、業界では、「DeFiの父」と呼ばれています。

しかし、彼は、12人のフルタイムメンバーチームを作り、かつ数十名規模の開発コミュニティができた後、２０２０年11月以降は、深くプロジェクトに関与はしていません。

更に、ＹＦＩのトークンは、ビットコイン同様、

ICOもしていません。

僕は仮想通貨市場は、こういうスタート地点から、DAOを重視した、また一部の投資家に利益を独占させないプロダクトもポテンシャルが高いと見ています。

チーム実行力の分析

次にチーム実行力の評価アップデートです。

最近はようやく色々なサイトで、各プロジェクトの数値実績が随時、チェックできるようになってきたので、分析もしやすくなりました。

DeFi市場であれば、DeFi Lamaなんかはとても便利です。定量系データであれば、DUNE Analyticsなどもかなり使えます。

そして、ここで見るのは、短期間でどれだけ数字を伸ばしているか？ です。

図：No.66　非中央集権型レンディング市場

プロジェクト名	2020年4月時点の預かり高	2021年7月時点の預かり高
Compound	**635億円**	**8,000億円**
MakerDAO	**448億円**	**6,600億円**
Aave	**115億円**	**1兆2,000億円**

出典元：DEFI PULSE のデータを元に、著者作成

非中央集権型レンディング市場におけるＡＡＶＥは、とてもよい例です。

これは、この市場のＴＶＬを、２０２０年４月と２０２１年７月で比較したデータです。

ＡＡＶＥは、２０２０年４月時点では、この市場の３大プレイヤーの中では最下位でした。しかし、今はNo.１です。

この点を未来予測するのは、なかなか難易度の高い話です。というのは、ＡＡＶＥのチームを見るとわかりますが、パターン２の専門性はないが抜群にセンスの高い若いチームなのですね。

図：No.67　ケーススタディ2: ハイポテンシャル若手型主要メンバー

主要メンバー

スタニー：共同創業者＆ CEO - ヘルシンキ大学で法学の修士号を取得。法律コミュニティのメンバー

ジョーダン：COO - フランコ・ブリティッシュカウンシルの元リーダー。 TextFugees の元共同創業者

ヴィル：チーフ・コンプライアンス・オフィサー - リーガルデザインサミットの元 CFO。Tallinn 大学で法律の学士号を取得。

エミリオ：フルスタック・ブロックチェーン・エンジニア - Corner Banca SA の元リードソフトウェアエンジニア。大学院で IT エンジニアリングの修士号を取得

イレーナ：事業開発ヘッド - Madi Group London の元コーディネーター。ロンドンメトロポリタン大学で、経営学の学士号を取得

出典元：AAVE のデータを元に、著者作成

普通に考えれば、専門スキルの高いチームを作っているCompoundの方が実績は上をいくと考えますが、AAVEは、抜群のセンスと突破力で、Compoundを凌駕してしまいました。

トークンエコノミー分析

次にトークンエコノミー分析のポイントです。

こちらは、僕が作った、トークンエコノミーのデザインマトリックスです。これはアルトコイン用に作ったものなので、ビットコインなどのデジタルゴールド系のプロジェクトには当てはまらないです。

図：No.68　トークンエコノミーデザインマトリックス

	リワード経済	証券経済	ネットワーク効果	ガバナンス（DAO）
1. B2C&B2B 分散型アプリ	A	A	A⁺	A
2. 非中央集権型 IoT	A	A	A	A
3. 非中央集権型ステーブルコイン	A	A	A	A
4. 非中央集権型取引所	A	A	A	A
5. 非中央集権型レンディング	A	A	A	A
6. BaaS，ブロックチェーン OS	B	A	B	A
7. チェーンインターオペラビリティ	C	A	C	A

リワード経済、証券経済、ネットワーク効果、そして、DAOの4つで評価し、7つのポートフォリオ戦略のカテゴリごとに重視する点を分けています。

ただ、多くのカテゴリで、最も見るのは、ネットワーク効果とDAOですね。

たとえば、これは、AlladinDAOのネットワーク効果です。AladdinDAOは、「非中央集権型バークシャー・ハサウェイ」を目指しているDAO型ファンドのDeFiプロジェクトです。バークシャー・ハサウェイは、投資の神様といわれるウォーレン・バフェット率いる機関投資

図：No.69 $ALD + $CTR + $CLEV のネットワーク効果

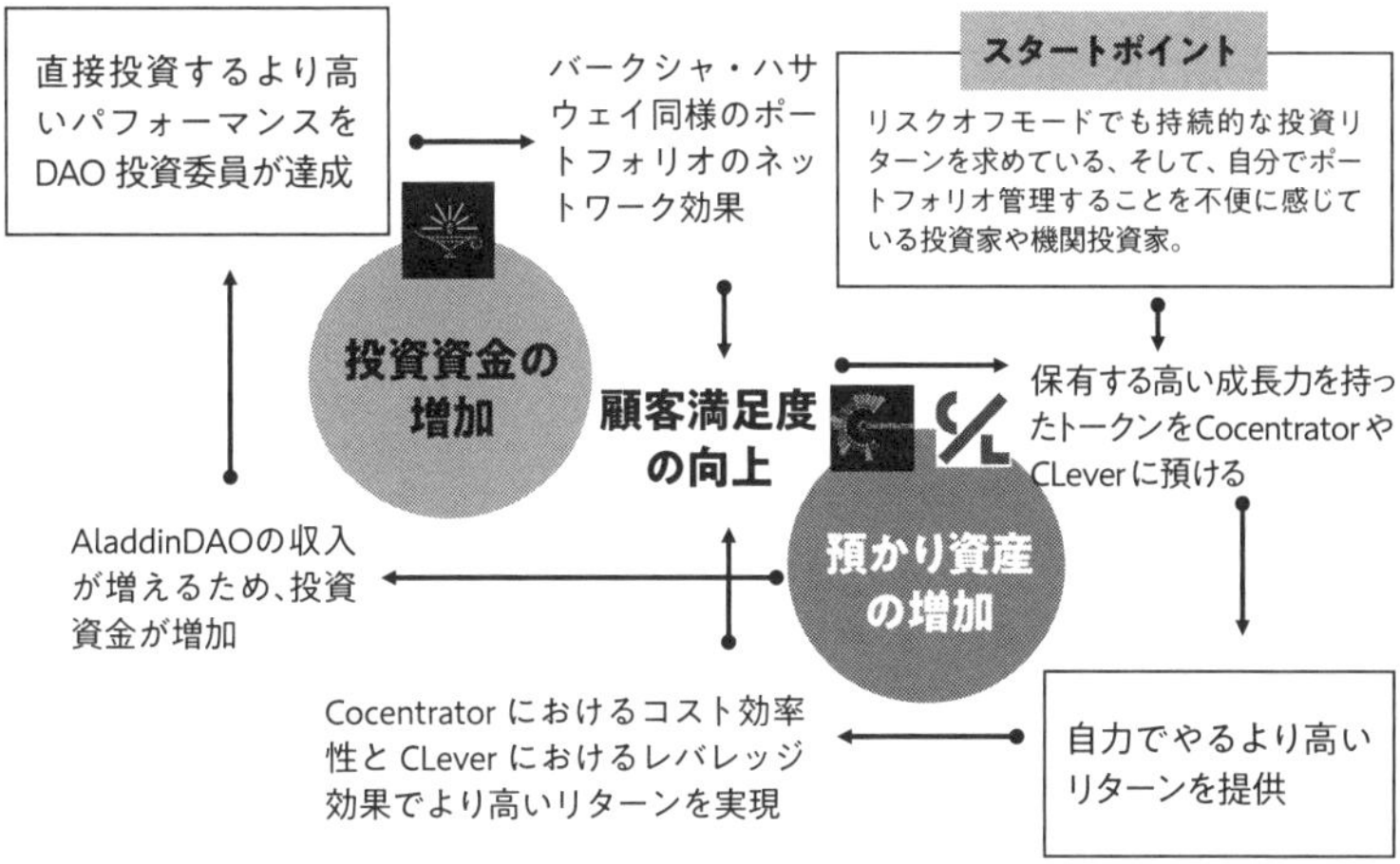

家で、その株式の時価総額は、世界時価総額ランキングのトップ10の常連でもあります。

まず、スタートラインは、仮想通貨投資家で、いわゆる機関投資家や富裕層などに多いリスクオフモードの時でも、安定的なリターンを求め、かつ、自らポートフォリオを管理して投資運用することを煩わしいと考えるユーザーの存在です。

彼らは、まず、AladdinDAOが独自開発したDeFIアグリゲーターであるConcentrator + CLeverに、長期保有目的のstETHや、cvxCRVなどのトークンを預けます。

そして、先ほど伝えたようにETHガス手数料の圧倒的な効率性の良さを実現することで、自分で同じことをやるより、stETHをConcentrator + CLeverに預けた方がお得な状態を作り上げることが最重要ポイントです。手離れ感もありますから、利用の摩擦コストが下がるのでバッチリですね。

そうすることで、顧客満足度も上がりますから、より多くの投資家が、Concentrator + CLeverを選択するので、TVLが上がります。

そして、Concentrator + CLeverのTVLが上がるほど、AladdinDAOは大きな成長チャンスを手に入れることができます。

なぜなら、AladdinDAOは、それぞれのトークンである$CTRと$CLEVの総発行量のうち、両者とも30%を保有しているため、最大かつ最長ステーカーとして、$CTRの報酬を大量にもらうことができるからです。

この収入が増えるほど、AladdinDAOの投資資金が増えることになります。

そして、AladdinDAOは、この資金の運用を、DAO型で運用している投資家委員会に任せます。僕も、日本人初でこのメンバーの一人です。

そして、この投資委員会の運用パフォーマンスが、機関投資家などが自力で運用するより優れているほど、彼らは、$ALDトークンを買ってステーキングし、配当を受け取ることを選択するため、正に、バークシャー・ハサウェイが実現したネットワーク効果と同質のものをWeb3市場で達成することになっていきます。

僕は、$CTRと$CLEVのトークン発行によって、AladdinDAOは、非中央集権型のバークシャーハサウェイになるための骨格が手に入ったと見ています。

図：No.70　ウォーレン・バフェットは如何にして、継続的な投資資金を獲得したか？

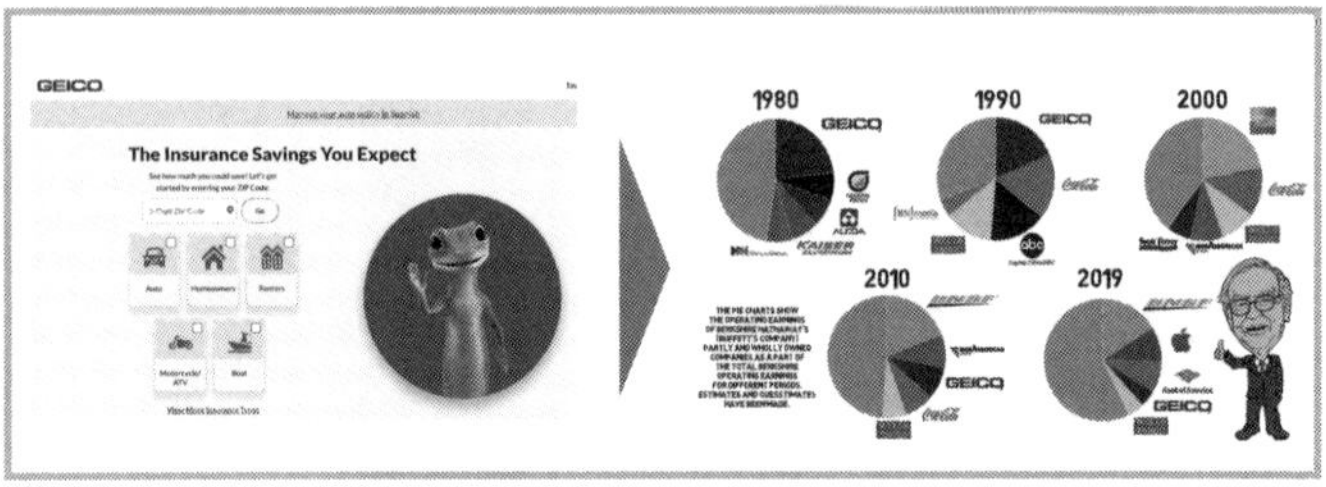

出典元：GEICO, Buffet&Manger, Berkshire Portfolio History のデータを元に、著者作成

なぜか？

それは、バークシャーハサウェイが、如何にして、「世界最大の機関投資家になったか？」の歴史を辿ればわかります。

彼らが、機関投資家として活動していくトリガーになったのは、「GEICO」という損害保険会社の買収からです。

損害保険のビジネスは、知っている人であればよくわかっていると思いますが、手数料ビジネスで、かつ、利用者は、自動車保険に代表されるように、事故を起こせば、自分の保険手数料が上がってしまうため、なるべく起こさないようにするゲームルールが働くので、大量の手数料を元にした現預金が手に入る事業です。

それ故、多くの損害保険会社は、機関投資家として、その手数料を資産運用することが一般的です。

ウォーレン・バフェットは、このGEICOを手に入れ、バークシャーハサウェイに潤沢な現金が入る流れを生み出したことで、巨大な機関投資家になるための成長路線を獲得したのですね。

つまり、バークシャーハサウェイにとってのGEICOは、AladdinDAOにとっての、Concentrator+CLeverということです。

つまり、$ALDと$CTR+$CLEVのトークンエコノミーは、相互補完関係が成立していることから、非常に強力なネットワーク効果を持っているということです。

図：No.71　ガートナー社ハイプサイクル - Web3とブロックチェーン（2022年）

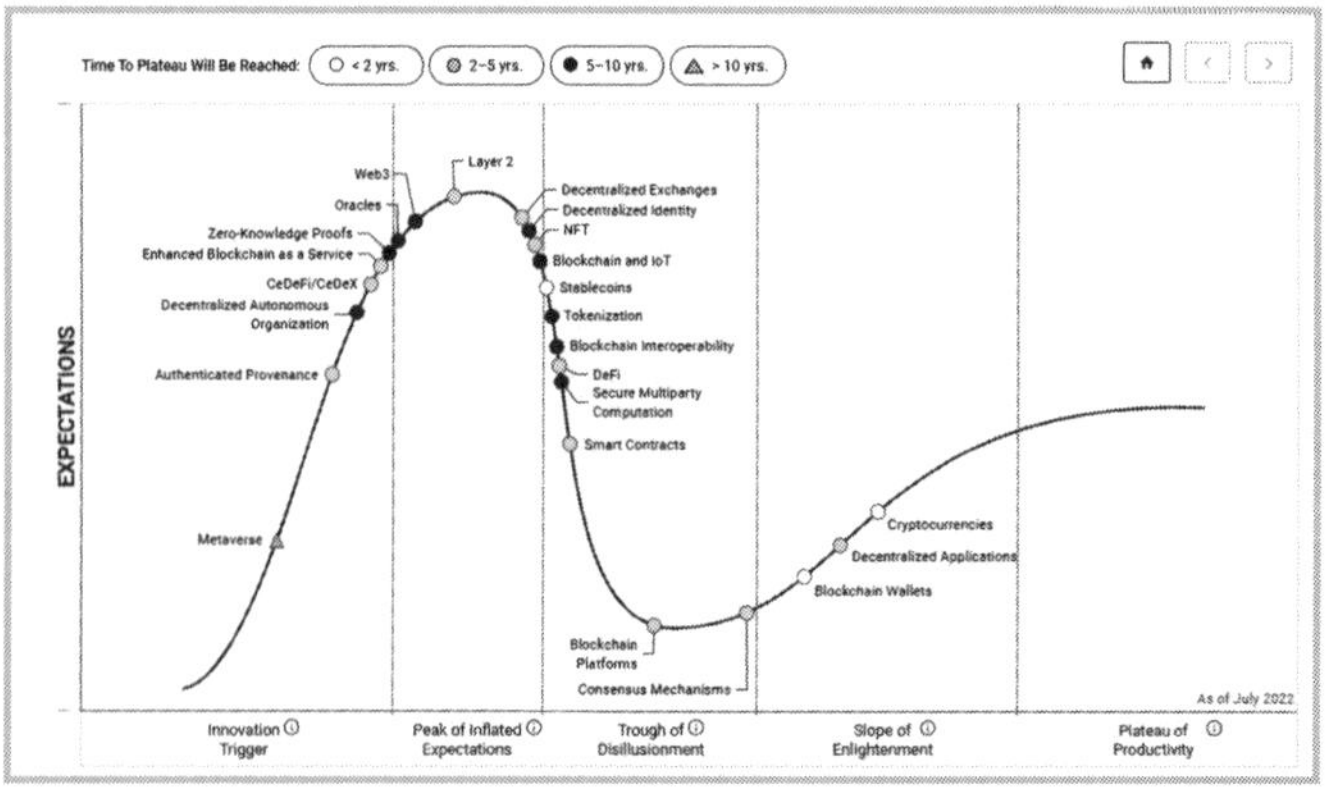

出典元：Gartner ホームページ参照

ハイプサイクル分析

次に、ハイプサイクル分析ですね。

毎年1回更新されるブロックチェーン産業のガートナーのハイプサイクルを利用して、分析しています。

左が新しいテクノロジーの黎明期になり、そこからバブルを迎え、バブル崩壊後に暴落後、徐々に本格的な普及期に入り、最後、成熟域に入っていきます。

ここで見ているのは、いつも3つです。

まず、ステージです。今どこにいるか？ ですね。黎明期であれば、ポテンシャル投資できます。

しかし、バブルのピーク前後にあるカテゴリもあります。ここのタイミングで投資するのは、危険です。特に、№1プレイヤーに投資していれば、ある程度の期間で値段は戻す可能性はありますが、2番手、3番手などの場合、実績がなかなか追いつかず、最終的に完全に投資リターンマイナスのまま市場から消えていくプロジェクトもあります。充分に注意しなくてはなりません。

次に、成熟期に向かうまでのタイムフレームですね。ガートナーのハイプサイクルで、ここは確認できます。

たとえば、こちらのWeb3なんかはとてもいい例です。テーマとしては、超デカイのですが、実現には5－10年かかります。

図：No.72　適応事例：イーサリアム

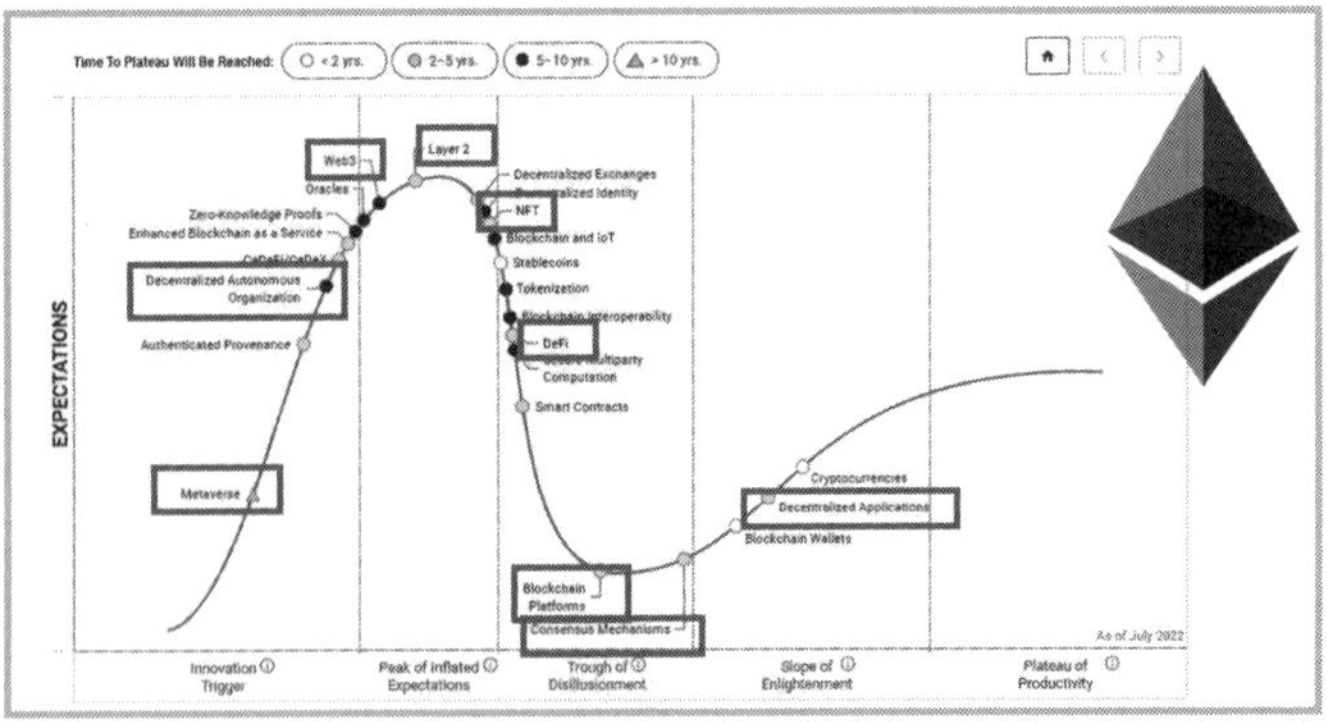

出典元：Gartner 社のデータを元に、著者作成

一方、DeFiは、向こう2－5年ぐらいで市場が成熟期に向かうという調査結果が出ています。こういう銘柄は、モメンタムを獲得しやすいので、値段もそれぞれ短期間で上がりやすいのです。

最後に見るのは、マッチングカテゴリの数です。多いほど、それで複数の投資テーマのモメンタムを獲得することができます。

よい例は、イーサリアムですね。

イーサリアムの場合、プラットフォーム系のプロジェクトとしてのモメンタムを得ているだけでなく、このBaaS上で、動いているDappsで巨大な実績を持つものが成長すると、自分達のエコシステムが育っているという評価を投資家がするため、そのモメンタムも得ることができます。Dappsは、種類に別に制限はありませんから、様々なDappsのカテゴリで、強力なアプリが育つほど、そのカテゴリのモメンタムを得ることができます。DeFiやNFT、ステーブルコイン、非中央集権型デジタルIDなどはそのよい例です。これらのジャンルで、大型アプリを育てることができると、強いマーケットモメンタムを得ることができます。

トータルスコア評価

そして、次にトータルスコアです。

以上の視点で分析をしたあと、スコアをつけ、合計点を出します。25・0以上であれば、投資推薦し、それ未満のスコアの場合は、投資推薦不可としています。

当然、市場環境の変化によって、スコアは変化していくので、定期的に見直しています。

図：No.73　投資スコア評価：Celsius

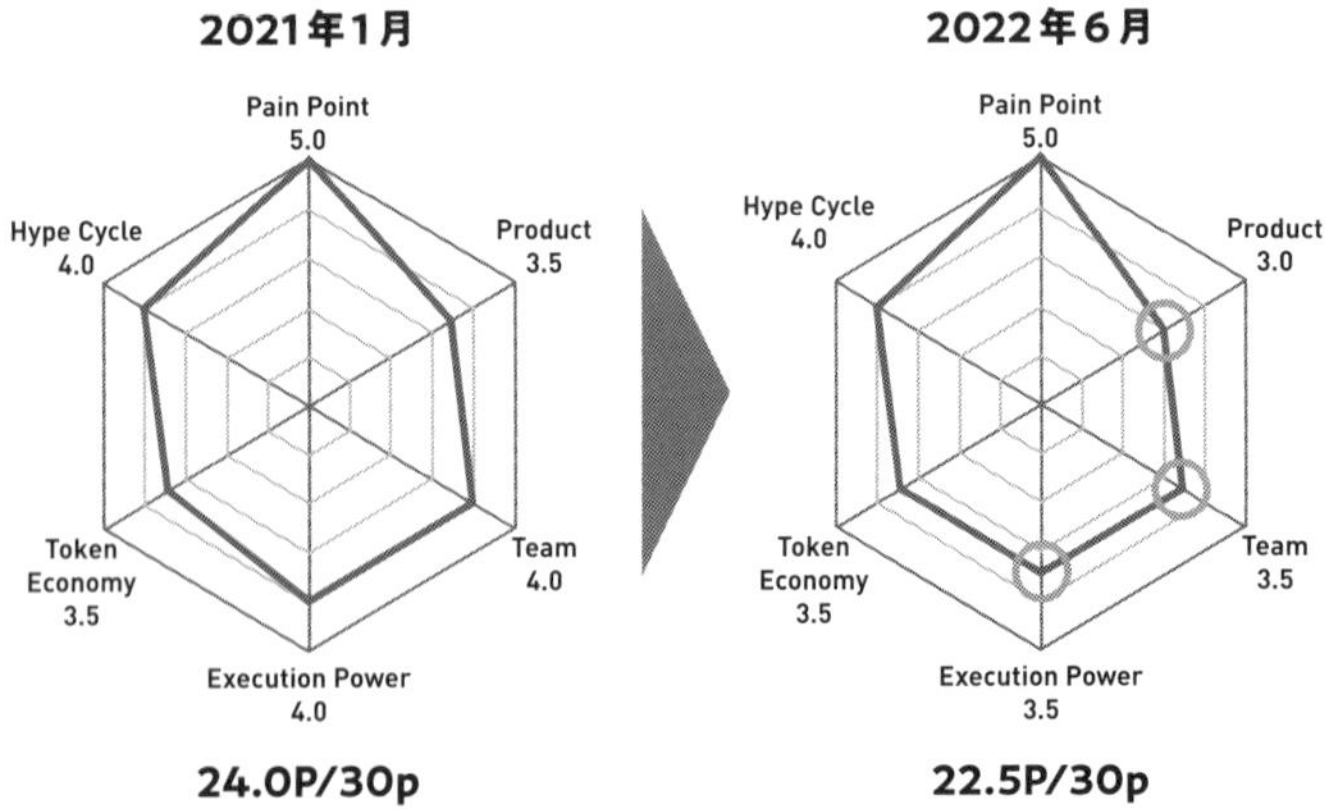

このトータルスコアは、当然、投資リターンを得るための重要な参考指標ですが、自分の資産を守るための道具でもあります。よい例は、Celsiusでしょう。

僕は、初回分析の時点から、Celsiusのスコアは、投資推薦不可の25点未満でした。理由は、彼らの主力である中央集権型のレンディングサービスは、カストディアン・リスクが高過ぎる点と、Binanceなどの中央集権取引所が、同じレンディングサービスを提供しているため、仮想通貨をまず手に入れないとCelsiusは使えないので、手に入れる手段を提供する中央集権取引所に、プ

図：No.74　Celsiusは、2022年7月に倒産

Major crypto lender Celsius files for bankruptcy

By Maria Ponnezhath and Tom Wilson

出典元：https://www.reuters.com/technology/crypto-lender-celsius-files-bankruptcy-2022-07-14/

ロダクトで優位に立てる見込みが全くないからです。DeFiのAAVEやCompoundは、MetaMaskなどのウォレットアプリ経由で使うので、この問題は抱えていません。ですから、ベアトレンドに入ると、Celsiusなどは、預かり資産が急激に減るだろうと見ていました。

そして、結果、2022年7月、ビットコインの第3半減期のブル相場が終わった後の、ベアトレンドの中で、Celsiusは、倒産しました。

上手く行かないプロジェクトを見抜くことも、ハイリスク・ハイリターンのブロック

チェーン・スタートアップ投資においては、非常に重要であるということを覚えておいてください。そうでないと、投資資金がどんどん消えていきます。

更に、このCelsiusの倒産事件で、もう一つ重要なこととして、理解しておくとよいことは、Celsiusの社長であるアレックス・マシンスキーは、倒産する前、顧客の資金引き出しを停止する措置を取っていたのですが、この間に、自分だけ10億円以上の仮想通貨（主にＵＳＤＣなどのステーブルコイン）を自分の個人ウォレットに送金していたことがわかっています。つまり、会社が倒産することをわかっていながら、自分だけトンズラしたのですね。実は、これは警察などが調べたものではありません。一般のプログラマが調査した結果です。

なぜ、こんなことが可能なのか？　Web3では、全ての取引データは、ブロックチェーン上にある、つまり「公開」されているので、このような悪意的な行為は、すぐに発見できるようになっています。警察の力など使わなくとも、誰でもわかるようになっています。これこそ、Web3型社会の一つの強みです。後ほど、5章で詳しく触れますが、日本人が好む、「臭いものに蓋をする」という「事なかれ主義」は、Web3では一切許されません。

最後に1点、重要なリマインドです。

Web3とWeb2の成長スピードの比較です。この業界の投資判断基準として、重要だと考えています。

まず、インターネットは、2000年3月にバブルが崩壊し、相場は暴落。その後、バブルのピーク値を超えたのは、2015年4月と、15年後でした。

一方、ブロックチェーンはどうか?

2018年1月に市場全体の時価総額はバブルのピークをつけています。そして、3年後の2021年1月に、その最高値を超えています。

図：No.75　インターネット市場は、バブル期の株式指数を超えるのに約15年かかった

出典元：Tradingview 社 のデータを元に、著者作成

図：No.76　ブロックチェーン市場は、たった３年でバブル期の時価総額合計を超えた

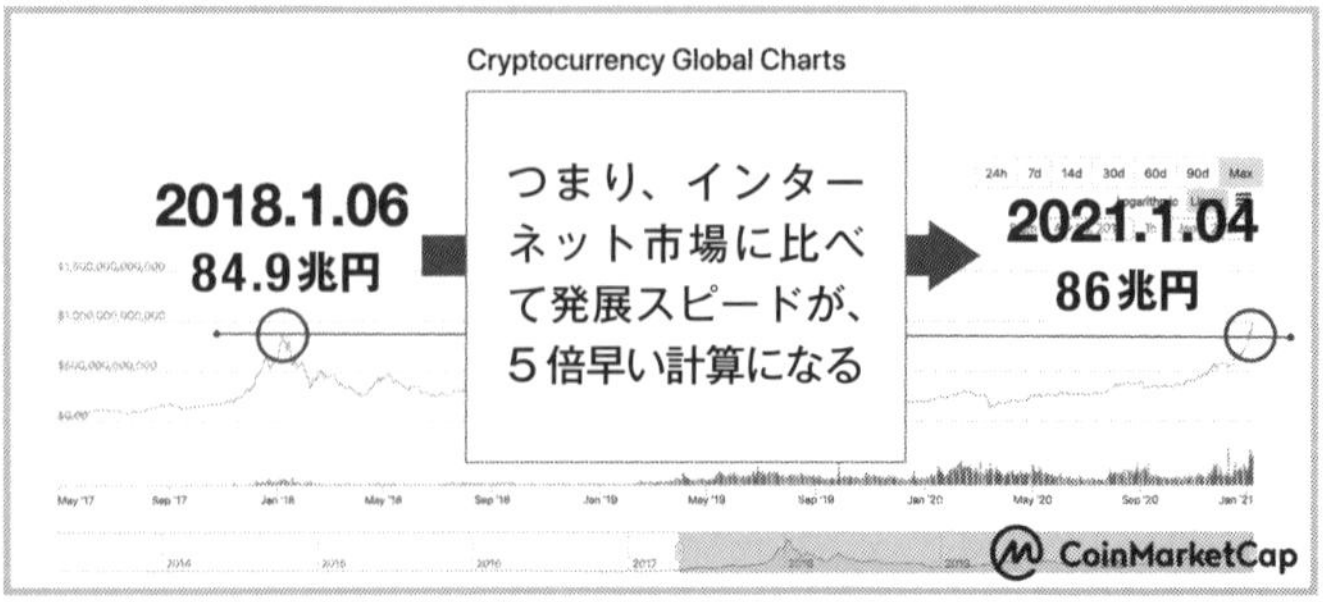

出典元：CoinMarketCap 社のデータを元に、著者作成

ですから、単純計算でいくと、Web3は、Web2の5倍のスピードで成長しています。

投資先選定についても、世界中の競争の中から、トッププレイヤーが決まっていくスピードもインターネットより5倍も早いということです。

ですから、一部のWeb3スタートアップは、この市場スピードの変化についてこれず、脱落していくプレイヤーも多いです。

一方、個人投資家の視点としては、どのプロジェクトが、ブロックチェーン産業のGoogleやFacebookになるのか？　スピーディな判断が求められるということです。

では、最後に、Web3で勝負するブロックチェーン・スタートアップを分析する上で、最も重要な3点についてお話しし、第2章の結びとしましょう。

2-4. Web3の3種の神器「DeFi」と「DAO」、そして、「デフレ型トークン」とは？

どんな分野のテックスタートアップに投資する場合でも、その市場特有の競争ルールというのが自然と育っています。そして、そこをわかって投資しているかどうかで、生き残れるスタートアップの見分け方が随分異なってきます。その競争ルールは、競合関係にあるそれぞれのスタートアップ同士の差別化にもなりますが、同時に、既存の巨大企業との強力な差別化にもなります。特に大企業にとって、イノベーションのジレンマとなるような、容易に手が出せない仕組みを作り上げることが重要です。この仕組みによって、既存の巨大企業を超える規模のプロジェクトを育てることができます。これは、Web3スタートアップにおいても、同じです。

僕は、よく「恐竜」と「哺乳類」の観点に喩えて、この話をすることが多いです。恐竜は、図体が巨大で、変温動物であるが故、その巨体を動かし続けるための大量の食糧を必要としました。だから、地球に隕石が落ちてきたとき、食糧危機が発生したことで、大半は、生き残れず死滅したのですね。その隕石の衝突では、体重10kg以上の生命は、絶滅したといわれています。その当時、10kg以下の生命だったのが、我々哺乳類の祖先といわれています。恒温動物で、かつ体格も小さかったので、大量のエネルギーは不要でした。ですから、彼らは、恐竜の死骸などを餌にしながら、隕石衝突後の食糧危機を乗り切り、現在の人類に至るまでの進化を遂げたのです。

つまり、巨大企業にスタートアップが勝つには、彼らとは根本的に違う「何か」が必要であるということ。そして、その「何か」は、１００％未来社会のスタンダードであるということです。哺乳類が「恒温動物」であったことが、「変温動物」であった恐竜と決定的な差別化になったように。

まず、全てのWeb3スタートアップは、「打倒ＧＡＦＡ」を掲げています。

彼らは、ＧＡＦＡなどの従来型の中央集権的なインターネット企業のことを「Web2」型と表現し、非中央集権型の自分達のことを「Web3」型と表現します。

僕の中では、この「Web3」型であるが故の特徴として、3つ不可欠の要素があると見ています。

それらが、DeFi、DAO、そして、デフレ型トークンです。「Web3」型スタートアップにおける「3種の神器」と言ってもよいでしょう。

これら3つを使いこなせる頭脳を持った賢いスタートアップが、GAFAを倒すほどのプロジェクトに成長すると見ています。

まずは、DeFiからお話ししましょう。

DeFiとは、Decentralized Financeの略で、分散型金融、非中央集権型金融と日本では表現されることが多いです。DeFi自体の詳しい説明は、先に触れたポートフォリオ戦略のところですでにしているので、ここでは、DAOやデフレ型トークンとの相関性を視点の中心において、話を進めていきます。

先ほど、6つの分析軸でも触れましたが、「トークン」とは、通貨、株式、ポイントの3つを融合させた金融商品と考えてください。

GAFAは、株式会社なので、株式しか持っていないですよね。しかし、Web3型スタートアップには、トークンがある。

テックスタートアップの市場は、最終的な資本力がものを言う「パワーゲーム」の世界です。それは、Web3も同じ。僕は、シリコンバレーで、かつ、さほど大きくならないニッチな市場ではなく、Next Big Thing（次の巨大市場）のテーマで起業経験があるので、このパワーゲームの世界を骨身に沁みるレベルで体験しています。

圧倒的な資本力を持ったプレイヤーが、世界トップに立つ。特に、ブロックチェーンも含むソフトウェア市場というのは、1位と2位、3位の間に、巨大な溝ができるほどの実力差を生みます。食うか食われるかのゼロサムゲームとも言いますね。

ＧＡＦＡは、株式会社ですから、利益を追求し、この株式資本を武器に勝負してきます。ということは、ＧＡＦＡと対抗する上では、自ずと、このトークンの使い方が非常に重要になってくるわけです。トークンは、みなさんが知っている仮想通貨よりはるかに高機能です。

まず、DeFiの視点から、トークンを見た場合、最も優れた事例の一つは、LooksRare（ルックス・レア）になるでしょう。ＮＦＴマーケットプレイスのプレイヤーで、最大の競合はOpenSeaです。

OpenSeaは、いずれＩＰＯするだろうと言われており、社員もすでに１０００人を超えているので、ほとんど中央集権型のプロジェクトと言ってよいです。僕は、ＧＡＦＡと同類のWeb2型のスタートアップとして見ています。

図：No.77　LooksRare の DeFi

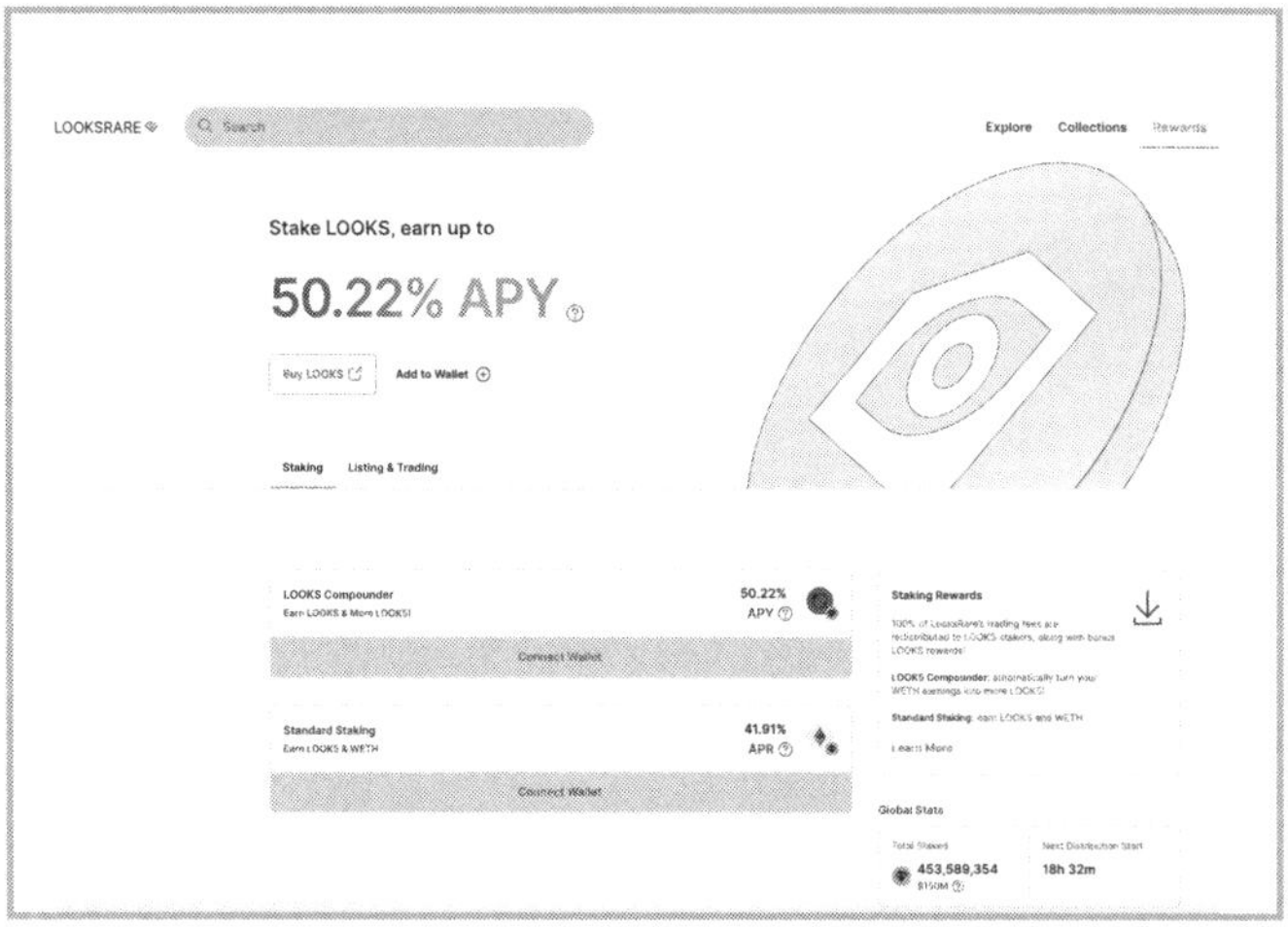

出典元：LookRare ホームページより

これに対抗馬として、現れたのが、LooksRareです。彼らは、ビットコインと同じように不特定多数のチームで活動しており、世界中にチームメンバーが分散している典型的なWeb3型スタートアップです。

LooksRareは、NFTの売買実績としては、市場で常にトップ3位以内の常連であるOpenSeaにはまだ追いつけていませんが、世界15位以内以内の常連なので、まずまずの実績です。

OpenSeaと比較した場合のLooksRareのトークンエコノミーの違いがこちら

図：No.78　OpenSeaと比較した場合のLooksRareのトークンエコノミーの違い

	$WETH+ $LOOKS ステーキング報酬	$LOOKS 複利運用型ステーキング	$LOOKS トレーディング報酬	NFT売買手数料
LooksRare	**年率42%（単利）**	**年率200%（複利）**	**24時間ごと**	**常時OpenSeaの手数料の20%オフ**
OpenSea	―	―	―	―

LooksRareはDeFiを活用し、OpenSeaとの効果的な差別化を実現

出典元：LooksRareのデータを元に、著者作成

です。

ユーザーは、NFTの売買をすると、OpenSeaでは何ももらえませんが、LooksRareでは、$LOOKSトークンがインセンティブとしてもらえます。

そして、手数料もOpenSeaの2・5%に対して、2・0%と常に割安なレートを設定しているので、この2つのメリットを理由に、OpenSeaではなく、LooksRareを利用するNFTユーザーは多いです。

次に、投資家目線で見ても魅力がありま す。$LOOKSを彼らのサイトでステーキ

図：No.79　LooksRareのトークン配布計画

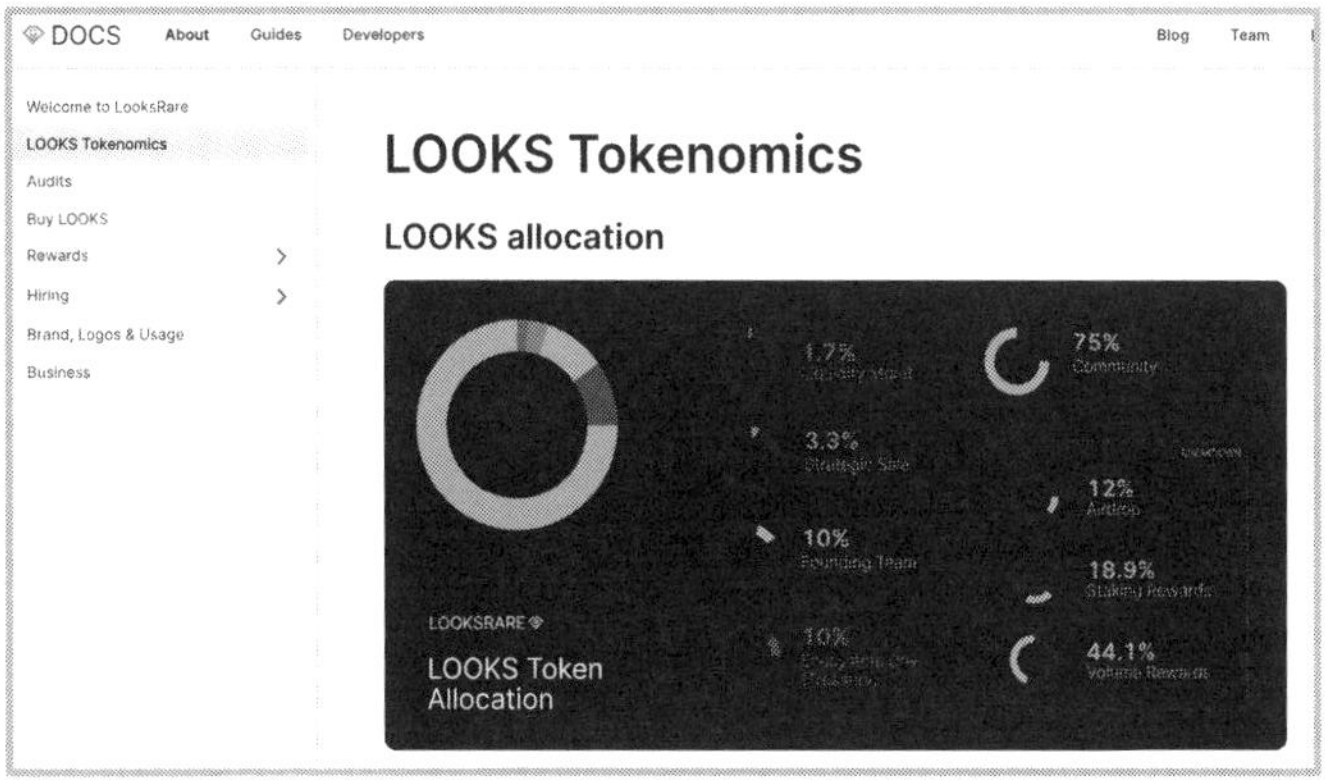

出典元：LooksRareのデータを元に、著者作成

ングすると、彼らが稼ぐマーケットプレイスの売買手数料を１００％リベニューシェアしてもらえるのです。これは、$ETHでもらえます（正確には、WETH）。なぜかというと、ＮＦＴマーケットプレイスにおける決済通貨は、基本、$ETHだからです。参考までに、他のSolanaのＮＦＴマーケットプレイスのMagicEdenであれば、$SOLが決済通貨です。

１００％はすごいですよね。LooksRareの創業メンバーは、総発行予定量の10％を創業時（初めのブロックであるジェネシス・ブロックを生成するタイミング）で、自分達に付与しています。そして、彼らもこのステーキングを利用して、収入を得ています。言い換えると、これが彼らの「給料」になっているわけです。

ですから、LooksRareが、OpenSeaと互角かそれ以上のレベルのマーケットプレイスに成長すると、毎月、ものすごい数のETHを僕らは稼げることになります。

そして、このステーキングには、$LOOKSのステーキング報酬も入っています。

しかも、彼らは、この2つの報酬に加えて、Compounder（コンパウンダー：複利運用）というDeFiソリューションも提供しており、先ほどのETHの報酬を全て$LOOKSに変えて、その$LOOKSをステーキングするというソリューションです。

すると、大量の$LOOKSを稼ぐことができます。

つまり、彼らのＮＦＴマーケットプレイスでの売買高が増えるほど、投資家も$ETHと$LOOKSのリベニューシェアの規模が増えるので、彼ら自身、OpenSeaではなく、LooksRareを使って、ＮＦＴの売買をするようになるわけですね。

しかも、市場に流通している$LOOKSのうち、大半がこの報酬メリットを目当てにステーキングすることを選択すると、$LOOKSの売り圧力が自動的に低下するので、$LOOKSの価格は上がりやすくなります。

株式では、このような運用モデルは、不可能なモデルですね。だからこそ、強力な差別化になります。トークンが、通貨、株式、ポイントの3つを融合させたような機能を持っていることが、この話から見えてくると思います。先ほど、触れたように、トークンが、みなさんの知っている仮想通貨よりはるかに高機能であることが理解できたと思います。

また、念の為、一部の業界関係者は、LooksRareのユーザーの多くが、$LOOKSと$ETHのインセンティブ欲しさに売買だけやっているウォッシュ・トレーディング（資金洗浄取引）だと批判しています。しかし、僕は全くそう思っていません。それは、YouTubeの成功の歴史を見ればわかります。

YouTubeは、今でこそ、月間アクティブユーザー20億人と、Facebookの25億人に次ぐ世界最大のソーシャルメディアに成長しています。特に、牽引役といわれるのが、YouTuber（ユーチューバー）の存在で、彼ら動画クリエーターが様々なジャンルでおもしろい動画や役立つ動画をアップしてくれるお陰で、ユーザーは、YouTubeのことが大好きになっており、YouTuberは、若い世代では、なりたい職業のトップ10の常連になっています。

しかし、創業当初は、ユーザーに動画を投稿してもらうことに非常に苦労していました。プロのYouTuberなどほとんどいませんでした。そもそも動画撮影のノウハウも多くは今のレベルほどは成熟してなかったので、お粗末な動画が多かったのですね。そのような際、彼らのアクティブユーザーを急拡大させる突破口になったのは、実は、ハリウッド映画の違法コピー動画が、YouTubeに大量アップされたことでした。ハリウッド映画がタダで観られるとあって、これによって、YouTubeのアクティブユーザーは劇的に増えていきます。

すると、その大量のユーザー向けに動画を配信すれば、広告収入が得られたり、有料会員向けサービスで収入を稼ぐなどのメリットも動画クリエーター側に生まれるため、これがやがてチャネル登録者数1億人を超えるピューディーパイなどの、とんでもない実力を持ったスーパースターのYouTuberを育てていくのですね。

僕の目線では、YouTubeの創業当初のこのエピソードと、LooksRareで起きているウォッシュトレーディングは同質です。社会を変えるレベルの事業を育てる場合、ときに手段を選ばずに戦わなければならない状況もあるからです。キレイごとのみで完遂できるほど、世の中を変える世界は甘くはないです。生き残るための現実的な戦略思考が求められます。

そして、先ほど、創業者も$LOOKSのステーキングから彼らの収入を得ているという話をしましたが、これが二番目のＤＡＯにつながってくる話です。

ＤＡＯとは、Decentralized Autonomous Organization の略で、日本語ではよく非中央集権型組織、自律分散型組織などと呼ばれています。

ＤＡＯの特徴としては、以下の点が挙げられます。

――正社員や派遣社員、アルバイトという定義はなく、全員、平等
――プロジェクトに貢献する機会は、全てオープンなので、誰でもいつでも参加可能
――報酬は、基本、そのプロジェクトのトークンになる
――改善提案は、フォーラムで常時受け付けており、提案内容は、フォーラム参加メンバーで議論し、具体的な実装プランに落とし込まれる
――プロジェクトの方向性に関わる重要な決定事項は、取締役会ではなく、トークンを保有するユーザーであれば、誰でも参加可能な公開投票で意思決定される

Web3型のスタートアップは、みな早い段階からDAOによる事業運営体制を作っていきます。プロジェクトに大きな影響を与える事項は、全てDAOを通じて、考えた本人などが詳細を提案し、メンバとの公開討論を通じて、そのアイデアを磨いていき、最終的にトークンを保有しているユーザーや投資家が投票で、そのアイデアを採用するかしないか、実行するかしないか、を決めていきます。言いかえれば、現状の国会議員を選挙で選んで国家運営してもらうのが、議会制民主主義(＝間接民主主義)ですが、DAOを中心にした事業運営は、「直接民主主義」型ということです。ですから、今の政治家が引き起こす問題点の一つである権力構造や既得権益などを生み出しにくいシステムになっているわけであり、事業運営の透明性もとても高いので、収賄や内部不正も防げます。DAOは、意思決定をする前の議論も全てフォーラムによる公開形式になるので、社内政治で、狡猾に振る舞うような人間も排除されていく仕組みです。

なので、多くのWeb3型のプロジェクトは、立ち上がり時点から、コアのメンバーはリモートベースで仕事をしており、新たに入ってくるメンバーも同様です。

そして、いわゆる企業のような面接して採用というプロセスもありません。コミュニティをベースにしており、DAOのフォーラムは、完全に公開されていますから、全ての人類が、いつでもどこでも好きなときに参加でき、やりたい内容の仕事を自ら手を挙げて手伝うことで、仕事内容とその成果の品質に合わせた仮想通貨の収入を得ていきます。

実際の事例を見た方が、わかりやすいので、僕が深く関わっているDAOの一つであるAladdinDAOのケースでお話しします。AlladinDAOのDAO運用モデルは、とても精密に設計されており、業界の中でも、トップクラスの品質を誇ります。

先ほども触れましたが、AladdinDAOは、文字通りDAO型のWeb3プロジェクトで、目指しているのは、「非中央集権型バークシャー・ハサウェイ」です。

まず、AladdinDAOには、組織が一切ありません。法人も財団もありません。NPOもNGOも持っていません。かなり、ビットコインに近いタイプの立ち上がり方をしているプロジェクトです。創業メンバーに相当するコア・コントリビューターと、$ALDのプライベートのトークンセールに参加した投資家は、ＤＡＯトークンというのを付与されています。1ALDDAO = 100,000ALDです。

これをAladdinDAOのサイトにステーキングすると、イーサリアム上で動くAladdinDAOのトランザクションが生成・処理される度に、一定量の$ALDが、定期的に付与され、100,000ALDの付与が完了するとストップします。

つまり、これが、AladdinDAOにフルタイムで関わっているメンバーの収入になります。メンバーによっては、複数のＤＡＯトークンを保有しています。僕もそうです。

AladdinDAOはフォーラムを持っているので、いつでも改善提案をすることができます。また、Discord（ディスコード）にコミュニティも持っているので、そこで、ユーザー、投資家、コントリビューターなど、様々な関係者と自由にコミュニケーションを取ることができます。

図：No.80　AladdinDAO の DAO フォーラムでは、毎日、様々なテーマについて数百名以上が議論に参加している

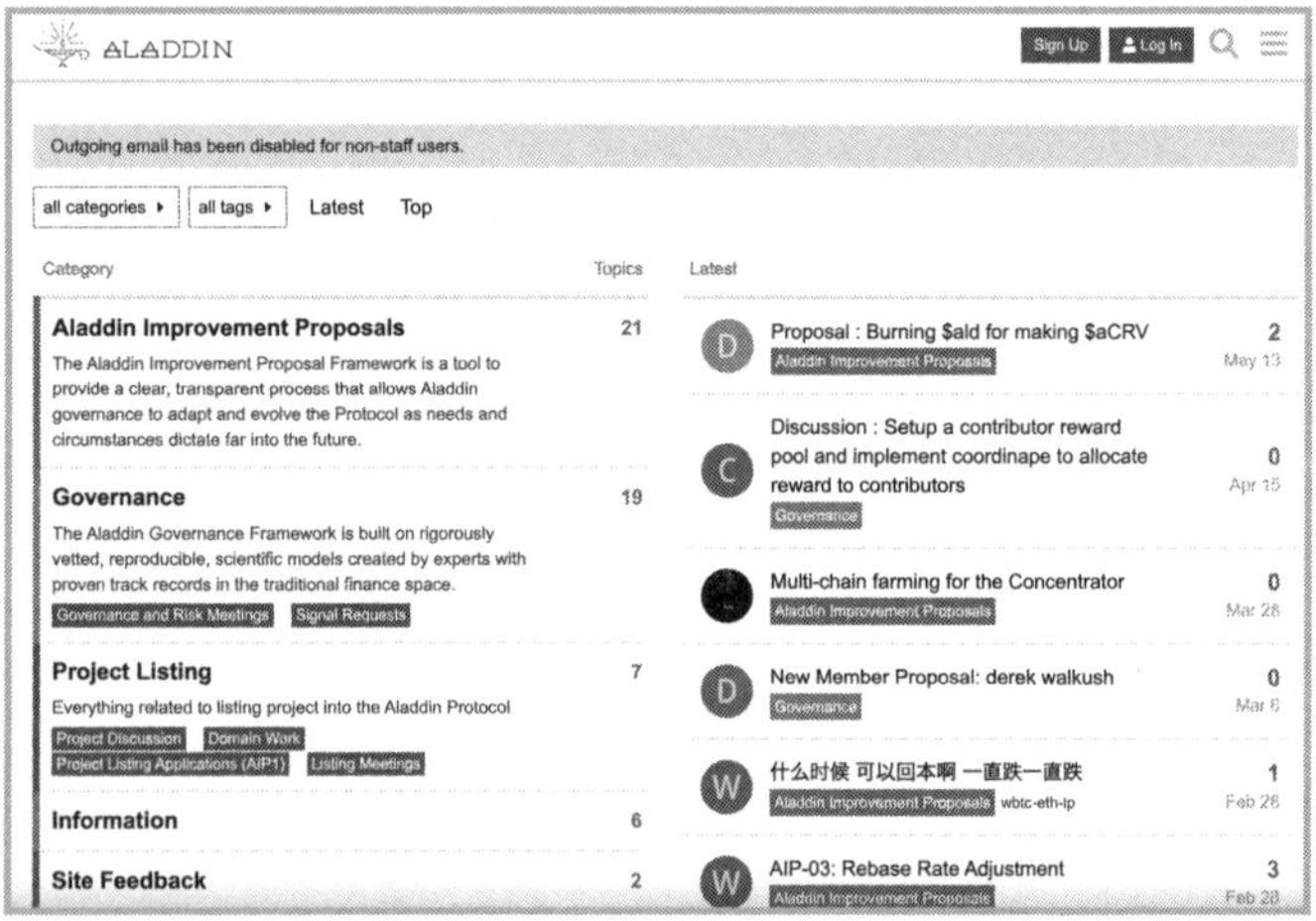

出典元：https://forum.aladdin.club/

フォーラムに提案された内容で、議論が十分行われた案件については、公開投票にかけられます。この公開投票は、$ALDトークン保有者であれば、誰でも参加できます。

たとえば、AladdinDAOにおける重要な役割の一つであるBoule（投資評議委員）は、公開選挙で選ばれます。僕も、日本人初のBouleですが、公開投票で選ばれました。以下が実際のその選挙結果です。「mr.masa」が僕のことです。

図：No.81　AladdinDAOの新規評議員の選挙で、著者は、圧倒的な最高得票で、日本人初の評議員（Boule）に選ばれた

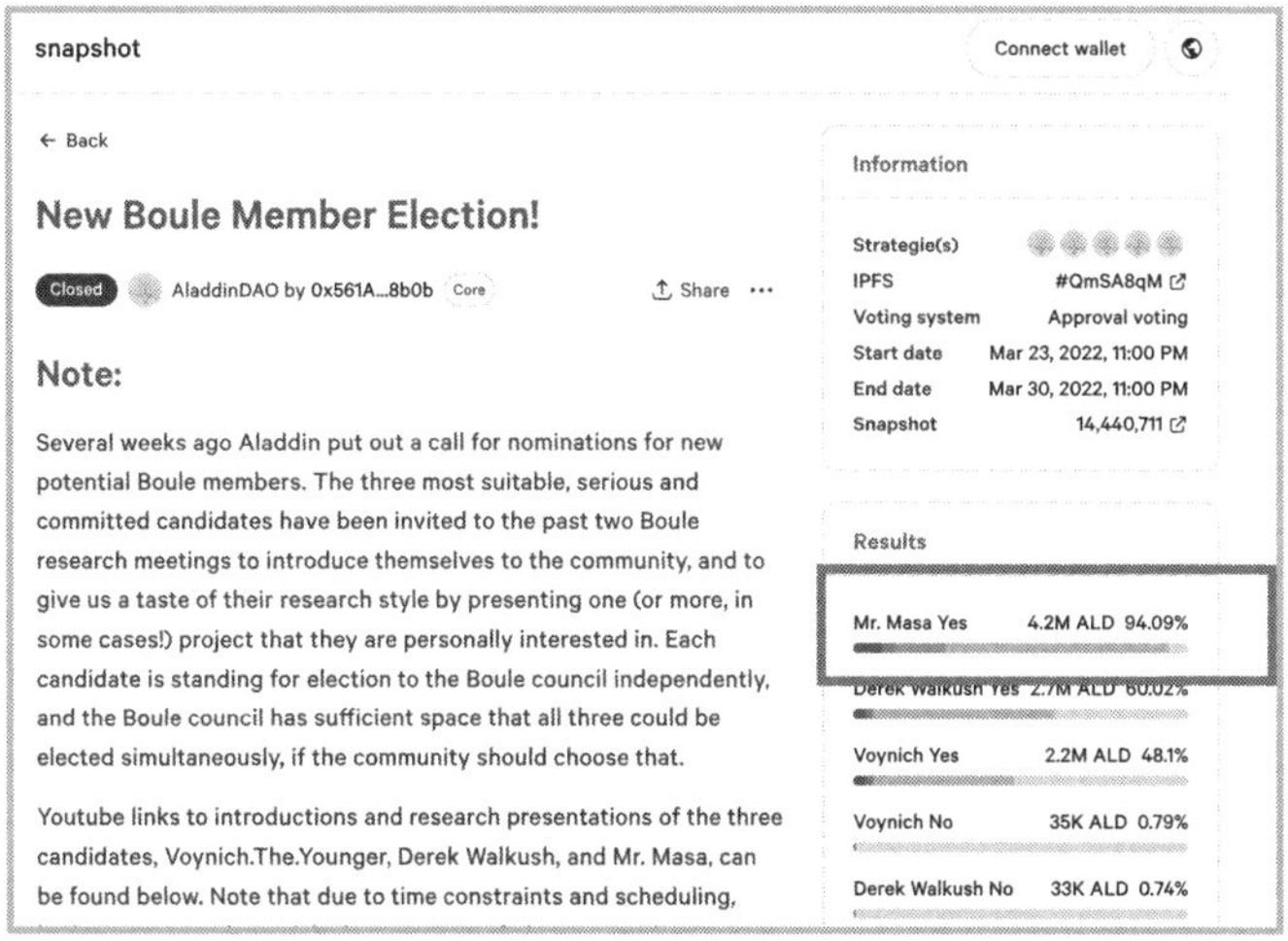

出典元：https://vote.aladdin.club/#/proposal/0x349306f6dced4cce30e9b8162 017857343dd086197553101a0bc2f50d5fb162c

ここから、AladdinDAO特有のＤＡＯ運用モデルについて話をしていきます。プロジェクトによって、その性質に応じた最適なＤＡＯモデルが作られていきますから、たとえば、イーサリアムとAladdinDAOでは、ＤＡＯの中身は、共通している点もあれば、異なる点もあるということです。

AladdinDAOは、「非中央集権型バークシェア・ハサウェイ」を目指しています。ですから、ブロックチェーン市場の中から、成長力の高い銘柄を選定し、ポートフォリオを作り、売買していくことで運用収益を上げていくDAO型の機関投資家ファンドというわけです。

これをどうやって、非中央集権的に運用しているのか？

まず、Boule Council（ブール・カウンセル）という投資委員会を持っています。このメンバーである、Boule は先ほど伝えたように公開投票で選ばれます。現在、世界中に30名強います。DeFi Dad さんのような DeFi 業界でも有名な DeFi スペシャリストや、Hassan のように500億円規模の仮想通貨ファンドのパートナーなど、業界トップクラスの人材が Boule に選ばれています。

もちろん、この Boule は定期的に再選挙されます。その際の評価指標は、シンプルに、「投資実績」です。どれだけ AladdinDAO のポートフォリオ・パフォーマンスに貢献しているのか？

しかし、30名強のメンバーが、議論し合って、ポートフォリオ運用していくのは、かなりコミュニケーションコストを食いますよね。つまり、大企業でよく起きている終わらないし、何も決まらない会議と同じ状況に陥るリスクがあります。

また、一部の評議員同士が裏で結託するなど、社内政治などの根回しを生み出す可能性もあります。すると、Web2型の企業の中で起きている社内政治と何の変わりもありません。これでは、DAOによる社会的イノベーションを実現することはできません。

AladdinDAOのBouleのオペレーションのコンセプトは、「ポーカー・ゲーム」です。具体的に説明します。

まず、Bouleメンバーは、隔週で開かれるBouleリサーチ・ミーティングに参加します。そこで、各Bouleは、「一人一つ」という原則で、自分が最も自信のあるWeb3のプロジェクトやDeFiソリューションをプレゼンします。この提案のことをStrategy（ストラテジー）と呼んでいます。Boule全員のプレゼンが終わったら、今度は、Boule同士の投票に移ります。

自分が持っている$ALDトークンを他のBouleに賭けます。複数に賭けてもOKです。配分も自由です。このベットが完了すると、ポートフォリオ運用が開始します。投資資金は、AladdinDAOのトレジャリーから捻出されます。ここで、ポイントになってくるのが、先ほどのベットで、より多くのベットを獲得しているBouleのStrategyに多くの投資資金がアロケーションされるようになっていることです。

そして、6ヶ月など一定期間後に、パフォーマンスが明らかになるので、そのパフォーマンスに応じた報酬が、各Bouleに分配されます。この報酬用の$ALDが毎回一定量プールされており、パフォーマンスに応じて分配率が決まります。そして、この際、ベットしているBouleもベットした先のBouleがもらえる$ALD報酬の一部をもらえます。Bouleメンバーにとっては、給与みたいなものです。

参考までに、実際に得た投資リターンは、トレジャリー（＝DAOで運用管理する財布のこと）に格納され、一部は、そのままそこに留保され、一部は、$ALDをステーキングしている投資家にステーキング報酬として、配当のような形で分配されます。

逆に、自分が提案したStrategyがマイナスのパフォーマンスになってしまった場合、これに賭けたBouleの$ALDはスラッシュといって、没収になり、その$ALDは、バーンされます。このスラッシュという概念は、Proof of Stakingにおけるマイナーやバリデーターが、ネットワーク運用に支障をきたすような行為を行った際に、参加条件としてデポジットしていたトークンを没収されるというペナルティルールからインスピレーションを得ており、基本、同質であることがわかると思います。

つまり、Bouleメンバーは、お互いがときにライバルでありながら、ときに協力もし合うプロスポーツチームのようなオペレーションで運用されているので、チーム練度が上がっていくと、優れた投資パフォーマンスを生み出していくわけです。

しかし、このBouleの運用モデルは、まだ公平性を欠きます。特に、インターネット市場の5倍のスピードで進化するブロックチェーン市場においては、Boule の再選挙を1年などのサイクルでやっていて、果たして追いつくか?という課題があるからです。しかし、先ほど伝えたように、チームの練度強化を考えると、やはり、一定期間は、同じ Boule で運用しないと、チームワークは強化されていきません。

そこで、AladdinDAO には、Boule Council のサブDAO的な役割を持つ Boule Plus という仕組みが用意されています。これは、完全公開型で、誰でも参加できます。条件は一つで、5,000ALD をベットすることです。現在は、5,000ALD ですが、$ALD の価格が上がってくれれば、その条件もDAOに基づく公開投票で引き下げられていくでしょう。その上で、自分がよいと考える Strategy を登録し、運用を実行します。この時点で、AladdinDAO のトレジャリーは、まだアロケーションされていません。しかし、この Strategy が優れたパフォーマンスを出し続けていると、トレジャリーから一部自動的にアロケーションされます。そして、そこで実際のパフォーマンスが上がってくると、この提案をした Boule Plus のメンバーは、Boule になるチャンスが生まれてくるわけです。すると、Boule の総再選挙とは別に、個別の Boule 選出投票が実施され、Boule になることができます。

こうやって、Boule Council内の「新陳代謝」を軌道的にコントロールする仕組みがすでに組み込まれているのですね。非常に優れたＤＡＯモデルです。

また、その他、2週間に1回、Bouleの貢献度公開投票というのも定期的に実施しており、Bouleの中には、僕も含めて、グローバルに活動するWeb3インフルエンサーが多くいることもあり、AladdinDAOの普及活動に最も投票しているBouleのトップ3を決めます。そのトップ3に入ると、毎回、一定量の$ALDトークンがもらえます。ですから、Bouleにとってみれば、これもまた給与のようなものです。

以上の話を踏まえて、このWeb3型プロジェクトが、Web2企業に対して、どのような強みを発揮するか？　AladdinDAOの事例を踏まえて、勘のよい人ならわかると思いますが、「コミュニケーションコストと社内政治を劇的に排除すること」ができます。公明正大な意思決定をスピーディに実行することが可能になります。AladdinDAOでは、常に、

「Secret Handshake（＝根回し）を排除しよう」というスローガンで、ＤＡＯ運用の改善提案が議論されているのですが、それこそが、ＤＡＯの本質であり、Web2 型企業に対抗する競争優位性になることをわかっているからなのですね。

ピラミッド型の階級組織は、最終決定を上層部に依存するため、現場で生まれたアイデアが実装されるまで、膨大なコミュニケーション・コストが発生します。つまり、せっかくいいアイデアであっても、採用されるまで膨大な時間がかかってしまい、完全に市場における機会損失になってしまうのですね。かつ、他の部署によって、存続脅威になるようなアイデアの場合、彼らから上層部への根回しなどによって、潰されてしまうこともあります。大企業で常に発生するイノベーションのジレンマとは、正にこのことです。

しかし、上の AladdinDAO のＤＡＯモデルを見ればわかるように、そのような要素をあらかじめ排除するように全体がデザインされていることがわかると思います。

つまり、Web3 型プロジェクトは、Web2 型企業に比べて、圧倒的に持続的なイノベーションを起こしていくことができるように全体が設計されているわけです。だからこそ、Web2企業に勝つことができます。「官僚組織」や「大企業病」といった大規模組織ならではの事業の衰退を招く問題点が、全て未然防止される処置がすでに施されているのが、優れたＤＡＯの特徴です。

ですから、僕の投資哲学としても、逆に、ＤＡＯへの取り組みが遅いスタートアップは、投資対象から外しています。中央集権型のWeb2企業に勝てないことが目に見えているからです。

そして、興味深い事実として、コロナ禍が発生したことで、リモートワークが一気に社会に普及し、社会全体の働き方自体が、すでにＤＡＯ普及の足がかりを得ているので、ＤＡＯは、向こう20年から30年かけて、Web3スタートアップがリードする形で、あらゆる産業や政府系組織に、世界全体で普及が進んでいくでしょう。

そして、最後が、デフレ型トークンです。Web3が、Web2型企業にマネーゲームで勝つには、このデフレ型トークンが不可欠です。

デフレ型トークンとは、文字通り、「継続的に供給量が減っていくトークン」のことです。

よく仮想通貨投資の世界で議論のテーマに上がる内容に、「株式市場とのディカップリング（分離）」というテーマがあります。株式会社は、資本主義システムの歯車である一方、Web3を中心とするブロックチェーンスタートアップは、ポスト資本主義のプロジェクトだ。だから、株式市場と同じリスク資産として投資されるのはおかしく、いずれ株式投資のベアやブルのトレンドとは乖離した値動きが主流になっていく、という考え方ですね。

ただし、現状は、まだまだトークンへの投資は、株式投資と同じで、リスク資産への投資と多くの投資家は見ています。それ故、株式市場との連動性は高いです。Web2企業は、全て株式会社ですから、彼らと競争していく上でも、このディカップリングは、有効な差別化になるわけです。

そして、「株式市場とのディカップリング（分離）」を実現するために必須になってくるのが、デフレ型トークンです。

まず、トークンには、大きく3つのモデルがあります。インフレ型、供給制限型、そして、デフレ型です。インフレ型トークンは、既存の法定通貨や株式と同じで、無限に発行量が増えていくだけなので、Web2企業と競争する上では、優位性はゼロです。

次に、供給制限型です。代表格は、ブロックチェーン産業のオリジンであるビットコインですよね。2100万BTC以上は発行されない仕組みになっています。

しかし、ここには、一つ思考の落とし穴があります。2100万BTCを発行完了するタイミングです。2144年なんですね。つまり、それまでは、毎年4年ごとに発行量は1／2になっていくとはいえ、一定のインフレ率があることになります。

これを踏まえて、ブロックチェーン・スタートアップでは、4年ぐらいで発行完了する

図：No.82　ビットコインの供給計画

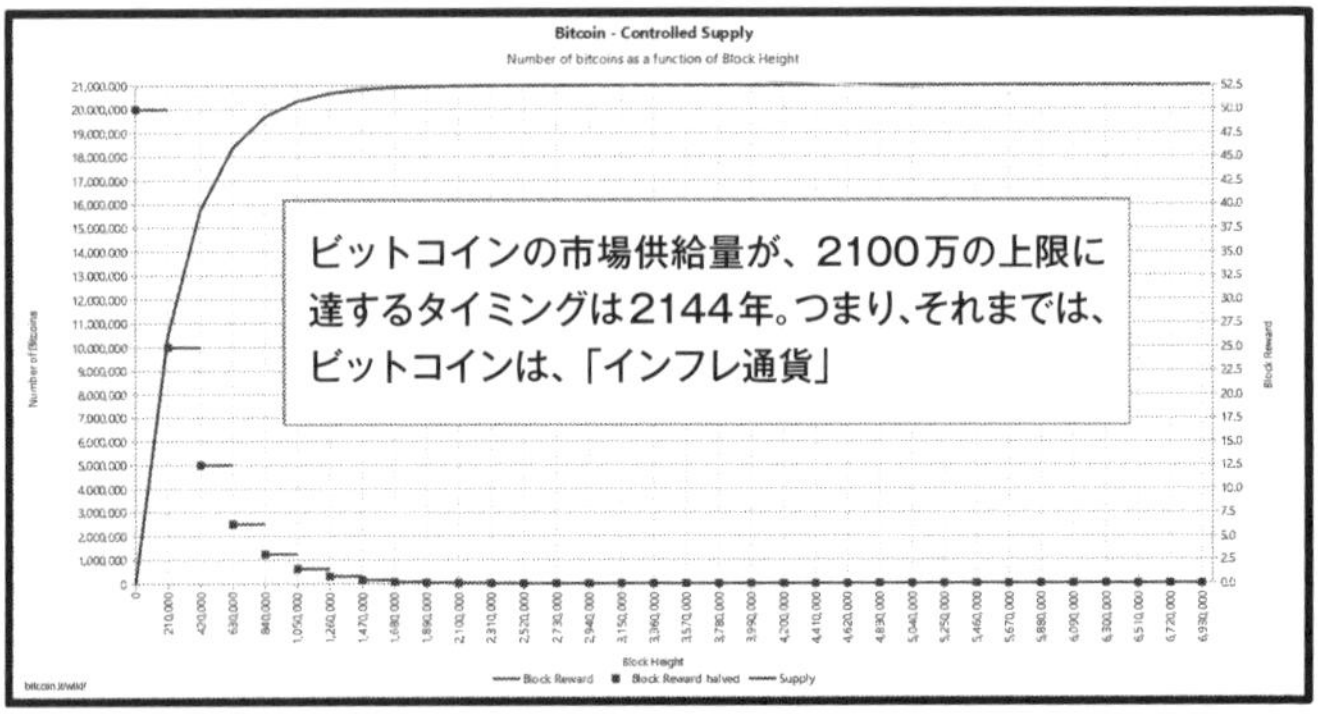

出典元：BTC Controlled Supply のデータを元に著者が作成

ように計画されているプロジェクトが大半になっていますが、僕の視点では、これでもまだWeb2企業に対抗していくには、弱いと見ています。

インフレ型の株式に対抗していく上での最強の資産は、真逆の「デフレ資産」であることです。特に、コロナショックによって、世界の中央銀行が大量の法定通貨を市場にばら撒いてくれたお陰で、世界経済は、インフレの嵐になっています。アメリカとソ連による冷戦構造がトリガーとなった70年代から80年代におけるオイルショックによって、アメリカのインフレ率が15%まで上昇した時代に近い水準まで、高騰しています。

ここまでインフレ率が高い状況が続くと、個人

図：No.83　米国インフレ率の推移（1965年から2022年）

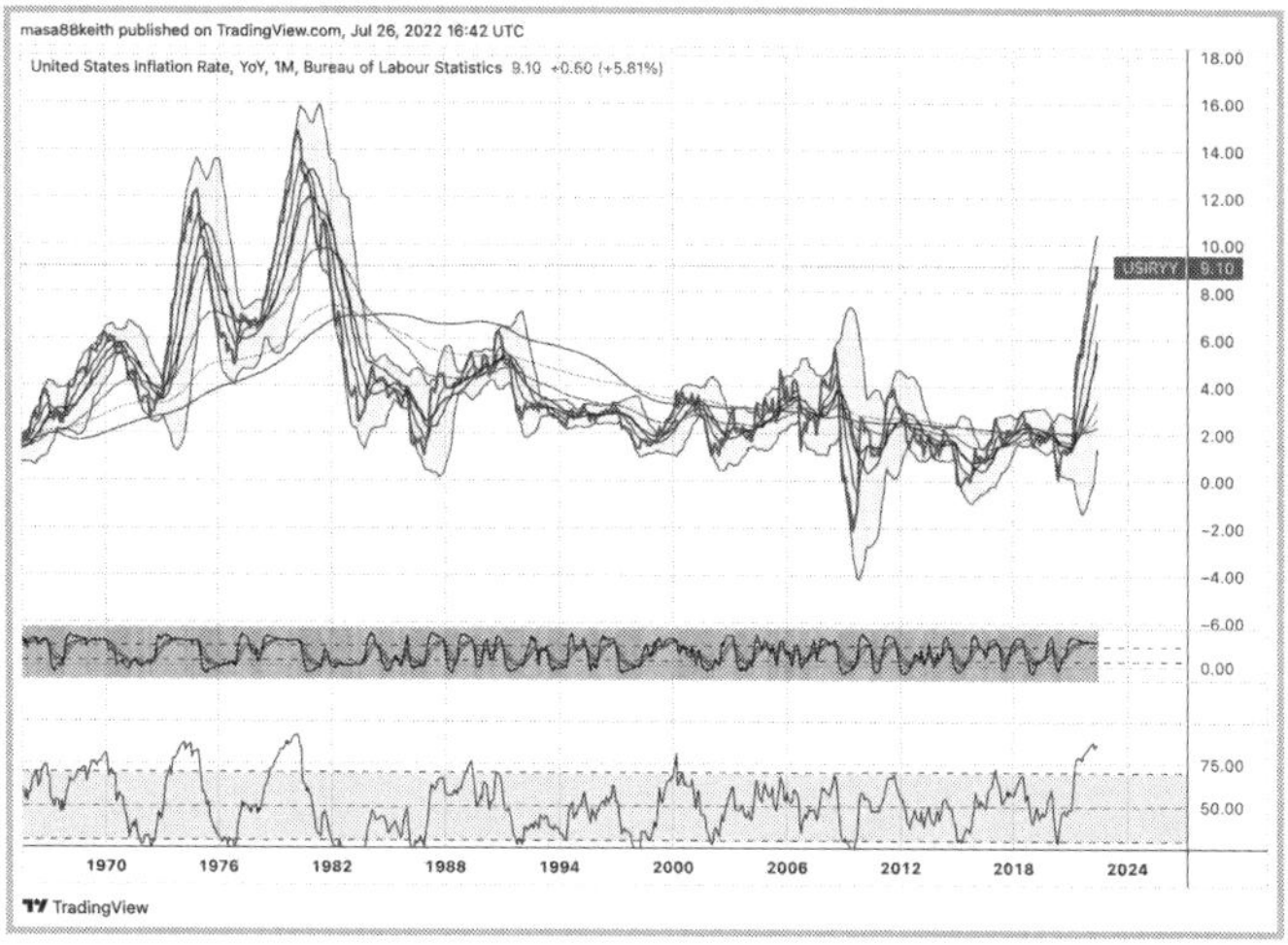

出典元：US Inflation Rate

も機関投資家も、このインフレ下でも、自分の資産を増やせる金融商品に投資しようという動機が生まれます。これは、大きなお金を持っている人ほど、この動機は強くなるでしょう。なぜなら、インフレによって失う資産価値の規模が、より大きくなるためです。

例えば、簡単に説明すると、１０００億円持つ資産家にとって、年率10%のインフレ下では、実質的に、毎年、１０００億円の10%に相当する10億円規模のお金の価値を失っていることを意味します。10万円の資産の人にとっては、毎年１０００円程度で済みますから、桁が違います。

ですから、彼らは、インフレが年率10％以上であるなら、年率15％や20％のデフレ効果を持つ資産を持つことで、これに対抗するのが、最も効果的な運用手段です。そうすれば、資産価値の減少を防げます。

株式や債権は、法定通貨に基づく金融資産なので、これに投資していたのでは、不可能です。しかし、トークンならば実現可能なのですね。

今、仮想通貨の中で、最も、それにふさわしいトークンは、イーサリアムの$ETHです。なぜなら、イーサリアムは、２０２１年8月から完全に「デフレ型トークン」に移行完了しているからです。

元は、EIP1559（イーサリアムに提案された１５５９番目の改良提案）が出発点になっています。イーサリアムのマイナー報酬のルールの改良案です。以下は、EIP1559導入前

図：No.84 ETHのポストドルとしてのポテンシャル

EIP1559によって、デフレ経済化した $ETH

Baas	価格決定モデル	問題点とEIP1559による解決策	デフレ経済効果
旧モデル	ファーストプライスオークション	最も高いガス手数料を提示した人の処理が最優先されるため、手数料が天井知らずで上がってしまう。結果、ユーザーに手数料設定の高中低の条件を設定している意味がなくなっているケースが多発	ゼロ
EIP1559	基本手数料＋チップ制	・基本手数料：直前の利用頻度に応じて、ガス代は±50％で変化（ブロック単位では、±12.5％の変化）に限定されるため、手数料条件の無限上昇を防げる。 ・チップ：プライオリティパスとして利用可能 ・ブロックサイズ：12.5MB→25MBと2倍になるので、ガス代も下がりやすくなる。	基本手数料は常時バーンされるので、イーサリアムの利用者が増えるほど、$ETHのデフレ経済効果が得られる。

とのマイナー報酬ルールの比較です。

既存のETHの価格オークションの課題からです。

まず、EIP1559導入前の古いオークションシステムは、ガス手数料に上限はありませんでした。なので、人気のIDOディールなどでは、天井知らずでガス価格が上昇します。1回の売買手数料が、200ドルなんていうこともザラにあります。個人投資家にとっては、実に辛い話です。

一方、EIP1559で提案されているのは、ベース・フィーという基本手数料を導入し、ブロック更新ごとにその手数料の上昇と下落の限界点を設定するというもので、直前の手数料に対して、±50％の変動率に抑制されます。

また、どうしても優先的に処理して欲しい場合は、チップを払うことができ、これには上限はないため、既存のニーズも取り入れています。

同時に、ブロックサイズも、現状の12・5MBから25MBに引き上げるので、これによるガス手数料の削減効果も見込めます。

そして、このベースフィーは、毎回、バーン（焼却）され、マイナーは、報酬としてはブロック生成の報酬のみ受け取ることになります。ビットコインとの比較でいうと、ビットコインは、4年ごとに報酬が1／2になっていく「ブロック生成の報酬」と、送金手数料の「トランザクション報酬」の2つから構成されるのですが、後者のトランザクション報酬を、イーサリアムは撤廃したのですね。

ですから、簡単にいうと、イーサリアムが使われれば使われるほど、ベースフィーがバーンされていくことになるので、ETHは、デフレ経済効果を得ていくことになります。

そして、実際どうなっているのか?というと、見事にデフレ資産化しています。赤いグラフがそうです。ETHの新規発行量より、EIP1559による焼却数が多いため、市場への供給量が自動的にマイナスになっています。

ETHは、すでに機関投資家も投資しているほどの安定成長のプロジェクトになるため、これは、ETHのデフレ資産化は、Web2企業が仕掛けてくるマネーゲームに対して、強力な競争優位性になるわけです。

そして、EIP1559の実装に、他のBaaSプレイヤーにも触発され、続々と実装が進んでいます。そして、この動きは、Dappsのレイヤーでも起きてきています。

図：No.85　ETHは、EIP1559後に、デフレ化を達成

出典元：https://ultrasound.money/

最も典型的な手法は、プロトコル収益の一部を、トークン買い戻しに当てるというやり方ですね。DeFiアグリゲーターのYFIなど、多くのDappsで実装されています。

発想は、EIP1559と同じで、自分達のプロダクトが稼ぐ手数料の一部を自社トークンの買い戻しに当て、そのトークンをバーンすることで、トークンのデフレ資産化を実現するというものです。

ただ、この話を聞くと、「それって、株式会社の自社株買いと同じでしょ。

なんの優位性にもならないでしょ」と主張してくる人が出てくるでしょう。

僕からすると、全く違います。なぜなら、Web3プロジェクトは、「利益を追求しない」が故、株式会社に比べて、より強力な大規模なトークン買い戻しが実行可能であるからです。

資本主義システムの歯車である企業の場合、「利益」を追求することが、至上命題の一つです。逆に言えば、「利益を無視した経営」は許されない。しかし、ポスト資本主義社会の中心にいるDAOで運用されるWeb3プロジェクトは、違います。彼らは、株式会社ではない。更に言えば、組織も持たないからNGOでもNPOでもない。彼らは、「利益」は追求しない、追求する必要もない。

であるから、株式会社の場合、その年の利益がなくなってしまうような、自社株買いを実行すると株主から猛烈に批判され、場合によっては株主訴訟に発展する可能性もあるでしょうが、Web3プロジェクトの場合は、そもそも、利益を追求しないことをコントリビューターも投資家もわかって投資することが前提になっているので、別に文句は出ません。もちろん、将来的に様々な目的で使うためのトレジャリーを一定規模持つことは必要になりますが、その意思決定も、公開投票のDAOで決まるので、直接民主主義による公平な意思決定になります。つまり、とてもフェアです。

そして、やがて、このデフレ型トークンが、通貨の役割を帯び始め、スーパーやレストランなどの日常決済で使えるようになったとき、僕らの経済システムは、ポスト資本主義システムに一気に歩みを進めていくことになるでしょう。

なぜなら、現状の資本主義システムの問題の根幹にあるのは、僕らの経済成長指標にある「GDP」だからなのですね。

例えば、日本のGDPは、約500兆円ぐらいと言われています。つまり、言い換えれば、GDP（国内総生産）とは、「お金の量」をベースにした成長指標なのですね。「お金の量」が増えないと経済成長したとは見做さない。

図：No.86 今のままの経済活動を続けると2030年には、「2個の地球」が必要になる

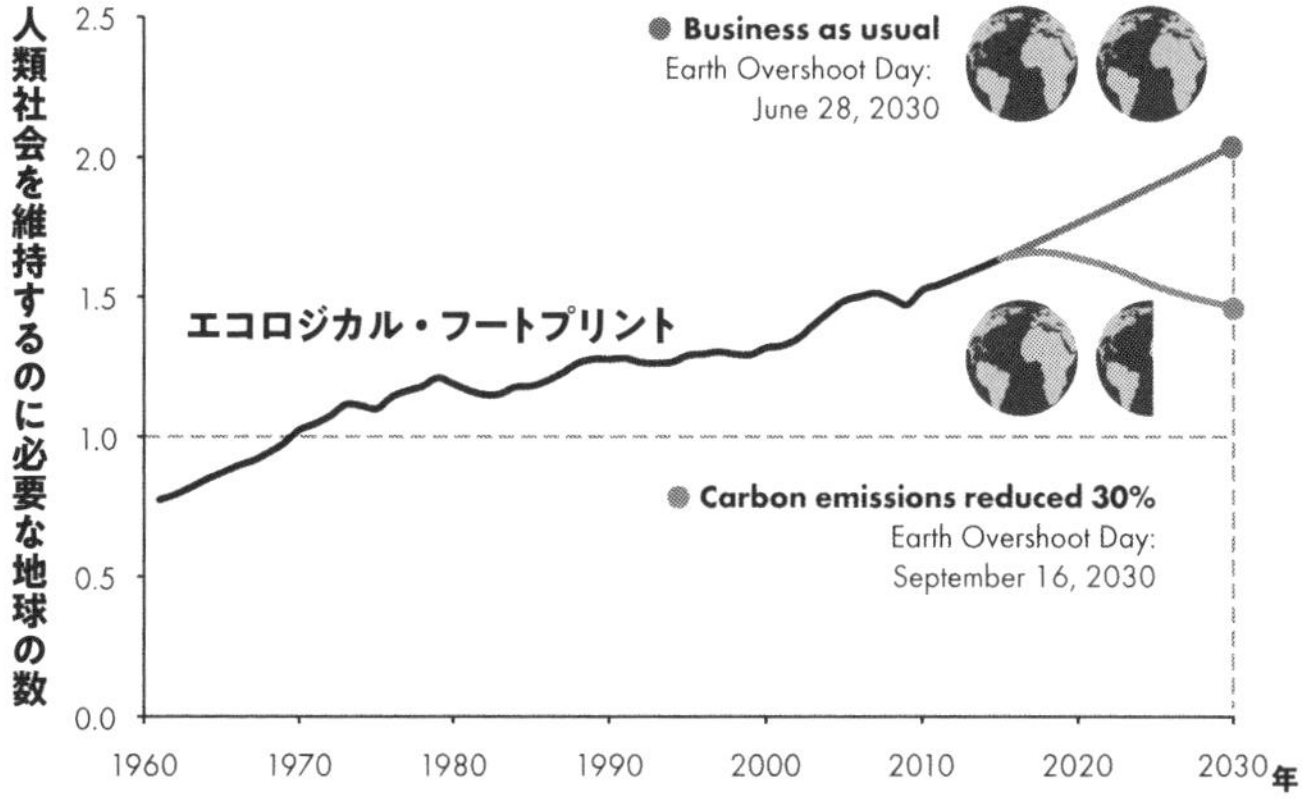

出典元：WWF ジャパンホームページより

だから、現状の僕らにとって、経済成長＝インフレ（お金の量が増え続けること）なのですね。未来永劫、拡張し続けること。

しかし、この結果、起きているのが、「環境破壊」なのですね。環境破壊の問題を色々と難しく言っている学者が多いですが、簡単に言えば、人類が、地球環境の持つ資源再生能力を超えた資源消費をしてしまっていることが、環境破壊の根本的な原因です。

この問題点は、国連のWFP（世界食糧計画）で毎年「生きている地球レポート」で発表されています。

このレポートでは、毎年、人類が消費する地球資源が、地球の再生能力を上回ったタイミングを伝えています。現状は、毎年、赤字なんですね。つまり、過剰消費してしまっています。

このままのペースが続くと、2030年には、その時点の人類の人口に対して、必要な地球の数が、2つになるという予測が出ています。つまり、地球1つでは資源が足りなくなるということです。

この先にあるのは、「資源戦争」なんですよね。足りなくなったら奪い合うのは、人のサガですね。

つまり、この問題を解決するには、「地球資源を奪い合う必要のない成長指標」を設定する必要があります。

そこで、僕が提唱しているのは、SSG（Self-Sustaining Growth ＝ 自給自足率）を経済システムの新たな成長指標として導入することです。

自給自足率を経済成長指標にすれば、拡張経済は確実に止まります。当たり前です。拡張していくことより、自力で全てまかなうことをよしとする経済成長指標だからです。これによって、環境破壊も止まると見ています。世界的に、環境破壊を引き起こす拡張型経済が、地球の資源再生力に最適化された循環型経済が置き換えられていくことになるので、当然と言えます。従って、SSGベースの成長ランキングは、世界の先進国と新興国の定義も含めて劇的な変化をもたらすでしょう。例えば、食料自給率が、175カ国中124番目の日本経済は、SSGの観点から見れば、完全に「先進国」ではなく、「後進国」です。

そして、SSG型の経済システムには、それに適した金融システムが必要です。ここが、この本の冒頭に戻ってくるのですね。

ゲゼル・マネー＝「土に還るお金」

です。つまり、デフレ型トークンは、このＳＳＧ型の経済システムの骨格となる金融システムの中心に位置するわけです。

デフレ型トークンをベースにしたブロックチェーンによる次世代の金融インフラが、バイオ分野のスマート農業などのディープテックと融合したとき、僕らの文明社会は、劇的な進化を迎えることになるでしょう。

それを僕らは「シンギュラリティ」と呼んでいます。

最後、この「シンギュラリティ」について、みなさんの理解を深めた上で、この第２章を終えましょう。

シンギュラリティとは、「技術特異点」という日本語が当てられています。これでは、全然、何のことかわからないですよね。

図：No.87　ビットコインは、世界初のシンギュラリティの成功ケース

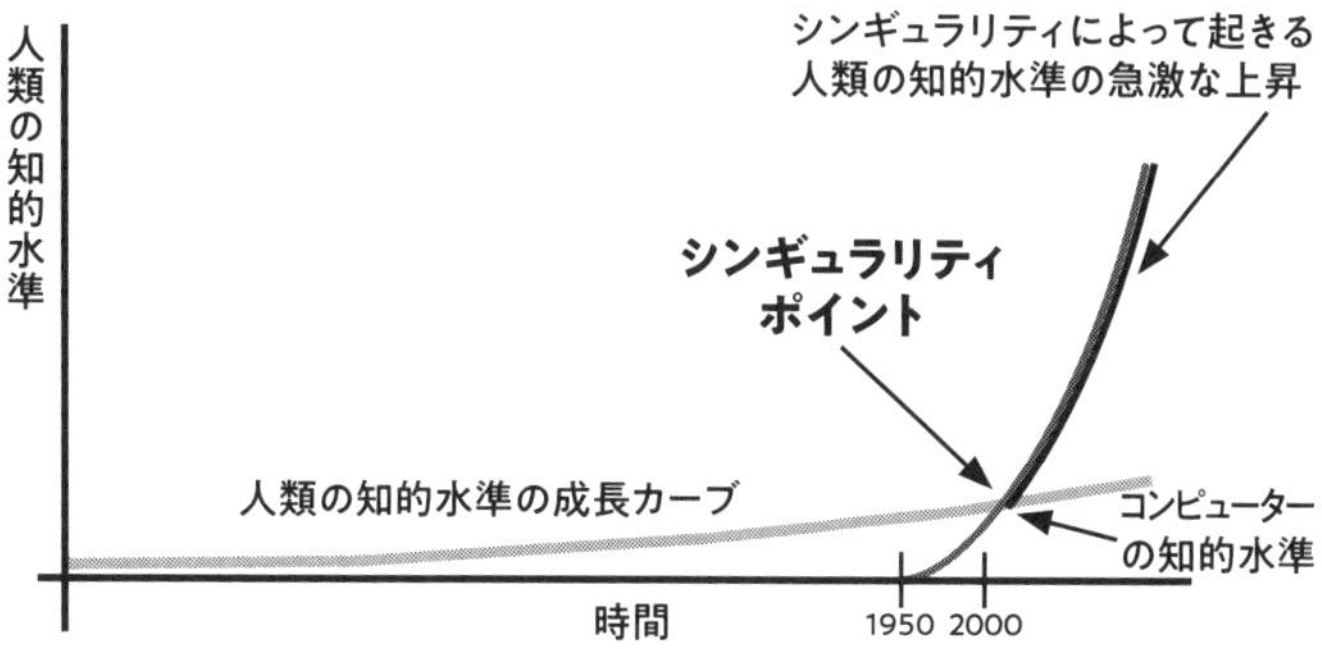

出典元：National Geographic 社のデータを元に、著者が作成

以下は、『ナショナル・ジオグラフィック』がビジュアル化したもので、とてもわかりやすいです。

縦軸が、人類の知的水準であり、横軸が時間です。

諸説ありますが、長い歴史の中、人類の知的水準は、あまり進化していないという見解があります。しかし、シンギュラティが起こることで、この見解が、論破されます。

コンピューター・テクノロジーを駆使することで、人類の知的水準が劇的な進化を始めるというものです。

図：No.88　人類の経済システムにおける信用メカニズムの進化

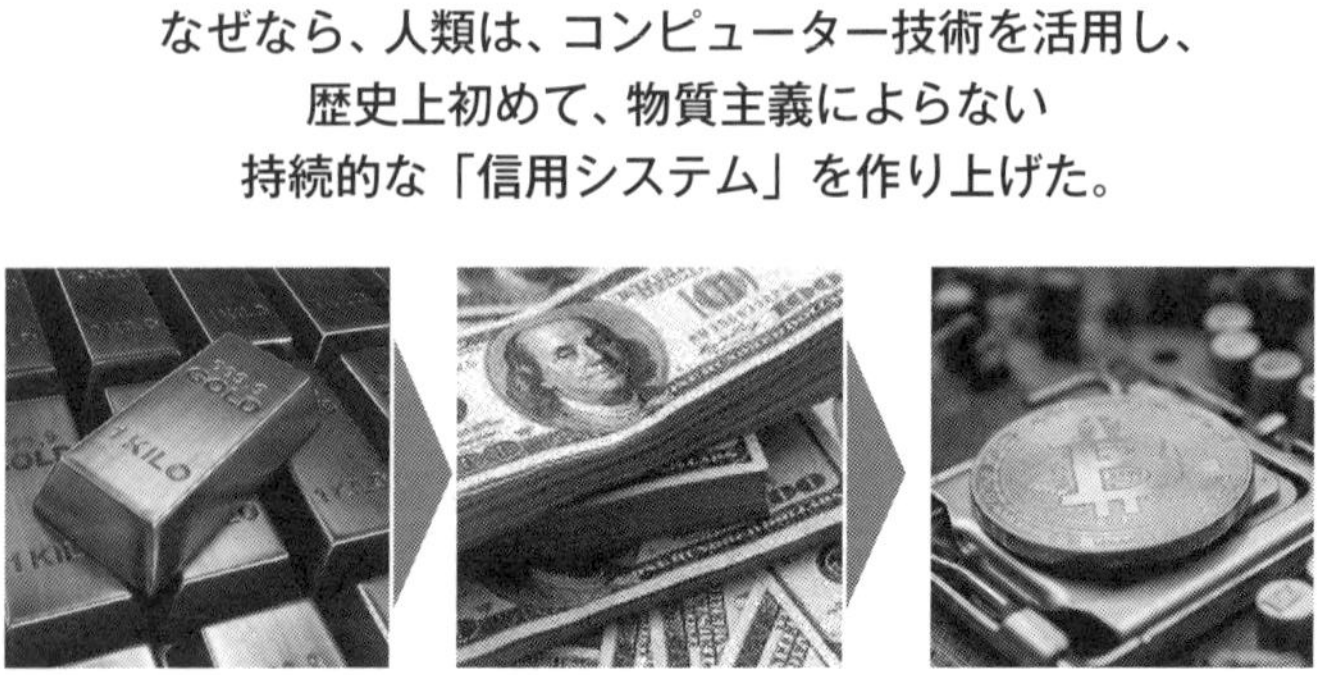
なぜなら、人類は、コンピューター技術を活用し、
歴史上初めて、物質主義によらない
持続的な「信用システム」を作り上げた。
1 KILO
GOLD

これによって、文明社会の水準も劇的なレベルアップが起こると言われています。

僕は、ビットコインは、人類初のシンギュラリティの成功事例だと評価しています。21世紀初の社会的イノベーションと言ってもよいです。

なぜ、僕がこう考えるのか？

それは、人類の「信用」メカニズムという世界から、物質主義を排除し、テクノロジーにおいて確立させることに成功したからです。

人は、経済取引における仲介的な役割として貨幣を発明し、長らくその貨幣の信用の裏付けを、「ゴールド」という物質に頼っていました。

それが、やがて、「国家の信用」に基づく「紙幣」に移っていくのですが、これは先ほどから何度も指摘しているように中央集権性のリスク、つまり、単一障害性の問題を常に抱え、持続性に欠けるものでした。

しかし、ビットコインは違います。中央集権性のリスクを排除し、かつ、ゴールドよりもセキュリティ面で優れていながら、ビットコイン自体を信用するかしないかは、個々の人類に委ねるという中で、その「信用」を確立していっています。

コンピューターテクノロジーにとって、人類の経済取引の根幹である「信用メカニズム」が、より公平で、権力の集中を持たない分散的で、中間搾取が存在しない、よりサステイナブルなものに進化を遂げようとしています。

そして、ビットコインのコアテクノロジーであるブロックチェーンが、様々な経済取引に適用されていくことになり、やがて、僕らは、目の前に、過去２００年続いた資本主義と全く異なる、更に視点を広げれば、過去数千年続けてきた拡張経済がもたらす環境破壊や、「持てるもの」と「持たざるもの」を生み出す既得権益や貧富の格差などの深刻な社会問題から根本的に解放された、現状よりいくつもレベルアップを遂げた全く新しい社会システムが広がっていることに感動を覚えていくことになるでしょう。

ですから、僕は、仮想通貨への投資は、みなさんが苦労して稼いだお金を「死に金」ではなく、「生き金」にすることだと考えています。

なぜなら、ブロックチェーンの技術は、間違いなく「お金の問題」を解決し、２００年以上続く資本主義社会に終止符を打ち、ポスト資本主義、つまり、お金のパワーがすべてものを言う社会が終わりを告げ、ＤＡＯによる直接民主主義が土台になった、官僚組織も一切ない、資源を奪い合うような経済成長を続ける必要もない、より恒久的な平和を維持できる全く新しい社会システムを作り上げるために生み出された革新的なテクノロジーだからです。

ですから、この可能性に早く気づいて動き出した人に、早く幸福な人生が待っていることは、ごく自然なことと言えます。

しかし、社会の進化は、あなたを待ってくれません。社会はあなただけのために存在するものではないからです。人類みんなのために存在するものです。

あなたが、社会の進化のその先端をいくか、同じペースで進むか、遅れを取るしかない。シンプルな世界です。

先を行ったものが、最大の幸福を受け取り、同じペースで進んだものがある程度の幸福を受け取り、遅れを取っているものは、身も心も貧しいままでしょう。

では、ここからは、僕が、仮想通貨投資に勝つために、実際にやっているノウハウについて詳しくお話ししていきます。

3. 僕がWeb3投資に勝つためにやっている3つのルーティン

では、ここからは、僕の仮想通貨投資に勝つためにやっている3つのルーティンについてお話しします。

3-1．ポートフォリオ・ローテーション

これは、株式投資ではあまり使わない考え方になるでしょう。Web3市場は、Web2市場の5倍近いスピードで常に発展しているため、それだけ人気銘柄の栄枯盛衰も早いです。

まず、現状のWeb3市場は、4年を一つの周期として、ブルトレンドとベアトレンドが、大体2年ぐらいのサイクルで来ます。この4年は、もちろん、ビットコインのマイナー報酬半減期を起点にしています。

その中で、僕は、過去の経験から、更に細分化して、2年間のトレンドの中に、ローテーションサイクルを「6ヶ月」で設定して、運用に組み入れています。

例の25点以上のスコアをもつ銘柄の中から、向こう6ヶ月、最も成長力が出そうな銘柄を10－15程度に絞り込みます。

例えば、これは過去のパターンですが、これが向こう6ヶ月のローテーション銘柄の一覧表です。

そして、そこから、各プロジェクトの実績やステータスに応じて、現金のアロケーションを決めます。

図：No.89　僕のポートフォリオのサンプル

	Risk Level	Total Return	Cash Allocation
USDT/USDC	Low	100.0%	0.0%
ETH		161.0%	0.1%
stETH		176.7%	0.7%
SOL		83.5%	5.2%
	6.0%		
FLOW	Middle	2204.2%	0.4%
RON		82.3%	5.2%
HNT		179.6%	7.5%
LOOKS		52.4%	13.5%
CVX		58.3%	2.1%
FIL		53.7%	2.1%
LDO		123.6%	3.1%
MULTI		66.2%	8.7%
ENS		99.4%	23.6%
GMT		88.5%	1.2%
cvxCRV		114.9%	3.7%
	71.1%		
ALD	High	630.8%	3.7%
DEVT		33.1%	7.6%
TOKE		4.6%	1.7%
NOTE		63.5%	1.2%
IDIA		57.8%	1.8%
LUNC		31.6%	2.3%
ANC		4.9%	1.0%
RAD		90.5%	1.2%
LUNA		41.4%	1.2%
CTR		0.0%	1.2%
Total	16%		100%

アロケーションは、各銘柄のリスクを、ハイ、ミドル、ローの3つに分類した上で分配していきますが、比較的、ミドルに多く張ることが多いです。

ミドルの銘柄は、一気に大きくなる可能性が高いためです。

自信のあるプロジェクトには、ハイリスクのフェーズにあっても、100倍や2000倍以上のリターンが狙える可能性があるため、大きく投資することもあります。

3-2. ネットワーキング

次のローテーションのことを意識して、ネットワーキングを定期的に行います。

基本は、海外のイベントに出向くことが多いです。普段は、バーチャルでやりとりしている投資先の起業家達や、親しいエンジェル投資家や仮想通貨ファンドの仲間と現地で交

図：No.90　Sky Marvis の Jiho と

ブロックチェーンゲームで、「東南アジアの貧困層を救ったAxie Infinityの共同創業者JihoとNFT.NYCにて（2022年6月）。右端が仲津正朗。その左は、親友のミスビットコイン。左端は、友人のYu。

流することで、市場の最新動向や、注目している投資分野に関して、意見交換したり、投資案件をお互いに紹介しあったりもします。実際に会うと、食事をしながら、楽しく色々と話し込めるので、仲良くなれるのがよいです。

また、イベントのピッチコンテストなどで新しいブロックチェーンスタートアップを発掘することもあります。

この「人脈の質」が非常に重要で、僕の場合は、2013年から業界の立ち上げをリードしている点や、YouTubeで質の高いブロックチェーンスタートアップの良質なインタビューを実施していることが業界でもよく知られており、更に、業界のブロックチェーンスタートアップ投資やDeFi投資のプロ30名が集うAlladinDAOのBoule（投資評議委員）に、日本人として唯一選ばれていることもあるので、案件開拓していく上では、ここが僕の最大の差別化ポイントになっています。

自分で言うのもなんですが、僕が属しているブロックチェーン業界のコミュニティは、業界を常にリードしている最も優れたコミュニティの一つであるという自信があります。つまり、シリコンバレーのインナーサークルに相当するWeb3のコミュニティに属しています。

ここでのネットワーク活動によって、未来の市場全体のトレンドを的確に掴むことができるので、次の6ヶ月ローテーションに組み込むべき銘柄が自ずと見えてきます。

逆に、このトレンドについて来られなくなってきている銘柄は、ポートフォリオ・ローテーションから外します。ブロックチェーン市場において、市場変化に適応していくスピードは常に命より大切です。

ですから、ネットワーキングを通じて、市場の最先端が今どこにあるのか?という点について、自分の頭の中のイメージ写真を絶えず、更新し続けることが重要になります。

3-3. テクニカル分析

そして、毎週、欠かさずやっているのが、テクニカル分析です。使っている知識は、株式投資などに使われるテクニカル分析指標と全く同じです。

仮想通貨市場は、ボラティリティが株式市場に比べて非常に高いので、なかなかキレイなテクニカル分析通りの動きをしないこともしばしばですがテクニカル分析を常に行うことで、ポートフォリオ・ローテーションの質も上がるため、投資パフォーマンスの改善に貢献してくれます。

図：No.91　テクニカル分析のサンプル（BTC/USDT週足チャート）

出典元：Trading View

やはり、安いところで買って高いところで売るのは、投資の鉄則なので、その値動きもしっかりと見極めていくことが大切ということです。その点で、テクニカル分析は、僕の経験では、やはり、とても有効なツールだと判断しています。

特に、ＢＴＣやＥＴＨの価格の動きは、他の全仮想通貨銘柄に、影響を与えるため、最も手間をかけて分析しています。これは、僕のＢＴＣのテクニカル分析の例です。

最後にもう一つ。ＨＯＤＬ（ホドル）

図：No.92　多くの人が勘違いしているHODLの心構え

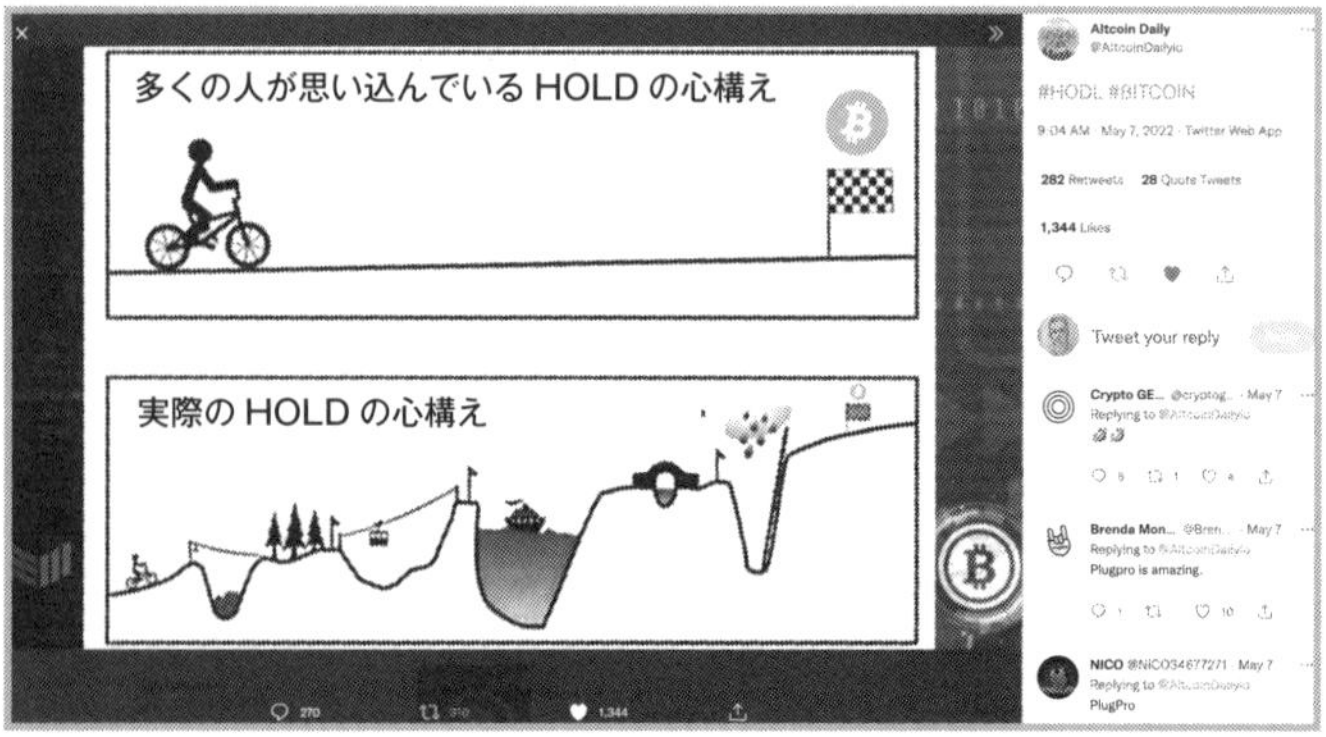

出典元：Twitter(https://twitter.com/AltcoinDailyio/status/1522729124707528705)

の心構えについてです。

「安いと思って買って下がった場合でも、損切りせず、持ち続けろ」

これが、ＨＯＤＬの基本のマインドセットです。ＨＯＤＬとは、Hold（保有する）という英語のミススペルから生まれた業界用語の一つです。

こちらは、そのＨＯＤＬの精神的大変さを表現した図です。多くの人は、ただ、買って、果報は寝て待てのように、緩やかな坂道を自転車で進むような楽な世界を想像していますが、実際には、巨大な谷を何度も経験して、

図：No.93　個人投資家にとっては、HODLは、いざという時の資産を守り、長期的なリターンを最大化してくれる投資手法

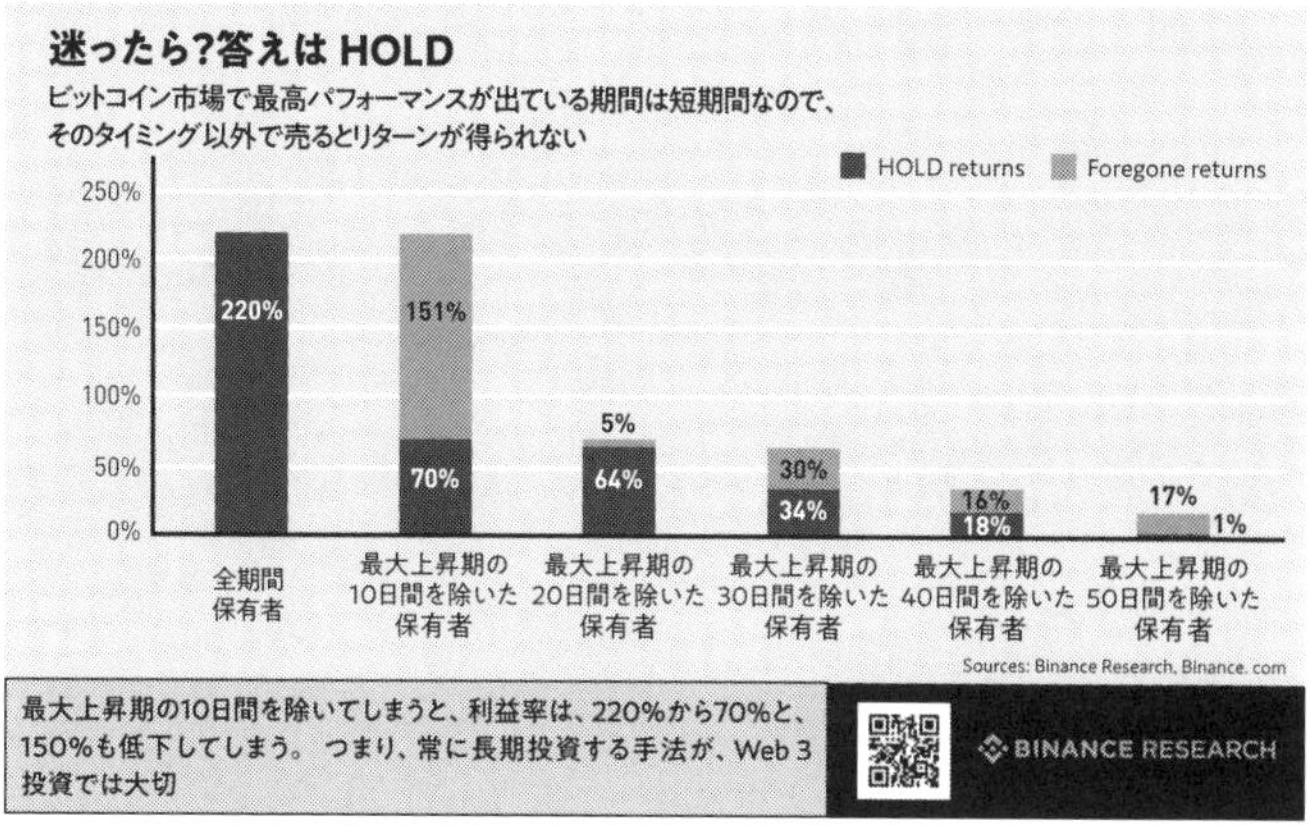

出典元：Twitter(https://twitter.com/BinanceResearch/status/1194919127065878529?ref_src=twsrc%5Etfw%7Ctwcamp%5Etweetembed%7Ctwterm%5E1194919127065878529%7Ctwgr%5E6b2c28ebfca8085040e6c3d78fa79985391ab84f%7Ctwcon%5Es1_ &ref_url=https%3A%2F%2Fjp.cointelegraph.com%2Fnews%2Fwhen-in-doubt-hodl-binance-research-advocate-bitcoin-best-strategy

大きなリターンを得ていくものです。

これがわかっていない人は、暴落の度に、すぐに投げ売りしてしまって、ほとんど儲からない、ないしは損ししていないという結果に終わっているのが実情です。

また、HODLの有効性は、バイナンス・リサーチの分析でも証明されています。

グラフにあるように、最長保有者が、220%のリターンを得ている一方で、それより短い期間の保有者は、かなり低いリターンか、マイナスになっている投資家もいます。

長期保有者ほど、仮想通貨はリターン率が高いということです。なので、僕も基本、個人投資家の人にはトレーディングではなく長期保有をおすすめしています。

ただし、どうしようもないダメなプロジェクトのトークンをＨＯＤＬしても、ゼロになってしまいますから、銘柄選定とそのローテーションが非常に重要であることは言うまでもありません。

そして、これらの僕の投資ノウハウの再現性を目指して、個人投資家向けに提供しているのが、Orb Labs の投資顧問サービスです。

次の章では、その投資顧問サービスについて詳しくお話しします。

4. Web3投資の再現性を目指して

今まで進めてきた話を踏まえると、勘のいい人ならわかると思いますが、創業間もないテクノロジースタートアップへの投資というのは、今まで、限られた人のみがやってきたもので、そのノウハウ自体、ほとんど再現性のないものが多かったと言えます。

一方、上場株の投資は、ある程度再現性を持っているのは、よく知られた事実です。テクニカル分析やファンダメンタル分析などもある程度体系化されています。関連の書籍も豊富にありますね。

それらの体系化された知識を身につければ、抜群のパフォーマンスは無理でも、ある程度の投資リターンを得ていくことは可能であることもよく知られています。

僕は、仮想通貨市場への投資は、いずれ、この上場株への投資と同じように再現性を持ったノウハウが確立されていくと見ています。

そこに挑んでいるのが、この「Orb Labs の投資顧問サービス」です。

有料ですが、仮想通貨投資の初心者に、体系的な知識提供と、かつ実践を通じたノウハウの提供を行なっています。

まず、こちらが、サービス概要です。ユーザーの関心やニーズに応じて3つ用意しています。

まだ、Web3 関連のトークンに全く投資したことがないユーザーは、まずは一番初めの

図：No.94　Orb Labs の日本語サービス概要

	Free	Basic	Pro
ポートフォリオ更新	・なし	・リアルタイムのポートフォリオ配分の詳細レポート ・活用している DeFi の詳細	・リアルタイムのポートフォリオ配分の詳細レポート ・活用している DeFi の詳細 ・参加予定の IDO・ICO の詳細 ・NFT 投資・運用方法の詳細
分析	・YouTube 動画による週次の BTC テクニカル分析とその他トークンのテクニカル分析、及び最新ニュース分析・カテゴリ別市場動向分析（毎週3本） ・YouTube 動画による個別銘柄の詳細分析（毎週３本） ・業界キーマンのライブインタビュー（不定期）	・週次の BTC テクニカル分析とその他トークンのテクニカル分析、及び最新ニュース分析・カテゴリ別市場動向分析のレポート先行配信（毎週3本） ・個別銘柄の詳細分析レポートの先行配信 (毎週3本）	・週次の BTC テクニカル分析とその他トークンのテクニカル分析、及び最新ニュース分析・カテゴリ別市場動向分析のレポート先行配信（毎週3本） ・個別銘柄の詳細分析レポートの先行配信 (毎週3本）
注記	・動画広告による中断あり ・すべて日本語字幕	・個別分析は平均、動画配信の2週間から1ヶ月前の先行配信 ・週次分析は平均、動画配信の1日から３日の先行配信	・個別分析は平均、動画配信の2週間から1ヶ月前の先行配信 ・週次分析は、平均、動画配信の1日から３日の先行配信
利用料金	・無料	・有料（月払いと年払いの二択）	・有料 (月払いと年払いの二択)
Live Q&A	・開催毎に前売りチケット購入式。300人限定。不定期開催。アーカイブアクセスなし。		・無料参加可能。アーカイブアクセスあり。

メニュー「Free」、つまり、無料で見ることができるYouTubeの動画コンテンツから入るのがよいと思います。動画で、僕が話す言語は英語ですが、日本語字幕をつけて全て無料で提供しています。市場の最新の全体像や、また、投資ポイントの要点などについて、理解を深めることができます。

ただし、YouTubeの動画ですから、当然、再生中は、しばしば動画広告が入ってきます。その点がわずらわしいと感じる人や、動画で見るよりテキストで読んだ方が時間効率がいいので、理解が早いと考える人は、次の「Basic」がオススメです。要するに、「時は金なり」ということです。

「Basic」は、本格的かつ効率的に、Web3投資についての理解を深めつつ、さらに僕のポートフォリオの動きをリアルタイムに追うことで、Web3市場での投資パフォーマンスを最大化したい方向けです。まず、仕事が忙しくて、なかなか動画を見る時間が割けない人は、広告は一切入らない日本語レポートの形で、かつ、動画より先行して最新のテクニカル分析や関連市場の最新動向、関連ニュースの詳細分析などを受け取ることができます。そして、まだ市場では広く知られてないポテンシャルの高いスタートしたばかりの個別銘柄の詳細分析や、人気は出てきているが、FTXのようにトラブルを起こす可能性のあるプロジェクトの具体的な問題点の指摘、または、既に人気は出ているプロジェクトの、今後の価格動向に大きな影響を与えるであろう大型アップデートの中身の詳細分析などを盛り込んだレポートもタイムリーにまとめているので、変化の早いWeb3市場の展開に遅れを取らず、他の投資家よりも先行して、ついていくことができるでしょう。以下は、日本語レポートのサンプルです。

さらに、YouTube動画のみの「Free」にはない「Basic」の最大の魅力は、僕のポートフォリオの各銘柄への投資配分の詳細アップデートをリアルタイムに追える点です。

僕のポートフォリオの動きをリアルタイムに追うことで、Web3市場での投資パフォーマンスの最大化を目指すことができます。Web3市場は、Web2市場の5倍のスピードで発展しているとも言われる市場のため、変化が非常に早いです。まず、理解しておくべきことは、「人気銘柄の入れ替わりがとても早い」ということです。ちょっと前まで鉄板銘

図：No.95　分析レポートのサンプル

Overview of frxETH

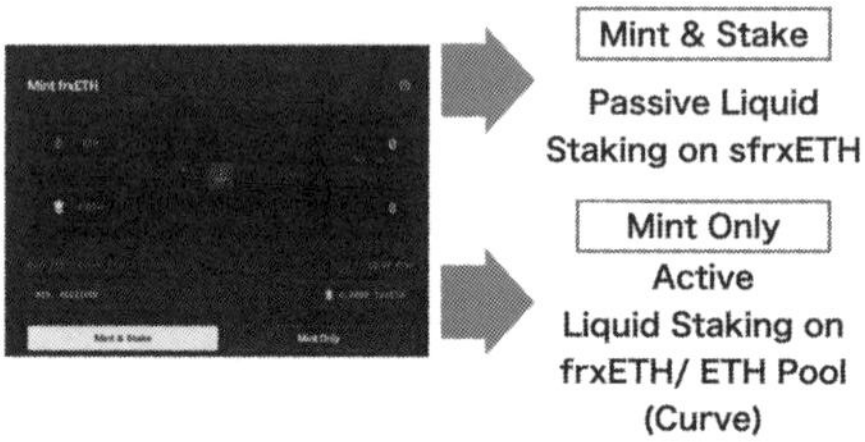

ここから、２つのオプションがあります。
１つは「Mink & Stake」で、frxETH をミントし、
frxETh を sfrxETH としてステーキングします。
これはパッシブなリキッドステーキングです。
もう１つは、「Mint only」で、frxETH をミントします。
これはアクティブなリキッドステーキングであるため、
このオプションには、さらに多くのステップがあります。

Overview of frxETH

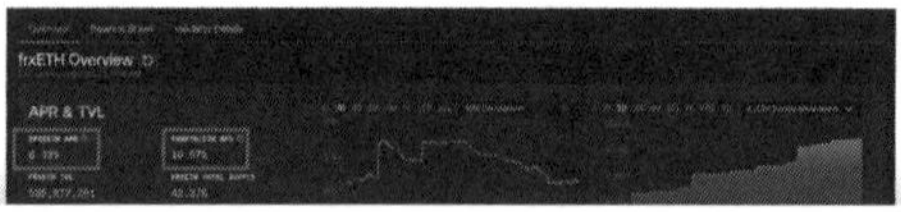

柄扱いを受けていたプロジェクトが、ほとんど注目されなくなるということもしばしば起きます。ですから、そのWeb3市場における潮目の変化をリアルタイムに見抜くセンスが問われます。

　さらに、ブル相場の中で、何度かくる急騰相場の展開で利確できているかどうか、また、一旦、下がった後に、各銘柄のその手前の相場の上昇力をとらえて、ポートフォリオのローテーション変更を行い、上昇力の強い銘柄の配分を引き上げることで、次の急騰時のパフォーマンスを更に良くするなど、様々な投資テクニックがありますが、これらを実際に実行している僕のポートフォリオをリアルタイムに追うことで、パフォーマンスの最大化を狙うことができます。

僕の投資推薦する銘柄は、動画やレポートの説明では、30点満点中の25・0点以上です。しかし、僕の実際のポートフォリオに組み入れている銘柄は、その中から、市場のトレンドも加味し、更に厳選しています。そして、その組み入れ銘柄に対しても、そこから更にローテーションをかけるため、各銘柄への資金配分も、トレンドの変化に合わせて定期的に変更しています。

ですから、僕の目線で、どのプロジェクトが、今後、より高い投資パフォーマンスを出しそうかについて、より正確かつリアルタイムに把握し、自分のポートフォリオに反映していくことができます。色々な分野のプロがよく言うに、「上達するには、まず実力のあるプロを真似ろ」と言います。慣れていない人は、まずは、僕のポートフォリオをコピーするところからスタートするのも手段の一つです。ただ、毎週配信されるレポートを読みながら、少しずつ自分の分析力を養い、僕のポートフォリオを参考しながら、自分の各銘柄の配分や利確タイミング、仕込みタイミングを決めていくことも、より納得の行く資産運用をしていくことにつながると考えています。次図は、僕のポートフォリオの過去のサンプルです。

加えて、Basicでは、ベアトレンドでも手堅くリターンを狙える手段として、僕が実際に活用しているDeFi（分散型金融）の運用内容も具体的に情報提供しています。DeFiは、世界の金融市場で注目されている投資手法で、特に、既存のリスク資産である株式市場がベアトレンドのときでも、投資リターンを生み出すことができる投資手法として、大きな期待が寄せられています。DeFiの投資顧問業に関しては、日本市場では、法規制が現時点では明確に規定されていないグレーゾーンになっているため、Orb Labsでは情報提供のみに留めています。しかし、僕自身、DeFi市場で世界最高水準の頭脳が結集していると言われているプロジェクトであるAladdinDAOに、日本人として唯一、このDAO型ファンドの中核的役割を果たす投資委員に選ばれていることから、最新のDeFi投資方法

図：No.96　僕のポートフォリオのサンプル

	Risk Level	Total Return	Cash Allocation
USDT/USDC	Low	100.0%	0.0%
ETH		161.0%	0.1%
stETH		176.7%	0.7%
SOL		83.5%	5.2%
	6.0%		
FLOW	Middle	2204.2%	0.4%
RON		82.3%	5.2%
HNT		179.6%	7.5%
LOOKS		52.4%	13.5%
CVX		58.3%	2.1%
FIL		53.7%	2.1%
LDO		123.6%	3.1%
MULTI		66.2%	8.7%
ENS		99.4%	23.6%
GMT		88.5%	1.2%
cvxCRV		114.9%	3.7%
	71.1%		
ALD	High	630.8%	3.7%
DEVT		33.1%	7.6%
TOKE		4.6%	1.7%
NOTE		63.5%	1.2%
IDIA		57.8%	1.8%
LUNC		31.6%	2.3%
ANC		4.9%	1.0%
RAD		90.5%	1.2%
LUNA		41.4%	1.2%
CTR		0.0%	1.2%
Total	16%		100%

を自身のポートフォリオ運用に常に採用しています。その点も踏まえて、僕と同じレベルで使いこなせるようになると、Web3市場全体がベアトレンドのときや株式市場がベアトレンドのときでも、リスクを抑えて投資パフォーマンスを上げていくことが可能になるため、更に高い投資パフォーマンスを狙っていくことができるでしょう。

また、FreeとBasicの会員には、前売りチケット購入式のライブQ＆Aも提供しています。僕のテクニカル分析の内容や、ポートフォリオ内容、活用しているDeFiに関する不明点について、質問ができ、僕がライブで解答します。ただし、解答の質を担保するため、300人限定にしており、かつ、高値圏での利確タイミングや底値圏での仕込みのタイミングを知りたい会員が多い点や、大きな事件が起きたときに多く事件関連の質問が寄せられる点などを踏まえて、不定期開催となります。

そして、最後の「Pro」は、まずは、このライブQ＆Aの前売りチケット購入をわずらしいと感じている人向けに提供しています。FreeとBasicの会員は、毎回購入する必要があり、かつ300名に到達すると売り切れゴメンになります。しかし、Proの会員は、全員、すべての開催回が無料で参加可能です。かつ、アーカイブアクセスもできるようにしているので、仕事などで忙しくて、参加を逃した回を、時間があるときに後からチェックすることもできます。

更に、Proの会員には、最もハイリスクではありますが、より大きなリターンを狙うこともできる僕自身が参加予定のＩＤＯ／ＩＣＯ情報も提供しています。僕の、現時点でのＩＤＯ／ＩＣＯの最高実績は、FLOWで、第３半減期のブル相場が始まる前の２０２０年10月に参加し、1FLOW＝$0.1で取得し、約６ヶ月後の２０２１年２月には、1FLOW＝$44まで上昇したので、最高４４０倍の投資リターンを獲得しました。もちろん、その際に、一部を利確していますが、FLOWはとてもポテンシャルの高いＬ１の一つなので、まだ大量に保有しています。

このように、僕は詐欺案件のＩＤＯやＩＣＯには過去一度も投資したことはありません。自分の洞察力と分析力もさることながら、Web3市場を共に黎明期から作り上げてきた優秀かつ信頼のおける世界中の仲間と共に案件開拓をしているためです。その点から、たまに、OrbLabsの会員の方の中には、よくWeb3市場に投資し始めた方や、Web3市場特有のハイリターンを頻繁に狙いに行く個人投資家に多い「ＩＣＯやＩＤＯに投資して、資金を全部、創業チームに持って行かれた」、もしくは「ＩＣＯ参加後に、三年間、資金を全く引き出すことができないため、多くの他のよい投資機会を失った」などという苦い想いをした人もいるのですが、Orb Labsのサービスを利用して以降は、「ほとんどなくなった」という反応をもらっています。

最後に、Pro会員には、ＮＦＴの投資と運用方法の詳細情報も提供しています。ＮＦＴは、現状、一般的なトークンよりも、更にボラティリティが高く、銘柄の選定基準も不明瞭な点が多いのですが、僕独自のＮＦＴアバターブランド別やゲームタイトル別のポテンシャル分析を元に、長期運用も視野に入れることが可能なＮＦＴの投資情報を提供しています。

Basic と Pro は、全て月払いと年払いで提供しています。年払いには、割引を適用しています。まずは、お試しということであれば、月払いがよいと思いますし、資金力に余裕がある人であれば、割引の利いた年払いから入るのもよいと思います。

以上になります。

興味のある人は、ぜひ、下記のOrb Labsの公式サイトにアクセスしてみてください。

サイトURL：https://orblabs.ventures/

では、最後に、僕が、なぜ、今、日本人にWeb3投資を勧めるのか？　その本質論についてお話しし、この本を締め括りたいと思います。

5. Web3投資は、日本社会にとっての「ノアの方舟」

5－1．なぜ、日経平均は、バブルの最高値を超えられないのか？

「井の中の蛙」のように、日本社会の中にどっぷりと浸かってしまっている人にとっては、なかなか気づけない事実がある。日本経済の成長インデックスでもある、日経225の株式指数は、実は、1989年のバブルピークの時につけた、3万9000円から、現在に至るまで、一度もその高値を超えることができていない。

図：No.97　平成元年と31年における世界時価総額ランキング比較

世界時価総額ランキングTOP50（平成元年）

順位	企業名	時価総額（億ドル）	国名
1	NTT	1638.6	日本
2	日本興業銀行	715.9	日本
3	住友銀行	695.9	日本
4	富士銀行	670.8	日本
5	第一勧業銀行	660.9	日本
6	IBM	646.5	米国
7	三菱銀行	592.7	日本
8	エクソン	549.2	米国
9	東京電力	544.6	日本
10	ロイヤルダッチ・シェル	543.6	英国
11	トヨタ自動車	541.7	日本
12	GE	493.6	米国
13	三和銀行	492.9	日本
14	野村證券	444.4	日本
15	新日本製鐵	414.8	日本
16	AT&T	381.2	米国
17	日立製作所	358.2	日本
18	松下電器	357.0	日本
19	フィリップ・モリス	321.4	米国
20	東芝	309.1	日本
21	関西電力	308.9	日本
22	日本長期信用銀行	308.5	日本
23	東海銀行	305.4	日本
24	三井銀行	296.9	日本
25	メルク	275.2	ドイツ
26	日産自動車	269.8	日本
27	三菱重工業	266.5	日本
28	デュポン	260.8	米国
29	GM	252.5	米国
30	三菱信託銀行	246.7	日本
31	BT	242.9	英国
32	ベル・サウス	241.7	米国
33	BP	241.5	英国
34	フォード・モーター	239.3	米国
35	アモコ	229.3	米国
36	東京銀行	224.6	日本
37	中部電力	219.7	日本
38	住友信託銀行	218.7	日本
39	コカ・コーラ	215.0	米国
40	ウォールマート	214.9	米国
41	三菱地所	214.5	日本
42	川崎製鉄	213.0	日本
43	モービル	211.5	米国
44	東京ガス	211.3	日本
45	東京海上火災保険	209.1	日本
46	NHK	201.5	日本
47	アルコ	196.3	米国
48	日本電気	196.1	日本
49	大和証券	191.1	日本
50	旭硝子	190.5	日本

世界時価総額ランキングTOP50（平成31年4月）

順位	企業名	時価総額（億ドル）	国名
1	アップル	9644.2	米国
2	マイクロソフト	9495.1	米国
3	アマゾン・ドット・コム	9286.6	米国
4	アルファベット	8115.3	米国
5	ロイヤル・ダッチ・シェル	5368.5	オランダ
6	バークシャー・ハサウェイ	5150.1	米国
7	アリババ・グループHD	4805.4	中国
8	テンセントHD	4755.1	中国
9	フェイスブック	4360.8	米国
10	JPモルガン・チェース	3685.2	米国
11	ジョンソン・エンド・ジョンソン	3670.1	米国
12	エクソン・モービル	3509.2	米国
13	中国工商銀行	2991.1	中国
14	ウォルマート・ストアズ	2937.7	米国
15	ネスレ	2903.0	スイス
16	バンク・オブ・アメリカ	2896.5	米国
17	ビザ	2807.3	米国
18	プロクター・アンド・ギャンブル	2651.9	米国
19	インテル	2646.1	米国
20	シスコ・システムズ	2480.1	米国
21	マスターカード	2465.1	米国
22	ベライゾン・コミュニケーションズ	2410.7	米国
23	ウォルト・ディズニー	2367.1	米国
24	サムスン電子	2359.3	韓国
25	台湾セミコンダクターMFG	2341.5	台湾
26	AT&T	2338.7	米国
27	シェブロン	2322.1	米国
28	中国平安保険	2293.4	中国
29	ホーム・デポ	2258.2	米国
30	中国建設銀行	2255.1	中国
31	ロシュHD	2242.9	スイス
32	ユナイテッドヘルス・グループ	2179.2	米国
33	ファイザー	2164.1	米国
34	ウェルズ・ファーゴ	2132.3	米国
35	ボーイング	2117.8	米国
36	コカ・コーラ	2026.4	米国
37	ユニオン・パシフィック	1976.4	米国
38	チャイナ・モバイル	1963.6	中国
39	中国農業銀行	1935.0	中国
40	メルク	1897.5	ドイツ
41	コムキャスト	1896.9	米国
42	オラクル	1866.7	米国
43	トヨタ自動車	1787.6	日本
44	ペプシコ	1772.5	米国
45	LVMHモエ・ヘネシー・ルイ・ヴィトン	1762.8	フランス
46	アンハイザー・ブッシュ	1753.0	ベルギー
47	HSBC HD	1749.2	英国
48	ノバルティス	1742.6	スイス
49	フォメント・エコノミ・メヒカノ	1713.4	メキシコ
50	ネットフリックス	1647.5	米国

出典元：STARTUP DB ホームページより

これは、先進国としては、実に稀有なことだ。アメリカのS&P500は、1989年時点では、350だったが、2021年12月には4800に到達している。30年強で11倍だ。ドイツのDAXは、同じ1989年時点では、1500だったが、2021年12月には、1万5000まで到達している。こちらも約10倍だ。しかし、日経平均は、同じ2021年12月で2万6000円である。マイナス34％だ。

この差を生む原因は、どこにあるのだろうか？

僕は、長年、日本社会に関わってきた一人の社会的イノベーションのみやるテック起業家として、この点については、明確な答えを持っている。

最大の原因は、「人口ピラミッド」だ。

アメリカと比較するととてもわかりやすい。日本は、憲法上は、アメリカと同じ民主主義国家ではあるが、健全な民主主義を実行するには、実際のところ、この人口ピラミッド

図：No.98　日本の人口ピラミッド（2019年）

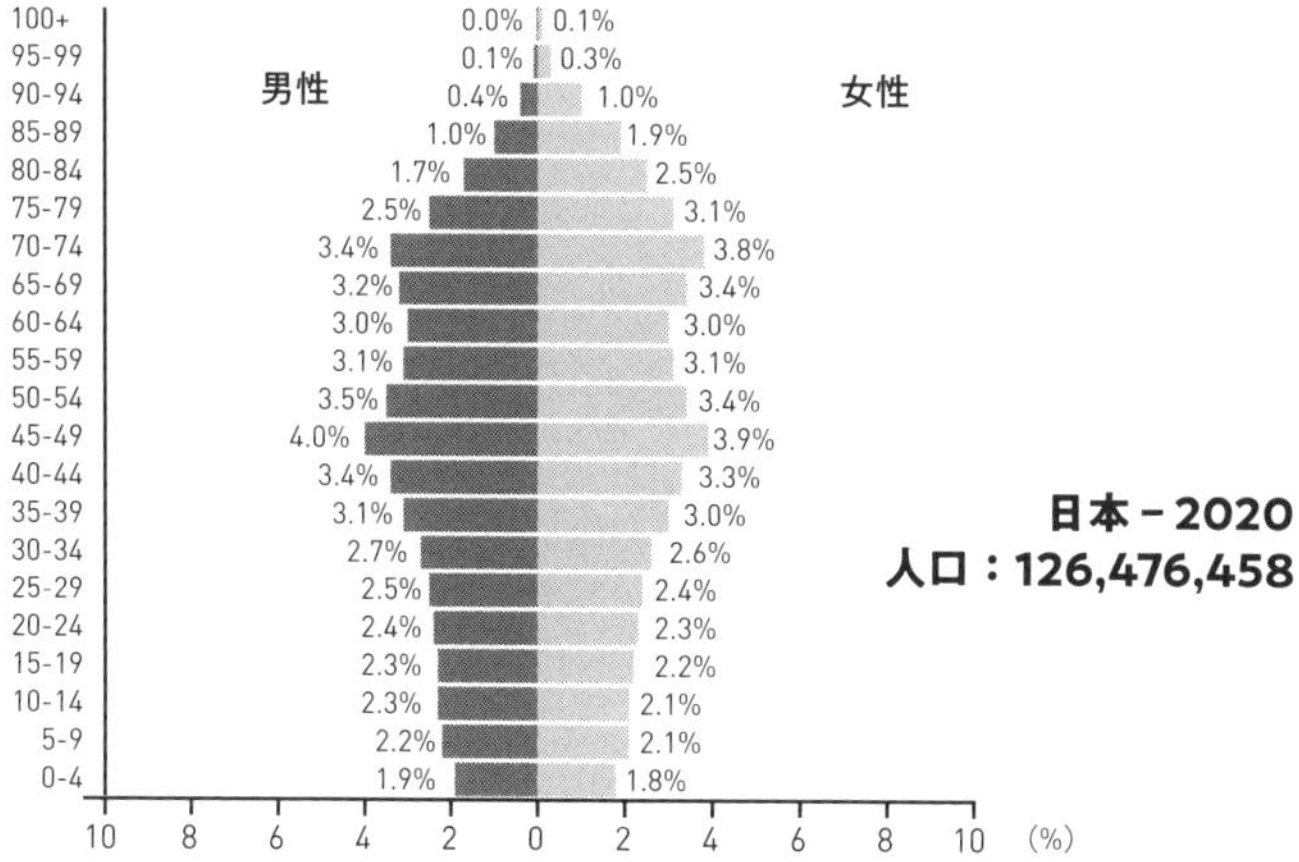

出典元：https://www.populationpyramid.net/japan/2019/

図：No.99　アメリカの人口ピラミッド（2020年）

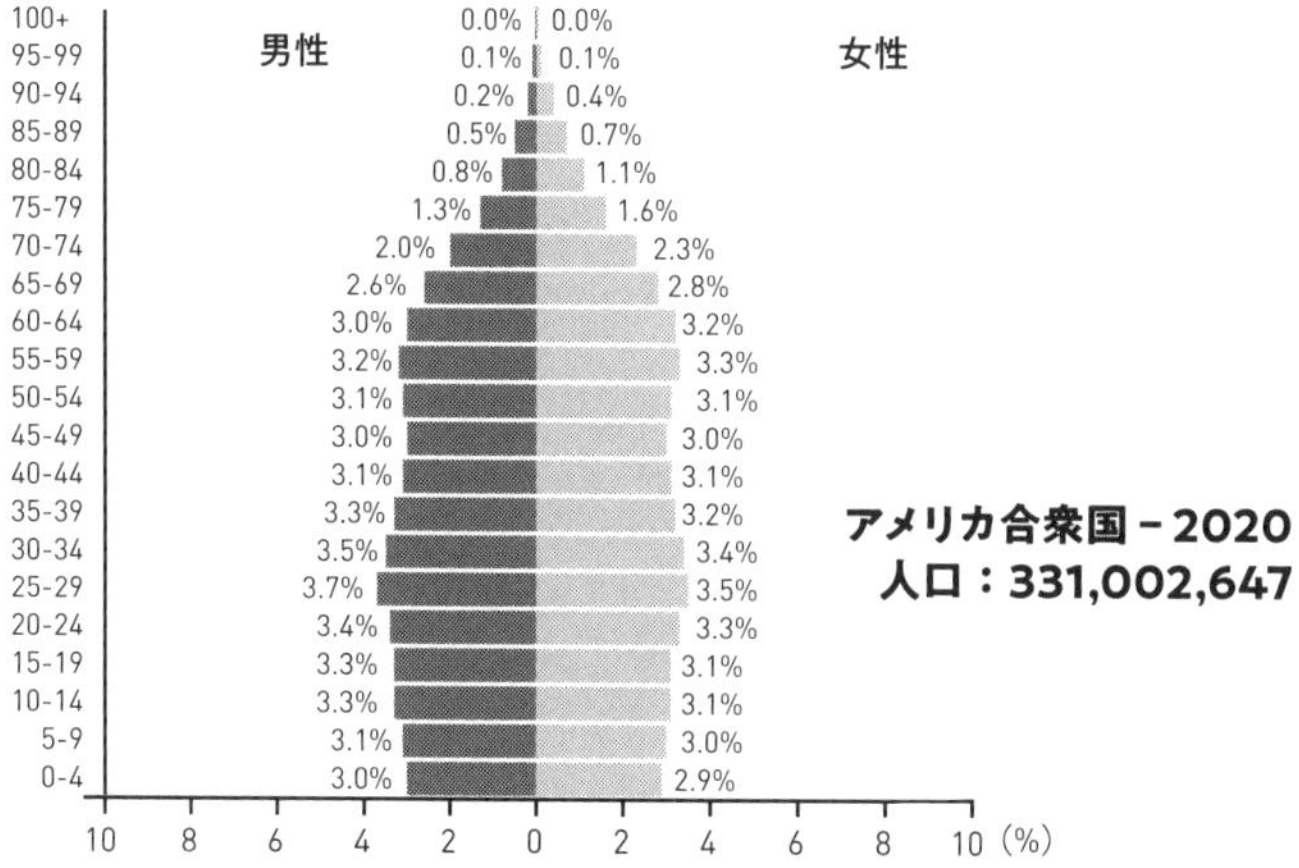

出典元：https://www.populationpyramid.net/united-states-of-america/2019/

の構造が原因で、完全に不可能になっている。

あまりに高齢者の占める割合が多すぎるのだ。原因は、「移民」を取らないことにある。

基本的に、経済的に豊かになった家庭は、あまり子供を持たない。経済的に豊かになると、自分自身の人生の幸せを追求していく中で、晩婚化が進み、結果、子供も一人育てるのが体力的に限界という状況が自然となっていくので、当然、人口ピラミッドは、逆三角形になっていく。若者が減り、年寄りが増える。出産用や子育て用の補助金などの効果は、ほとんどない。それが実際に日本社会で起きていることだ。

では、隣のアメリカでは、この問題を解決するためにどうしているのか?

「移民」である。

アメリカの人口ピラミッドは、大変、よく設計されており、世代別の偏りがほとんどない。世代別格差を生まないよう、移民で調整しているのだ。

すると、各世代の意見が、政治に平等に反映されやすくなる。日本でも、Z世代やX世代などのいわゆる世代論はある程度、マーケティングの世界でも話題になるが、アメリカ社会ほどではない。政治的に若年層の意見が軽視されている証拠だ。

逆に、人口ピラミッドにおける世代格差がないアメリカ社会では、政治でも経済でも、これらの若い世代を無視することは不可能になっている。明示的に、政治への影響力のある層として扱われている。だからこそ、アメリカ社会は、健全な民主主義を永続的に機能させることができる。

この点を見ると、日本人はよく長期的視野が広いと主張するが、アメリカ人の方が、はるかに長期的視野が広いことを証明している。

イーロン・マスクは、アメリカを「すごいことができる国だ」と表現しているが、その根源にあるのは、間違いなくアメリカ社会のピラミッド構造だ。

日本は、先進国の中では、「移民嫌い」で有名である。しかし、なぜ、日本社会はこうも移民に対して消極的なのか？

その答えは、「同調圧」を好む社会にある。同調圧社会とは、同じ価値観や考え方を持つもの同士が中心の社会のことだ。これとは真逆の社会は、アメリカに代表される「多様性」社会を指す。

同調圧社会は、一見、非常に居心地のよい社会になる。似た価値観や考え方ばかりの人間同士で、社会が構成されるから、当然、意見の食い違いは生まれにくく、意見の対立も起きにくい。つまり、争いやいざこざが少ない。

つまり、社会全体は、一見、平和的になる。しかし、同時に大きなトレード・オフがそこに発生する。

図：No.100　文明レベルの進化

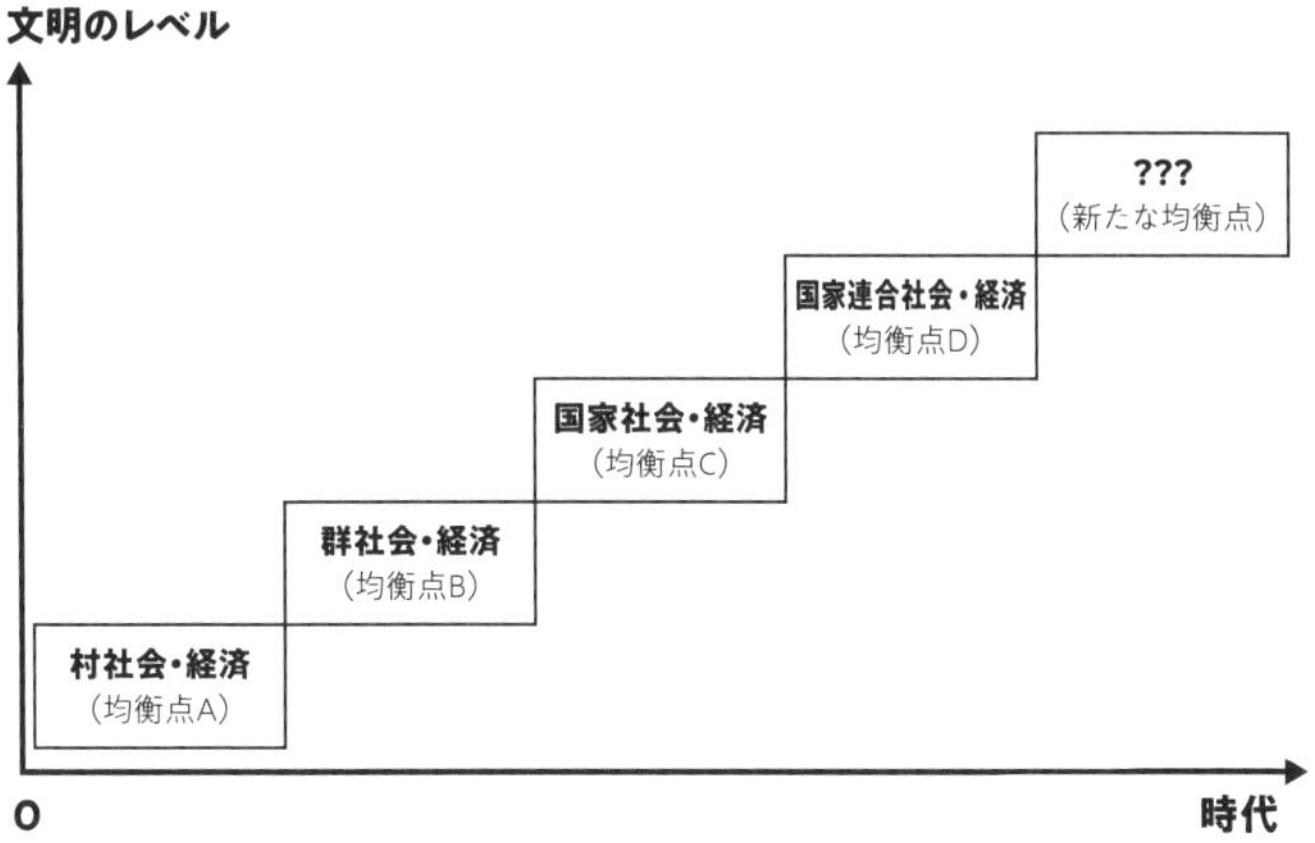

「天才を潰す社会」だ。

先の最新の時価総額ランキングで世界Top10の常連になっているテスラやAppleを創業したイーロン・マスクや、スティーブ・ジョブズが、日本から育つことは、1000%ないと断言する。

しかし、歴史がその証拠であるように、世の中に、社会的な進化をもたらすのは常に「天才」である。

彼らは、創造的破壊者として、世の中に貢献していく存在である。それまでの社会システム全体の均衡を破壊し、同時に、その均衡レベルより、一つ上の新たなより優れた均衡レベルを作りだす。

であるから、言い方を変えれば、現在の社会の調和を崩す存在とも言える。同時に、その先には、新しい今までよりもより優れた調和を社会にもたらす存在でもある。だからこそ、彼らは、歴史に名を残していく。

過去であれば、秦の始皇帝や織田信長。現在であれば、スティーブ・ジョブズやイーロン・マスク。

だから、多くの人々にとって、天才の存在は、時として不快である。社会に新しい不均衡をもたらすからだ。同調圧を好む社会では、特に嫌われる。「自分達の現状の生活を不安定にする存在」だと判断されるからだ。

それまで、みんなが正しいと感じていた考え方や価値観を否定し、新しい価値観や考え方を根付かせていく。そのプロセスには、大きな痛みが伴う。その全ての痛みを背負った上で、時に心を鬼にして、ことを成し遂げるのが天才の役割だ。

わかりやすい例を挙げよう。

イーロン・マスクがもたらした太陽光発電の100%クリーンエネルギーで走るテスラの電気自動車だ。

なぜ、日本の屋台骨企業であるトヨタは、テスラレベルの電車自動車を産み出すことができなかったか。僕は、明確な答えを持っている。

僕は、たまたまYouTubeの投稿動画だったか、広告動画で、インタビューを受けるトヨタグループの社長が、「どんな車が好きですか?」と聞かれて、「本当は、ガソリン臭い車が好きなんですよ。ただ、時代的には、EVが求められているから、トヨタとしては、そういう車のラインナップも増やしています」と回答していたのを覚えている。

この動画を見たとき、「彼は、全くもって、100年先の人類の未来を考えるイノベーターではないな」と思った。

イーロン・マスクなら、絶対にこうは答えない。

彼は、実際に、「なぜ、テスラをやるのか?」とインタビューを受けた際、以下のように即答している。

「テスラは、人類を救うために起こしたプロジェクトだ。

現代の自動車の多くは内燃機関つまりエンジンによって、個々の自動車が個別に発電して、走る。この方式を分散型と呼ぶ。

EV(電気自動車)は内燃機関の代わりにモーターとバッテリーを持ち、発電は発電所

（太陽光発電を利用したテスラ子会社のソーラーシティ社の発電システムのことを指す）に集約させている。この方式を中央集約型と呼ぶ。

分散型の発電に比べると、中央集約型の発電は20％効率がいい。つまり、EVを普及させるということは、発電行為によるCO²ガスを20％減らすということであり、地球温暖化を食い止める行為となる。

仮に、このテスラで人類を救うことができなかった場合、プランBとして、SpaceXを用意している。つまり、地球に、環境破壊が原因で住めなくなった場合、人類を火星に移住させる」

つまり、人類の地球に住み続けることができるか否かを決めるレベルの超重要な社会問題であるエネルギー問題を解決するために、彼は、100％EVしか生産しないテスラを経営している。

一方、トヨタは、社長をはじめ幹部は、イーロン・マスクのようには考えないだろう。

彼らは、ＥＶについて、以下のように、考えるだろう。

現在のトヨタの大半は、ガソリンで走る自動車である。このビジネスは、トヨタだけで成り立っているわけではない。ガソリンを補給する給油ビジネスを手がける出光やエネオスなどの石油卸業者の人達がいる。その石油を中東などから仕入れてくる三菱や三井の大手商社の人達がいる。自分達がＥＶをやれば、彼らはどうなるのか。失業してしまうかもしれない。いつも会食や飲み会の場で酒をくみ交わす彼らは無視できない。

しかし、資源戦争の話もある。なら、妥協した製品を作ろう。

と言って、ハイブリットのプリウスを作ったといったところだろう（笑）。

つまり、妥協の産物。しかし、妥協の産物では、社会は進化しない。

「妥協の産物＝表面的な解決策」であり、テスラがもたらした石油依存ゼロを実現する本質的な解決策とは程遠い。

こうやって、トヨタをはじめ日本の大企業は既得権益者となっていく。本質的な解決策を実行すると、自分達や自分達が普段仲良くするビジネス仲間やその家族が犠牲になるから、それは怖くてやらない。代わりに、彼らも含め、自分達を守ろうとする。これが、既得権益だらけの構造を持つ社会の特徴である。

そして、そのような破壊的イノベーションをやりかねない起業家が現れたら、彼らがまだ小さい内に、情報だけもらって勉強させてもらい、あとは、適当にあしらって潰す。潰せば、自分達の将来の脅威は消えるからだ。

トヨタをはじめとする日本の大企業の幹部達が、いかに「同調圧」を重んじているかを理解する別の事例として「ゴルフ」がある。僕は全くゴルフはしないし、興味もないが、アメリカの知人から聞いた話で、日米で全く異なるゲームルールが一つ存在する。日本語で言うなら、慣習と言った方が誤解がないのだろうが、英語はそもそも多義語なので、単にゲームルールと言って全く問題ない。

そのゲームルールの対象は「ホールインワン」である。アメリカでは、プレイヤーがホールインワンをするとカントリークラブ持ちで、そのプレイヤーがカントリークラブに来ているお客さん全員に「無料で一杯お酒をおごる」というルールになっている。だから、ホールインワンが出た日には、その人がSNSなどでシェアして、カントリークラブには、無料の酒目当てのお客さんが押しかけるそうである。

すると、ここで、多くの日本人は、「そんなルールにしたら、カントリークラブが大赤字になるじゃないか」と考えるだろう。実に、視野の狭い考え方だ。スポーツ好きのアメリカ人からしたら、ホールインワンが出たとなると、お祭り騒ぎになるから、当然、1杯だけで終わるわけがない。皆、自分達のゴルフ美談で盛り上がるし、カントリークラブが気を利かせて、著名プレイヤーのホールインワンシーンのビデオ集などを大型ディスプレイで流そうものなら、夜中まで祝い続けるだろう。つまり、2杯目、3杯目は当然である。となれば、逆に、カントリークラブは、ボロ儲けである。だから、ホールインワンしたプレイヤーが、当日、SNSで自慢するのはカントリークラブ側にとって大歓迎という話になる。

日本は真逆のルールである。「ホールインワン」をした人は、一緒にプレイした仲間達にお酒と食事をおごらなければならない。下手すると1回で100万円超えることもあるらしい。その結果生まれたのが「ホールインワン保険」である。

ゴルフでホールインワンを出すのは、トップクラスのプロでも至難の業なのだから、いわば「天才」のなせる業の一つである。

当然だが、そんなルールがあったら、ホールインワンなど、怖くて誰も狙わなくなるから、当然、日本のゴルフプレイヤーの平均レベルは、少なくともアメリカよりは上がることは、絶対になくなり、結果、世界クラスの選手が非常に育ちにくい環境になる。

わかるだろうか?

いかに日本人が、「同調圧」で天才をつぶすことに躍起になっている社会であるか、ということを。政治家、財界トップ、官僚、有名大学の教授達らが、これらの同調圧ルールを頑なに遵守しているのだから、彼らが天才をつぶすような生き方しかしないのは容易に想像がつく。

全ては、一事が万事である。

こうやって、同調圧が中心の社会は成り立っているのである。現在の社会の均衡点が、一番心地よいから、これを必死になって守ることだけをやっていく。ホールインワンを出すような、とてつもない偉業を成し遂げようとするやつは、子供のころから、家庭や学校、社会の中で、徹底的に無力化する。

このようにして、同調圧が中心の社会は成り立っているのである。現在の社会の均衡点が、一番心地よいから、これを必死になって守ることだけをやっていく。

代わりに、多少、現在の均衡点に毛の生えたような、自分達にとって根本的な脅威とならない新しいビジネスだけ受け入れていく。日本社会をリードする起業家の大半も、このようなビジネスしかやらない。潰されるぐらいなら、表面的な解決策でも、GDP世界3位で、しかも海外の1／100程度の競争しかない日本経済なら、簡単に金持ちにはなれるし、プライベートで、欲しいものも全て手に入るからマシであると考えている。そうやって、彼らも社会的イノベーションにつながる事業は、全く儲からないと考え、やらなくなる。やるタイミングは、いつも海外で、その土台ができた後。

隣のアメリカ市場で話題になってくると、日本市場向けに、日本語という言語バリアを使い、日本人好みに多少改良したパクリのサービスや製品を作って、日本市場のみで事業を行い、小金持ちになって満足する。このような起業家ばかりの日本から、マスクのような世界トップ10に入るような成功者が出てこないのは当然である。現に、日本経済の低迷と共に、年々、日本人のこの平均ランクは低下していっている。

こうやって、社会全体の次元が低下していく。

僕は、日本の起業コミュニティとも20年近く関わってきているから、彼らの本質をよく理解している。僕と同じような生き方や価値観を持った日本人の起業家は恐ろしく少ない。

いずれにしても、これが、天才と凡人の違いである。

凡人だらけの社会は、人材の質がどんどん低下していく。当たり前のことで、子供は正直だからだ。天才がその社会の中心で活躍していれば、その背中を追いかけて成長する。言い換えれば、その社会のリーダーが、その社会の人材の質を決めていく。アメリカから、男女問わず、優秀な人材が育つのは、男女問わず天才が社会をリードしているからであり、日本の人材の質がどんどん低下しているのは、男女問わず凡人が社会をリードしているからである。

天才起業家のイーロン・マスクは、南アフリカからの移民である。彼は、高校までは南アフリカで過ごし、大学生のとき、母親の伝を頼って、弟と共に、まず、カナダに渡り、そこで農作業のバイトなどをしながら、やがてアメリカのスタンフォード大学の大学院に進み、3日で退学した後に、初めの事業であるインターネット・ベンチャーのZip2を創業する。この後の彼のストーリーは、彼のWikipediaか自伝に話を譲る。

テスラを成功させた彼は、今や世界の個人資産ランキングで、世界トップにもなっている。人類を正しく前に進めた当然の報酬とも言える。しかし、彼は、自らも語るように海が見える豪邸に住んで、家の中から電話やメールで、部下に指示だけ出すような暮らし方はしない。食べログ予約困難店の常連になって、金持ち仲間と予約枠を定期的に確保し、共有し合いながら美食を毎週楽しみ、キャバクラや高級クラブで女の子と遊び、愛人を囲うようなこともしない。毎年、年末年始は、テスラの工場に寝泊りしながら、社員と一緒になって仕事をする。社会を変えるために、人生の全てを捧げる真のテック起業家だ。

図：No.101　世界の富豪ランキング

順位	氏名	総資産額
1	イーロン・マスク	23.9 兆円
2	ジェフ・ペゾス	14.5 兆円
3	ベルナルド・アルノー	13.8 兆円
4	ガウタム・アダーニ	11.4 兆円
5	ビル・ゲイツ	11.2 兆円
6	ウォーレン・バフェット	10.0 兆円
7	ラリー・ページ	9.85 兆円
8	セルゲイ・ブリン	9.44 兆円
9	ラリー・ページ	9.26 兆円
10	スティーブ・バルマー	9.16 兆円

出典元：https://www.bloomberg.com/billionaires/ を元に著者が作成

アメリカ社会の若者は、このような彼の姿を見て、「カッコいいな。自分もイーロン・マスクのようになりたい」と想い、背中を追いかけて、予備軍の起業家として成長していく。そのような、予備軍が何百万人といる中で、その中から、また、新たな一人の天才が現れ、その社会は、新たなより優れた均衡点を獲得し、進化を遂げていく。

逆に、日本社会は、「同調圧社会」を中心とすることで、凡人ばかりがリーダーの社会になり、常に進化するチャンスを自ら潰してきた。

よい例として、Orb時代のこんなエピソードがある。先に述べたように、僕は常にOrbをイーサリアムと差別化させるために、キラーアプリを自ら手がける垂直統合戦略を取っていたのだが、そのアプリアイデアの一つに、「ブロックチェーンを利用したデジタルコンテンツのマーケットプレイス」というプロダクト案を考えていた。要するに、今でいうOpenSeaに代表される「NFTマーケットプレイス」のことである。当時は、まだNFTのコンセプト自体が生まれていなかった。

肝心のコンテンツがないとこれは事業として成立しない。それ故、コンテンツホルダーを巻き込もうと、友人の紹介で、2016年に漫画に強い出版社大手Aに、NFTマーケットプレイスの構想を持ちかけるが、反応は非常に悪かった。

しかし、NFTは、今やブロックチェーン産業の急成長領域になっている。特に、2021年に急激に成長した。2020年11月には1日のNFT売買高は、1500万円程度だったが、1年後の2021年11月には、135億円にまで来た。たった一年で、943

倍である。

当然、有力ＮＦＴブランドや、そのマーケットプレイスのスタートアップに投資していたユーザーや投資家は、９４３倍かそれ以上のリターンを得ている。日本は、ここも完全に出遅れている。事実、メジャーなＮＦＴブランドで日本発は一つもない。Bored Apeなど、全て海外発である。

彼らは、結果、ＩＴ技術のある程度ある上場企業と組んで、ブロックチェーンは一切使わない、中央集権型のマーケットプレイス案に着地した。

OpenSeaの創業は、２０１７年12月。僕が、出版社大手Aにこのアイデアを提案した協議のスタート地点は、２０１６年夏ごろだ。ちなみに、同時期に、チケット通販大手B社にも、全く同じ提案をしていたが、これまた全く話は進まず、反応は同じだった。この時点で彼らが、Orbを利用してＮＦＴマーケットプレイス案に着地していたら、日本は、ＮＦＴ市場でも世界をリードできていた可能性がある。その場合、Orb2は、ＮＦＴ市場の立ち上がりを踏まえて、L1からイーサリアムの上で動くL2へのポジション変更も選択肢に入れていただろう。

愚かとしか言いようがない。彼らの反応の悪さに業を煮やし、僕は、そのような提携企業が完全に不要な純粋なB2Cアプリのアイデアとして、「Trust Coin」を考えだした。

この手のエピソードは、日本社会の歴史には、大量にあるが、この背景にあるのは、「オポチュニティ・コスト」だ。

OIST時代に、ボブと日本とアメリカの社会システムの違いについて、日本の中央集権制とアメリカの連邦制、様々な議論をしたが、その中で、日本人的気質の最大の課題として出た中心的なテーマだ。

アメリカ社会は、よくフロンティア・スピリッツや、ワイルド・ウェストに代表されるように、リスクをとってチャレンジする精神が社会の中で強いという議論があるが、政府側においても、新産業を規制する政府側の哲学として、「オポチュニティ・コスト」の考え方がある。

簡単に言うと、「何か、新しいことをやると、今までの経験則が思惑通りに通用しないから、色々と不測の出来事が起きる。だから、いちいち細かく規制をかけるより、まずは、ざっくりとルールを作って、問題が起きたら、都度、対処しながら、その新しいことに適した最も建設的なルール作りを目指していこう」

という考え方だ。

アメリカ社会の政治には、常にこの思想が根底にある。それは、各州の自治体レベルも含めて。だから、天才が、羽を伸ばして、新たな挑戦をしていくことができる。

ボブとは、「日本社会は、新しいテクノロジーが普及する前に、すぐそれに関わる国民を守るということを大義名分にした過保護なルールばかり作るから、そのテクノロジーを普及させようとしている科学者や起業家が身動きがとれなくなる」という話で合意した。

この話をしている際、僕は、先に話に出た「改正資金決算法」が正に、オポチュニティコストを配慮した規制フレームワークとしてデザインされていたなと振り返っていた。

仮に、「過保護思考」の日本の官僚に、仮想通貨の規制案づくりを任せていたら、真逆になっただろう。

よい例が、官僚全盛の昭和時代に作られた道路交通法に定められているタクシー業界を守るための「迎車代」である。タクシーを呼ぶ際にかかる数百円の迎車代。法律に迎車代が定義されているのだ。何で、そんな細かいことまで法律で決められているのか？

これも昭和のエリート官僚達が作った、過保護ルールの一つだ。

このルールによって、最も失われたイノベーションのチャンスは何か？

Uberに代表されるライド・シェアリング市場である。

スマホのGPSを使って、ピンポイントでピックアップしてくれ、目的地に連れていってくれる。しかも、ドライバーが決まる前に、交通渋滞情報も組み込んでリアルタイムにルートを確認できるから、到着時間の予測もできる上、遠回りによる過剰料金請求も防げる。単純に便利である。

Uberが日本から出てこなかった最大の理由は、この「迎車代」があるからだ。アメリカでは、タクシーを呼ぶ際に、迎車代を課すことは法律で義務化されていない。当たり前だが、そんなもの各タクシー会社の裁量に任せている。ユーザーからしてみれば、迎車代がかからない方が、安く乗れるからうれしい。だから、僕自身そうだが、アメリカのタクシーを呼んで迎車代を取られたことは一度もない。

しかし、日本の場合は、タクシー会社は必ず迎車代を取らなければならない。法律に、請求しろと書かれているからだ。

Uberは、タクシーを呼ぶためのアプリだ。当たり前のことだが、アプリで呼ぶと迎車代を取られるのだったら、ユーザーは無理してでも道路を走っている流しのタクシーを探す方が安く乗れる。このユーザー側の追加コスト負担がバリアになって、Uberのようなサービスを日本で立ち上げるのが困難になる。「タクシー業界を守るため」、という日本の官僚の過保護なルール作りの発想がイノベーションを潰しているわけだ。この法律を変えようと思ったら、国会を通さないといけない。結果、アメリカ市場を制した巨大なUberが日本市場に入ってくるまで、この問題にメスは入らず、Uberや同類のサービスを呼んでもいまだに迎車代が取られる。

実にバカバカしい話である。戦後、馬鹿みたいに細かい法律を大量に作った結果、起業家がイノベーションを狙うチャンスがほとんどないようなルールだらけの社会を作ってしまった。それらの法律を変えるにも、逐一国会を通さなければならない。国会で議論すべき内容は、他にも山ほどある。当然、優先順位は下がる。先の人口ピラミッドの話で述べたように、国会議員のほとんどが、スマホもまともに使いこなせない高齢者の投票者によって選ばれているからだ。そうやって、チャンスが埋もれていく。至極当然の因果応報と言える。

日本人の常識と異なる思考をする日本人やそもそも日本人と価値観が異なる外国人を徹底的に排除する「同調圧社会」を維持するために作り出した「政府の過保護」が、こうやって、イノベーションのチャンスを奪っているのである。

この話は、日本の戦後の高度成長の歴史からもよくわかる。

僕が、中学校の頃受けた義務教育の歴史や地理の教科書で、自慢げに書かれた「日本の戦後の経済成長による飛躍」の理由は、2つしかない。この2点は、日本の全ての教科書に一切書かれていない。既読権益者にとって、都合が悪い事実だからだ。

1つは、「アジア解放」とは口先ばかりで、社会的正義の全くない、本来、同時の欧米の植民地主義に対抗するため、協力し合わなければならないアジアの諸国に、侵略戦争をやった太平洋戦争での敗戦によって、経済システムが完全に崩壊したことで、人件費が劇的に低下したこと。わかりやすく言えば、日本の経済水準は、このとき、一気に先進国レベルから、東南アジアやアフリカなどの新興国レベルに低下したのだ。

日本人は、コピーして工夫することは得意なので、人件費が劇的に下がったお陰で、アメリカで生まれた家電や自動車に代表される新製品をちょっと改善した製品をアメリカのメーカーより安い人件費で安く作れたため。それは、売れるに決まってる。

もう1つは、日米安保条約のお陰で、軍事負担が、長期間、劇的に下がったことだ（現在は異なる）。このため、税金の大半を経済や福祉政策に向けることができた。

この結果、人件費の安さを武器にした加工貿易産業の育成に、政府は大量の税金を投入することが可能になり、それが国内の高度成長を可能にし、内需経済が飽和した高度成長期以後も、経済成長力をある程度、一定期間キープすることはできた。つまり、天才がリードした経済復興などでは全くなかった。ほぼ全て、僕の父のような昭和のエリート官僚が描いた経済政策によってもたらされた経済成長だった。にもかかわらず、日本社会は、この時代に活躍したリーダー達を天才と評価している。

おもしろいもので、例外的な存在である世界でも評価の高いウォークマンを生み出したソニーやスーパーカブを生み出したホンダは、いずれも敗戦直後、日本社会がカオス状態で、政治家や官僚も全てアメリカのGHQ監視下に置かれていた時代に生まれたスタートアップである。いかに、日本の政治家や官僚の政策スタイルが、Appleやテスラを育てるのに相応しくない政策を展開しているかがよくわかるだろう。

そして、当たり前のことだが、経済成長は、インフレを確実にもたらす。結果、GHQによる管理がなくなった後の昭和の政治家と官僚が主導した日本の経済成長は、当然の結果として、日本社会に人件費の高騰をもたらし、もはや先の優位性は、日本メーカーには全くなくなったことで、日本メーカーの国際競争力はどんどん低下していくことになった。その結果、その周辺でビジネスをやっている銀行・証券などの金融業や広告代理店などの販促業なども商売相手のメーカーが払ってくれるお金が減っているので、彼らも自ずと衰退しているのが現状である。

バブル崩壊後も、人口ピラミッド上の最大派閥である僕の父の世代「団塊の世代」が、頑なに昭和と同じ経営手法や事業運営モデルを続けた。日本の若年層の貧困化が加速する原因となった「派遣労働法」も、同じ団塊の世代の雇用を守るために、作られた法律である。日本の雇用の基本法である「労働基準法」は、アメリカのそれとは異なり、一度雇った人材を簡単に解雇できないルールになっているので、「団塊の世代」の雇用をこれで守りながら、昭和の古い型の儲からないビジネスばかりやっているが故の売り上げや利益率の低下に伴うコスト削減のしわ寄せを、その下の若者世代に、「派遣労働法」という形で責任転嫁した。

アベノミクスの政策の基本は、政府が発行する日本国債の買い付け役を持つ日銀に、その国債を担保に大量の日本円を発行し続けてもらう、いわゆる量的緩和政策を実行してもらい、結果、日本円のドルなど他の通貨に対する価値低下＝円安を人為的に作り上げて、日本メーカーの競争力低下の原因になっている人件費の高騰分をその円安で相殺するという内容である。だから、現に、日本企業の実質賃金の平均は、アベノミクスの期間、全く上昇していない。これを上げれば、アベノミクスによる円安政策が高い効果を上げなくなるから。これが、現在の「株式会社ニッポン」のビジネスモデルである。つまり、ほぼ戦後昭和の踏襲に過ぎない。アメリカと違い、産業転換が一切起きていない。

これが、「失われた30年」の本質である。

そして、2021年のコロナショックを経て、このビジネスモデルが完全に機能不全に陥り始めた。その証拠が、「急激な円安」である。アメリカやユーロの中央銀行は、パンデミックの鎮静化に応じて、順次、公定歩合の金利を引き上げて、ドルやユーロの供給量を減らしていくことで、自分達の経済の健全化を進めている一方、日銀は、真逆で彼らの量的緩和をベースにした円安誘導による日本企業の収益力維持が、このビジネスモデルの骨格であるため、彼らは量的緩和を停止できない。なぜか？

シンプルに捉えればわかる話だが、これを止めてしまうと、日本企業の大半の収益力が悪化し、株価も急落し、別の意味で、「株式会社ニッポン」は、完全にネガティブスパイラルに陥る。まず、理解しておくべき点は、日銀が大量に刷った日本円の一部は、最終的には、日本政府の税収となって入ってくるということである。そして、その税収の一部は、日本政府が発行する日本国債の金利支払いに充てられる。であるから、日本政府の毎年の税収が減れば、国債の金利支払いが滞るリスクがある。日本政府の税収ルートの多くは、法人税、所得税、消費税に依存する。いずれも、企業業績に直結している税収である。企業の業績が悪くなれば、生み出す利益が減るのだから、当然、まず、法人税の納税額が減る。更に、業績が悪ければ、ボーナスも含めた給与が減る、ないしは増えないのは当たり前だから、所得税の納税額も減る。そして、自分の懐に入ってくる収入が減れば、日常の支出が減るのは当たり前だから、消費が冷え、消費税の納税額も減る。

だからこそ、日銀は、更に量的緩和政策の一環として、新たに刷った日本円でETFを通じて間接的に日本経済の中核企業の株式を大量に買い続け、自身のバランスシートに組み入れるという、中央銀行としては、明らかに「一線を越えた行為」を実行してきた。彼らのこの発想の起点は、その政策により、有望な日本企業を買い支える、という認識でいる。しかし、その因果関係として、量的緩和策停止に伴う日本企業の業績悪化は、保有資産としての株式の価値下落に帰着するため、自動的に日銀のバランスシートを悪化させるリスクを同時に追加で抱えることに直結する。最悪のケースは、日銀自体の債務超過に陥る事態であり、そうなれば、円は間違いなくハイパーインフレーションを引き起こすことになるので、日本政府に国債金利を払い続けてもらうために、また日本経済の中核企業達に、彼らの実際の国際競争力と完全に乖離した人為的な円安政策による業績改善を作りだし高額納税し続けてもらうため、絶対に量的緩和を止めることができないし、利上げもできない。

このアメリカのドルは、先に述べたように、世界の中央銀行の通貨準場高市場でシェア60%を持つ、文字通り基軸通貨であるため、コロナショック以後の回復プロセスにおいて、この「信用力」がドライバーとなって、ドルへの資金集中という世界的な「ドル高」が発生しており、ビジネスモデル上、すでに利上げをインフレ対策のため開始しているアメリカに対して、量的緩和策を止められない日本円は、単純に、「ドルの供給量＜円の供給量」

という構図が出来上がっており、相対的に円安ドル高が加速する事態に陥っている。

つまり、今後も、無期限に続く日本円の量的緩和＝日本円の巨大なインフレ＝日本円の価値低下、という図式に変化はない。これに気づいている海外の優秀な投資家達は、「日本円」を売ることをグローバル投資戦略のベースに置いている。早い話、彼らは、ゼロ金利の日本市場で、大量にお金を借りて、その資金を米国のリスクの低いブルーチップ株や米国債に投資し、2－3年後の確実なリターンを獲得しつつ、2－3年後の返済時には、円安により実施的に数十%のディスカウントで借りた金を返せるのである。こんな簡単に儲かる金融商品はそうなかなかない。以下のチャートは、テクニカル的に見ても、僕らにその未来を語っている。

ドル日本円市場の月足チャートである。日足や週足より長い期間で分析できるため、超長期のトレンドが見える。日本の高度成長期に発生した1972年のニクソンショック以降、ドル円は固定相場制から変動相場制に移行したことで、1ドル＝360円から、当時の日本経済の勢いと共に急激な円高が開始した。しかし、次図の丸いマークで示

図：No.102　ドル円市場 月足チャート

出典元：Trading View

しているように長期のベアトレンドを、2012年、ちょうどアベノミクスが本格化したタイミングで抜けており、更に、右側の丸いマークで示しているように、フラッグの収束トレンドが形成された後、FRBが利上げに踏み切り、日銀が量的緩和を継続、というニュースが出た頃より、このフラッグを上方に抜けて、現在に至るまでの急激な円安がスタートしている。しかも、よく使われる移動平均線も超長期の月足レベルで、25ヶ月、75ヶ月、200ヶ月のトレンドラインが、全て上向きになっているので、とてつもない勢いで円安が加速していくことがよくわかる。その結果、先に述べたように極端に低い食糧自給率37%の実態とあいまって、日本の貧困層の生活に深刻な物価高騰が直撃するだろう。

ところが、1980年代の円高の最終形態として発生した日本経済の株・土地のバブルとその崩壊すらアメリカの陰謀だと言う日本の既得権益者達がいる。自らの失態を常に他人に責任転嫁し、自らは権力の座に止まることにひたすら固執し続けている。なんと情けない連中なことか。これで、日本社会には、武士の精神が根付いているという主張など、呆れてものが言えない。微塵も「潔さ」を感じない。

僕は、OIST時代、関西経済同友会の幹部会より講演依頼を受けたことがある。コロナ禍であったからZoom開催になったが、その場には、伊藤忠商事など、大企業の幹部陣や中間管理職がずらりと並んでいた。僕は、彼らから「先生」呼ばわりされ、そこに違和感を覚えながら、最後、彼らにこう伝えた。

「もし、あなた方が、かつての日本企業の栄光を取り戻したいなら、アジアの奇跡と言われた明治維新のときに、支配階級であった武士が自ら封建制を終わらせ、身分制を撤廃したように、自分自身をクビにして、そのポストに海外の優秀な人材を雇うのがよろしいでしょう。

それをやる度胸がないなら、今のテスラを裏で支えるEV電池がパナソニックから供給されているように、Apple の iPhone の美しい筐体を磨く技術を新潟の中小企業がもたらしたように、国外の天才起業家がもたらす社会的イノベーションの事業の裏方として、ニッチな事業を細々と続けていくか、そのどちらかです。

後者を選べば、失われた30年はまだ終わらないでしょう。そのような裏方のニッチな事業モデルで、世界第3位の経済力を維持することはとうてい不可能だからです。もっと長い、失われた1000年になる覚悟を持った方がよいでしょう」と。

別にこのような事態に至る背景には、優れた戦略も狡猾な陰謀論もない。各プレイヤーは個々の利害で動いているが、僕の目から俯瞰的に見ると、全体としては、ここで描いたように動いているのがよくわかる。正に、太平洋戦争に突入していったときの日本社会とそっくりである。なんとなく、危険とは知りながら、ぼんやりとそこに出口はないこともわかりながら、目先の自分達の利害だけや身近なものを助けるためだけの正義感を満たすためだけに動いていった結果、破滅へと向かっていく。そして、それに異議を唱えるものの声は、「同調圧」によってかき消されていく。これが、「同調圧社会」が陥るディストピア（＝暗黒世界）としての結末である。

同調圧を権威主義が正当化する社会を生み出したことで、日本人は、「失敗から学ぶ」という学習能力がどんどん低下していると実感している。価値観や考えが近しいもの同士ばかりの社会になると、意見の食い違いも起きにくいから、日本社会の外の人間から見れば、明らかに「問題である」と目に映るものが、日本人からは、「問題ではない」と捉えられる傾向が強くなる。それが「事なかれ主義」の本質である。

「失われた30年」と「事なかれ主義」は、密接な因果関係がある。

当たり前だが、僕の目から見れば、明らかに問題である点をほったらかしてきた結果、改革が進まず、結果的に長期間、失敗が続いて衰退し続けていくことになるからである。「同調圧」が、「事なかれ主義」を生み、その「事なかれ主義」が、「失われた30年」をもたらしたということである。「原因のない結果はない」からである。僕には、この因果律が、クリアに見えている。

また、この失われた30年の間に、一人犠牲になった日本の天才がいる。この本の主旨として、彼の話に触れずにこの本を書き終えることはできない。

なぜなら、「多様性を尊重する社会」アメリカで活躍するイーロン・マスクとの対比で、「権威主義が同調圧を正当化する社会」の日本が、どのようにして、世界No.1の資産を持てるほどの天才を潰したかが、よくわかるエピソードだからだ。

5-2. サトシナカモト＝金子勇と捉える視点と「失われた30年」の因果律

その天才とは、「金子勇」さんのことだ。

僕は、多くの読者も知る通り、「サトシナカモト＝金子勇」という仮説を最初に唱えた人物で、この仮説は、2018年秋に僕のブログに公開したが、その後、2019年後半になって日本中に広まることになり、日テレで僕のそのブログの内容を元にし、僕のインタビューを使った特番が組まれたほどだ。

まず、金子勇さんについて、簡単に触れておきたい。

彼は、1970年に今の栃木市に生まれ、その後、茨城大学に進み、情報工学の博士号を取得する。卒業後は、現在の日本原子力研究開発機構に勤務し、地球シミュレーターの

図：No.103　不遇の死を遂げた金子勇と未だ正体不明のサトシナカモト

出典元：金子勇とサトシナカモトのデータより著者が作成

研究開発で本格的なソフトウェア開発を始め、２０００年の情報処理推進機構（ＩＰＡ）の未踏ソフトウェア創造事業に採択されたプロジェクトの一つ「双方向型ネットワーク対応仮想空間共同構築システム」にメンバーの一人として参加し、ここで一気に、その才能を開花させる。

日本のＩＴ業界の中で、最も優秀なプログラマやコンピューターサイエンティストが集う未踏コミュニティの中で、ずば抜けて高い技術力があることを見せた彼は、天才プログラマとして評価されるようになり、その実力を買われて、２００２年には、東京大学大学院情報理工学系研究科数理情報学専攻情報処理工学研究室（数理情報第七研究室）の、特任助手（戦略ソフトウェア創造人材養成プログラム）となった。

そして、ちょうどその頃、彼は、彼の人生を大きく変えることになるあるオープンソースソフトウェアのアイデアを得て、一人で開発し、リリースする。

Winny（ウィニー）である。

ほぼ同時期にアメリカで生まれたNapster（ナップスター）と同じファイル共有ソフトである。Napsterは、アメリカでは、iTunesの先駆者として評価されている。つまり、彼の創造力は、抜群のレベルと言える。

無料でダウンロード可能になっていたため、Winnyは瞬く間に普及した。しかし、これを悪用する人物が出てきた。主な目的は、著作権のあるアニメや映画を共有してみんなで視聴するというものである。これは、著作権法違反の使い方だ。特に、WinnyはNapsterと比べて匿名性がより強化されていたので、利用者の特定が困難であった。

そして、２００３年11月に、その悪用者の一人が逮捕され、まもなく２００４年5月に、金子勇さんも「著作権法違反幇助の疑い」（＝犯罪を助けた疑い）により、京都府警に逮捕される。

ここからが、よく知られたWinny裁判へと発展していくわけだが、僕がブログで述べたように、日本の警察のこの冤罪になりかねない逮捕事件は、「日本刀を無免許で持つものが、銃刀法違反で、逮捕されるのはわかるが、その日本刀を作った刀鍛冶を警察が逮捕した話を聞いたことがない」ということである。

日本刀は、人を殺す武器にはなるが、床の間を彩る芸術作品にもなる。つまり、使い方はその人次第だ。ちょっと考えれば、法律の専門知識がない僕でも、わかることだ。だから、日本刀で人を殺す犯罪者を取り締まるため、銃刀法という法律が作られている。先程の、映画を作った人の著作権を守るため、違法コピーでビジネスをしたりするなどの犯罪者を取り締まるために、著作権法が作られているのと同じだ。

更に話を易しくすれば、包丁を持って強盗に入り、家にいた住人を殺害した人物を警察が逮捕して、その包丁を作った刀鍛冶を、その人物の殺人を助けた疑いで逮捕して、裁判を起こしたという話である。なんじゃそりゃ、と読者も思うだろう。

したがって、Winnyを作った金子勇さんを逮捕することは、どう考えても論理的に破綻している。別に彼は、Winnyが違法コンテンツの共有に使われることを望んで作ったわけではない。中央集権型ではない、P2P型、インターネット、つまり、今正にブロックチェーンを使って実現が進んでいる非中央集権型のWeb3型のインターネットを思い描いてWinnyを世に送り出したのだ。

しかし、彼の無罪が確定するのは、それから7年後の2011年12月の最高裁の判決まで待たなくてはならない。

しかも、彼はこの裁判が原因で、起訴直後に東大の特任助手の仕事もクビになった。アメリカ社会ではこんなことはあり得ない。なぜ、冤罪にもなりかねないような裁判を起こされ、有罪も確定していないのに、なぜ、クビにならなければならないのか？

それは、日本社会そのものが、「権威主義によって同調圧を正当化する」風潮にあるからである。一般常識から外れたことをして何かトラブルを起こし、特に、警察の世話に少しでもなろうものなら、とたんに縁を切って他人のフリをする。

つまり、警察や東大という日本社会の最高位に位置する「権威主義」によって正当化された日本社会全体の「同調圧」が、天才金子勇さんを擁護するどころか、逆に、いかに彼の人生を潰したかがよくわかるだろう。

彼は、無罪確定後の２０１２年12月に東大での仕事にも復帰するが、その後、まもなく、その翌年２０１３年7月6日に、急性心筋梗塞のため、42歳でこの世を去る。（ウィキペディアより）

僕は、Orbを経営していた2015年ごろ、金子勇さんと同じ未踏コミュニティで親しかった同じく未踏スーパークリエーターの斉藤賢爾さん（現早稲田大学教授）と世界初のパブリックブロックチェーンをPoS型BaaSで運用するOrb1の開発を進める中で、彼の金子勇さんとの交流エピソードを聞き、「金子勇さんだったら、一人でビットコインを作ることができるだろうな」と感じた。

なぜなら、斉藤さんは、先に述べた日本のゲゼル・マネーの推進者である森野栄一氏が、WATシステムとして、紙ベースで運用していた地域通貨システムを、i-WATシステムという形で、Winnyと同じP2P技術で実装するプロジェクトで、未踏スーパークリエーターになったからだ。

僕が、この仮説を公開した理由の一つは、2018年当時、クレイグ・ライトが、自称サトシナカモトと名乗り出て、彼のインタビューを聞いていて、彼の人相を見て、どう考えてもこいつは、ビットコインを開発する動機を持つサトシナカモトとは思えないと感じ、世界の風潮が彼をサトシナカモトと認めるような流れが出てきていたので、それを食い止めようと思ったことと、そして、この仮説の大胆さは、間違いなく「議論」を呼び、それが日本社会にとって、「大いなる学び」となると見ていたからだ。

究極のマーケティングとは、世の中に「議論を呼ぶ」ことである。これは、天才起業家ほどよくわかっていることだ。

スティーブ・ジョブズがマッキントッシュの宣伝で仕掛けた「1984」のCMも、広告を一切打たないことでよく知られているイーロン・マスク率いるテスラが、サイバー・トラックをリリースして、他のテスラ車の売り上げを一気に拡大させたことも、全て「議論を呼ぶマーケティング」手法の一つであり、僕が仕掛けた「サトシナカモト＝金子勇」の仮説と全く同質である。

であるから、サトシナカモトの存在を日本社会の中で、風化させないために、ここで、改めて、なぜ僕が、サトシナカモト＝金子勇と考えるのか、その仮説について、ここに触れておく。

図：No.104　サイバートラック by テスラ

出典元：https://www.tesla.com/ja_jp/cybertruck

図：No.105　Cybertruck と Tesla の検索トレンド比較

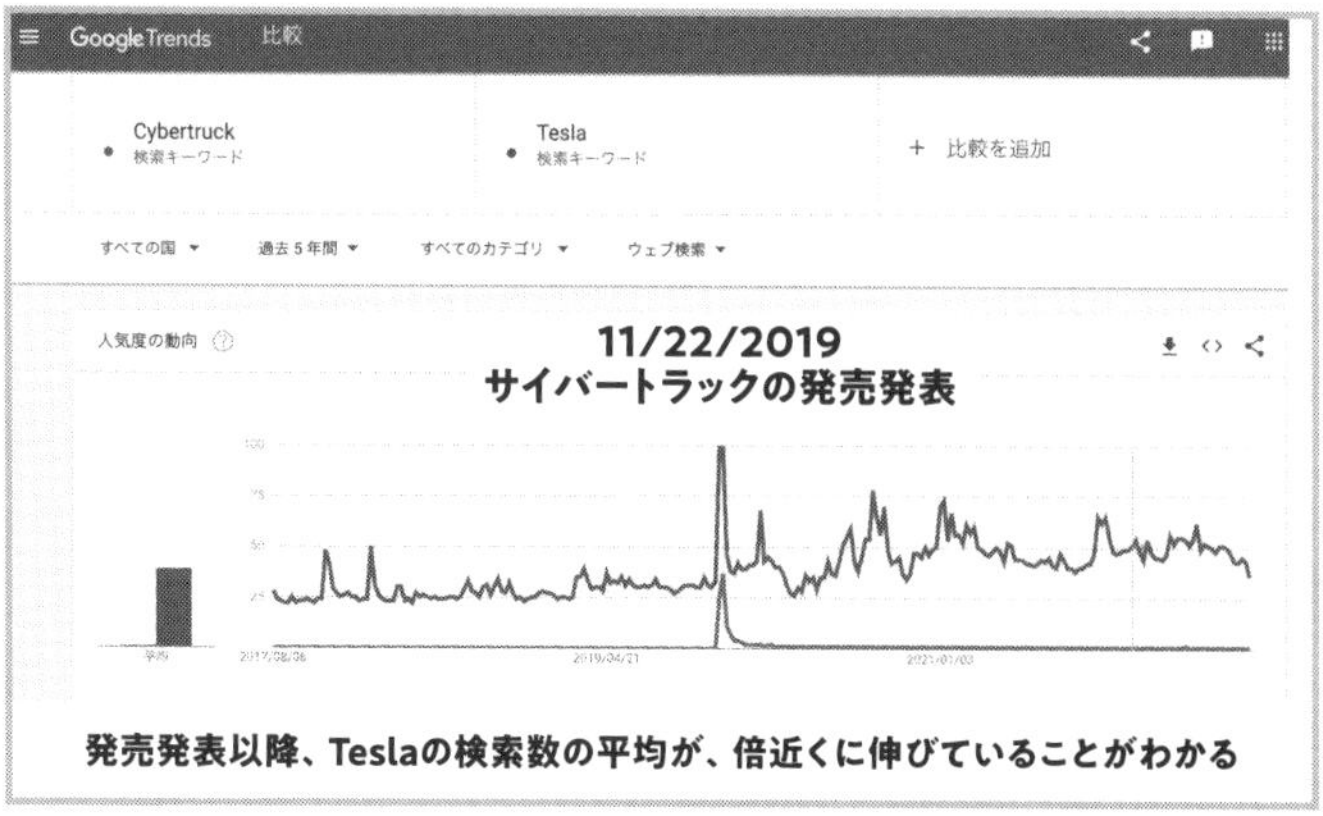

出典元：https://trends.google.com/trends/?geo=JP

まず、サトシナカモトを特定する材料は、ウィキペディアの内容も踏まえると、以下の通りである。

1. ビットコインはリリースされてから、約10ヶ月の間は、マイナーは一人であったことがわかっている。つまり、自分で作って自分で運用していたことになる。

2. 彼のビットコインのメーリングリストの投稿履歴500件を分析すると、日本時間の14－20時の間はほとんど投稿がなく、この時間は、アメリカの東海岸や中部地域などに相当するため、日本人ではない可能性が高い。

3. ナカモトの英語はとても流暢なものでネイティブスピーカーなみ。

4. ビットコインが世界的注目を集め出した2013年、世界最大のビットコイン取引所は、100万以上のアカウントを持つ日本にある Mt.Gox 社だった。

5. 最初のマイナーでもサトシナカモトは、100万BTC保有しており、この彼のアドレスからは、BTCが全く動いていないことが判明している。ということは、彼はすでに死んでいる可能性がある。

まず、一つ目だが、ビットコインのホワイトペーパーが、metzdowd.com内の暗号論文のメーリングリストに投稿されたのは、2008年11月1日のこと。

その2ヶ月後の、2009年1月3日には、ビットコインはリリースされ、サトシナカモトによるマイニングが開始されている。

もし、ホワイトペーパー公開時点ではまだ一切ビットコインのソースコードが書かれていなかったとすると、2ヶ月で実装しきったことになる。恐ろしいレベルのアーキテクト能力とプログラミング力である。

しかも、もう一つ読者に知っておいてもらいたいのは、彼らがホワイトペーパーを投稿する2ヶ月前の2008年9月15日に、21世紀最大の金融ショックとなるリーマン・ショックが発生していることだ。つまり、この本の冒頭で触れた「お金の問題」にまつわる世界規模の経済トラブルが発生している。

であるから、それから2ヶ月後のビットコインのホワイトペーパー公開は、正に絶妙なタイミングと言ってよい。

第三のIT革命となるブロックチェーン・プロダクトの第1号のビットコインを一人で作り出したということは、天才コンピューターサイエンティスト以外の何者でもない。

しかも、コンピューターサイエンスの分野も多岐にわたる。ブロックチェーンの技術は、P2Pテクノロジーの一つであるから、間違いなく、作り手は、当時、中央集権型のクライアント・サーバーモデルが、主流のインターネットにおいて、真逆の非中央集権型のP2Pテクノロジーの信奉者である。

しかし、P2P技術だけでは、ブロックチェーンは作れない。公開型の暗号技術が必要になる。ブロックチェーンは、P2P技術と公開鍵暗号技術の融合によって、生まれたテクノロジーだからだ。

サトシナカモトは、どうやって、この公開型暗号の関連知識を手にしたのか？

本人が元々その分野の専門家であるか、そのような専門知識を効率的に収集できる方法を知っている人物になる。

そこで、金子勇氏が、コンピューターサイエンスの博士課程を取っていた経験値が生きてくる。

博士課程の学生は、その論文執筆の指導を教授から受ける過程で、当たり前のように、自分の研究テーマに関する海外の論文のリサーチもやるし、自らも英語で書いて、発表するのが当たり前である。

後ほど、改めて伝えるが、ブロックチェーンに使われている「公開鍵暗号」の技術は、1976年に論文として発表されている。もちろん、これ以外にも関連する暗号技術に関する論文はたくさん出ている。

そして、論文は、常にインターネット上に公開されている。Googleについて、よく知る人であれば、わかっていると思うが、当時の検索エンジンのアルゴリズムとして非常に優れていたページランクの着想は、そもそもこの論文のコンテンツネットワークに必須となっている参照論文のリファレンス構造をヒントに得たアイデアである。なので、Googleでは、論文のみを検索する機能が今でも提供されている。僕も、たまに利用している。

つまり、博士課程で、英語論文をリサーチする経験を積んだ金子勇さんであれば、ブロックチェーンの発明に必要な、この「公開鍵暗号」の技術について書かれた論文に辿りつけていた可能性は十分ある。

しかし、最も重要なことは「動機」だ。

なぜ、「ビットコイン」を作ろうと考えたのか?

人は、いくら技術力や関連知識があっても、対象となる問題点やテーマについて、よほどの関心や、問題意識を持たせるような原体験がない限り、新たなものを作ろうとは絶対に思わない。当たり前のことだ。

それは、僕が、子供の頃に「反権威主義」の原体験を持ち、学生時代からの「ポスト資本主義」への強烈な関心があったからこそ、ビットコインのホワイトペーパーを読んだ瞬間にその内容とその可能性も含めて、瞬時に理解でき、イーサリアムと同時期にOrbという優れたBaaSソフトウェアを世に送り出したことと同質である。

「必要は発明の母」である。

人は、必要性を感じないものは作らない。

そして、金子勇さんには、ビットコインのようなプロダクトを必要と感じるその動機がある。Winny事件だ。日本社会の同調圧を正当化した「権威主義」によって、国家権力を持つ政府に、自分の作品を否定されたことに対して、彼は非常に大きな憤りを覚えただろう。

特に、Winny事件の焦点であった著作権コントロールの解決策がポイントだと見ている。僕が、先に述べたように、ブロックチェーン技術がもたらしたNFTは、正に、その著作権コントロールの問題を見事に解決している技術だからだ。

ブロックチェーンが世に出る前のデジタルコンテンツは、iTunesがそうであるように、サービス提供者側が、著作権を中央集権的に管理する仕組みしかなかった。

それが、ブロックチェーンによって、非中央集権的にコントロールすることが可能になった。「Web3」の道が切り開かれたのである。金子さんが、Winnyで思い描いたように。

つまり、金子さんには、ブロックチェーンのアーキテクチャを発想できる開発経験の素地と強い関心を持つ原体験があったわけだ。

しかし、まだ一つ動機の課題が残る。なぜ、彼が「お金の問題」に関心を持てたのだろう。これも答えがある。斉藤賢爾さんのi-WATシステムだ。同じP2Pテクノロジーの技術者として、色々と技術議論をしていく中で、当然、i-WATシステムのことはよく理解していただろう。また、斉藤さんから、彼が、森野栄一さんとの交流で関心を寄せていた「お金の問題」について、色々と話を聞いていたことだろう。

その流れの中で、2008年9月のリーマン・ショックが起きた。彼は、当時、Winny事件の裁判中で、東大の仕事もクビになり、ほとんど収入がなかった。

リーマン・ショックの影響で、彼自身、生活に困るような事態が起きていたら、なおのこと、彼は、「お金の問題」に関心を持つに至っただろう。なぜ、自分はこんな辛い想いをしなければならないのだろう？と。日本円やドル以外に、自分達で運用できる通貨があり、それで生活できるようになれば、そもそもこんな辛い想いはしなくて済むではないかと。

実際に、「新たなお金の仕組み」と「P2P型のインターネット」、この2つのテーマこそが、ビットコインが生み出したブロックチェーン産業の最大の事業テーマとなっている。

つまり、金子さんにとって、ビットコインは、この本の冒頭にも述べた彼の人生における「コネクティング・ドット」のプロジェクトになるということだ。

この点が見えてくると、2と3は、あまり大した課題ではないのである。

なぜなら、金子さんほどのプログラマであれば、自分の存在の匿名性を強化するため、メーリングリストへの投稿を予約するプログラムを作って運用するなど、朝飯前のレベルだ。特に、Winny裁判の経験を踏まえれば、彼が、匿名性を維持することに強いこだわりを持つことは、当然と言える。

更に、流暢な英語というのも大した話ではない。書く英語は特に。Google翻訳を使えば、日本語を英語に転換し、更に、インターネットで調べれば、ネイティブ特有の言い回し例など、ごまんと出てくる。こんな風にして、ネイティブスピーカーとメールでやり取りするのは、僕でも日常的にやっていることだ。

ちなみに、僕は、冒頭の半生で伝えたように、英語圏での生活経験は、全てカウントしても3年もない。しかし、僕のYouTubeを見てもらえればわかるが、見ての通りの英語力だ。ネイティブスピーカーと交渉もできるし、技術的な専門用語が飛び交う専門テーマで議論もできるし、アイデア出しのブレストもできる。OISTで親しくなったアメリカ人のボブにも面談で言われたが、「マサは、なんでそんな短期間の在米経験で、英語がネイティブ並みに話せるんだ⁉」と言われた。

僕の英語力を踏まえれば、Winnyでも匿名性を強く追求し、更に、冤罪につながる卑劣な裁判を国家の側から起こされた天才プログラマの金子さんであれば、「今度こそは、絶対に、自分ではないと思わせる」と強く考え、彼の技術力を武器に、あらゆる手を使って、自分が、日本人ではないように見せたことだろう。

そして、4つ目。Mt.Goxの件である。Mt.Goxの取引所ソフトウェア自体は、RippleとStellarの共同創業者であるジェド・マッキャレブが作ったものだ。彼自身、Winnyと同じeDonkeyというP2Pファイル共有ソフトをほぼ同時期にリリースしているほどのP2P技術信奉者であるから、サトシナカモトである可能性を指摘されているが、本人自身、完全に否定している。

なぜ、ビットコインほどの革新的なソフトウェアが、「権威主義によって、同調圧を正当化」し、天才を潰すことに躍起になる日本社会で、2013年時点で、その世界最大の取引所が育っていたのだろう。Orb創業前から、僕は、この事実がいつも引っかかっていた。不思議でならなかった。現に、歴史が証明しているようにパーソナル・コンピュータも、インターネットも、「多様性」のあるアメリカ社会から生まれ、育ったものだ。コネクティング・ドットの視点から考えれば、ビットコインも当然、アメリカ社会から生まれてくるはずだ。

なぜ、第三のIT革命であるビットコインだけ、グラウンド・ゼロ（出発点）が、2009年にリリースされてより4年後の2013年時点で、日本にあったのか？

「火のないところに煙は立たない」

それが僕の出した答えだ。全ての結果には、原因がある。

ビットコインの発火点は、この日本にあったということだ。つまり、ビットコインを作った人物は日本に住んでいたことになる。

創作者は、その人物が、たとえ非常に匿名性を好む気質であったとしても、必ず、賢い人間なら自分だと気付けるようにヒントをその作品に残す。ハリウッド映画などで、よく描かれている話だ。

ビットコインを作った人物が、自らを「サトシナカモト」と名乗ったのは、間違いなくそのヒントの一つだ。自分が、暗に「日本人」であることを我々に伝えている。

そして、最後の決定打が、サトシナカモトが保有する100万BTCは未だに動かされていないことだ。

なんで、一切、動かさないのか？　生きているなら、今、生活費は、どうしているのか？

単純に考えればわかるが、そのBTCを動かすことができる秘密鍵を持つ本人が亡くなっていたら、そもそも未来永劫、この100万BTCが動くことはない。

金子勇さんは、ビットコインが世界的注目を集めるきっかけとなった２０１３年３月の「キプロス・ショック」発生後まもなく、２０１３年7月6日にこの世を去っている。

おそらく、金子さんは、世界中がビットコインに注目し始める光景を観て、こう思ったと思う。

「Winnyのときのように、また逮捕され、長い裁判をさせられるのは、もううんざりだ」と。先に伝えたイーロン・マスクと対比すれば、日本とアメリカで、天才への社会の処遇が天と地ほどの違いがあることは火を見るより明らかなことがわかると思う。

第三のＩＴ革命の起点となる「ビットコイン」をたった一人で生み出した金子勇さんを葬った、「権威主義によって同調圧を正当化する日本社会」。

これは、歴史評価においても、同質のことが言える。先に、僕が天才の例として話にあげた「織田信長」がそうである。

織田信長が、戦国の天才的なリーダーとして日本史の研究で高い評価を獲得したのは、日本の歴史学者達の評価がきっかけでは全くない。むしろ、織田信長の評価は、日本の歴史学者という「権威主義者」達の中ではずっと低かった。彼らの中では、戦国時代のリーダーとして最も評価が高いのは、常に江戸幕府を開いた徳川家康であった。

織田信長の評価が一気に上がるきっかけを作ったのは、権威主義者でも何でもない歴史小説家の「司馬遼太郎」である。彼が、『国盗り物語』で、信長の楽市・楽座などの天才的なビジネスセンスや、鉄砲三千丁による武田騎馬軍を壊滅させた長篠の戦いに見られる天才的な軍事センスを、素晴らしい描写で描いたことで、一般読者の多くが、「織田信長」の存在に興味を持つようになり、これに影響を受けた歴史学者達が、信長の評価を改めるようになった。

しかし、時代をリードするしかるべき人物はきちんと織田信長の功績を正しく評価している。それは、「明治天皇」である。明治維新のリーダーである。日本社会を欧米列強の植民地主義から守り抜いた明治時代のリーダーである明治天皇は、「織田信長が、統一国家の目処を立てなければ、今の日本は、とっくに欧米の植民地になっていただろう」と後世に伝えている。この功績を称えるために、明治天皇の決定で建立されたのが、京都にある建勲神社である。

繰り返すが、このように、日本社会は、ずっと「権威主義」者達が、「同調圧」を正当化し続けるため、過去も現在も、必死に「天才」を潰してきたのである。

これは、真面目に考えていることだが、そもそも近い年代の金子さんと僕が組んでいれば、彼は間違いなく、こんな「不遇の生涯」と言える終わり方はせず、かつ、日本社会は今のような「ひたすら沈没を続ける社会」になることはなかったと確信している。日本社会は、このように、そこら中で、「同調圧」によって、天才同士がタッグを組むことを邪魔してくるやつばかりである。正に、ハリウッド映画『マトリックス レザレクションズ』

で描かれているようなディストピア（＝暗黒世界）と言える。「同調圧」で、天才を無力化することに躍起になっている社会という文脈である。

このような愚行を続ける日本社会が、これからも血を流すことなく、進化の道を歩んでいくことができるだろうか？

世の中そんな甘いわけがない。万事、何事も「因果応報」がある。善因善果、悪因悪果である。善行には、よい結果が伴うし、悪行には悪い結果が伴う。

日本社会の悪行とは、僕の言葉で言えば、「善意と善行の違い」に尽きる。

善意とは、目先のことだけ考え、よかれと思ってやったことが、逆に思わぬ問題を引き起こすことだ。

わかりやすい例は、プラスチックだ。本来、プラスチックは、環境破壊の一因である森林伐採を減らすため、紙の代替として発明されたものだ。しかし、結果、処分に恐ろしいほどの金と手間がかかることがわかり、かえって環境破壊を深刻化させている。

善行とは、100歩、1000歩先、ないしは、100年先、1000年先を考えて、行動していくことだ。だから、子孫が繁栄する社会が維持される。善行を行うには、特に「感情」を犠牲にしなければならない。正しい未来のために、怖い、辛い、苦しいといった気持ちに堪えて行動しなければならないのが、「善行」だ。

純粋な「自己犠牲の精神」なしに、「善行」はなし得ない。天才は、常に、この純粋な「自己犠牲の精神」を持っている。それは、「真の愛」とも言える。だからこそ、彼らの成し遂げることは、常に「善行」になり、社会は進化していく。

イーロン・マスクが手がける太陽光発電100%で走るテスラのEVは、正に「善行」である。

移民を受け入れ続けるアメリカ社会は、正にその「善行」の実践者と言える。彼らの社会は、常に、「多様性」を機能させるために、闘い続けている。僕は、Orbで多様性のあるAクラス人材のチームを作ったから、よくわかっているが、多様性のマネジメントは、恐ろしくしんどい。

人種と性別の違いがある分だけ、みんな価値観や考えがバラバラなので、取りまとめるのは、いつも頭が沸騰するレベルの仕事になる。僕が出した彼らをまとめる解決策の一つは、「論理力」だ。圧倒的なロジックが常に全員を説得する武器になる。

その上で、当たり前だが、英語がネイティブレベルで話せなくて、彼らを取りまとめるのは、不可能だ。特にアメリカ人や中国人は、実力主義思考なので、英語力も含めて、自分達のリーダーが、自分より仕事する能力が低いと、公然とバカにしてくる。当たり前だ。そして、日本社会の凡人リーダー達は、いつもここから逃げている。

特に、日本社会で、「論破王」などと称賛されているとある日本人の討論内容を見ていると、呆れてしまうほどロジックが幼稚なのに開いた口が塞がらない。現に、彼らは日本社会の外では全く相手にされていない。「同調圧」社会の日本の中で、ただでさえ論理的思考力が世界的に見て低い日本人の平均レベルから毛の生えた程度の論理力を自慢げに披露している。

アメリカの大学でスポーツ医学の修士号を飛び級で取得し、NFLやNBAなどのプロ選手をクライアントに抱え、僕自身も定期的に治療を受けている日本人スポーツドクターの友人と以前、「英語」と「日本語」の違いについて、議論した際に、お互いに合意した話がある。

「まず、言語が思考を作るということ。英語は、日本語より論理的なので、白黒はっきりさせることを好むし、また、物事をシンプルに捉える。一方、日本語は、曖昧さを好み、物事を色々と事細かに表現する方法が豊富にあるが、全く論理的ではないのでシンプルに捉える思考力は育たず、詩的である」と。

僕は、日本の「お笑い」と「漫画」は、世界でも間違いなくトップクラスの水準にあるという考えを持っている。特に、ダウンタウンの松本人志氏とスタジオジブリの宮崎駿氏は、僕の中で、まだ生きている数少ない尊敬できる日本人の2人である。そして、彼らの成果も、日本語の特質を考えると自ずと見えてくることである。この2つのエンタメ系コンテンツに共通していることは、いずれも、「少数のコンセンサスで創作活動が可能」ということである。お笑いなら、漫才、コント、大喜利、全てピンや少数で創作ができる。漫画も、原作者一人か、数人で創作できる。ところが、映画やアニメになると、ステイクホルダー（関係者）が一気に増えるので、高度なコンセンサス（合意形成）が求められる結果、日本の作品レベルの質は一気に低下する。原作マンガが優れていても、アニメ版や実写版になると、実につまらない劣化した作品ばかりが出来上がってくるのは、その証拠である。言語体系に論理性が恐ろしく欠如しているため、集団になると優れた意思決定力が全く発揮できないからだ。よい例は、『風の谷のナウシカ』で、僕は、宮崎駿氏の原作漫画『風の谷のナウシカ』ほどの傑作漫画にはいまだに出会ったことがない。人類史上、最高傑作と言えるレベルの漫画だ。一方、映画版『風の谷のナウシカ』は、本人も認めていることだが、明らかに原作漫画から内容が劣化している。宮崎駿さんが、漫画版で伝えたかったメッセージがほとんど失われている。

であるから、これが、更に、社会的イノベーションのレベルとなると、映画のレベルなど話にならない水準での高度なコンセンサス形成が求められるのだから、「日本語」で会議している時点で、すでに終わっているのである。

ただ、同時に読者もわかっておいた方がよいことは、彼ら二人の成功要因は、「日本語」という言語特質だけではない。もう一つは、「同調圧を正当化する権威主義」が圧倒的な力を持つ日本社会である点である。勘のいい読者なら気づいていると思うが、「お笑い」と「漫画」、両者に共通して言えることは、既得権益者にとって「無害である」ということだ。彼らにとって、エンタメ市場でいくら天才が育とうが全く脅威にはならない。スポーツも同じだ。故に、そのようなジャンルから世界的に活躍する天才が豊富に生まれることは、既得権益者や同調圧を好む権威主義者にとっては、格好の「免罪符」になっているということを理解した方がよい。

であるから、テック業界での起業経験ゼロにもかかわらず、高学歴で権威主義的な日本のビジネス評論家がよく喩えに使うメジャーリーグなどで活躍する日本人のスポーツ選手とテック起業家との間の比較論は、呆れるばかりの幼稚な論理展開と言える。

僕は、スポーツ業界で活躍する日本人選手自体は、本当に優秀な人材だと思うが、テック起業家との比較論となると、非常に厳しい評価になる。テック起業家が取り組んでいるイーロン・マスクの手がけるテスラやSpaceXに代表される社会的イノベーションのプロジェクトは、ラーメン屋やアパレルの起業の難易度とは次元が違う。その上で、テック起業家の役割を野球やバスケ、アメフト、サッカーなどのメジャースポーツに喩えるなら、「オーナー兼監督兼チーム随一のスター選手」である。当然である。日本のスポーツ選手は、誰一人、海外のメジャーなプロスポーツリーグで、自ら、資金を集めクラブチームを作り、選手を雇い、彼らを監督し、自らもスター選手としてチーム№1の実績をキープし、MBLやNBA、NFLで、シーズン優勝をした人は誰一人いない。しかし、テック起業家が、Web3市場などグローバルで立ち上がるテック市場で、イーサリアムのように、特定領域で№1の地位を確立するというのは、スポーツ業界で言えば、そのクラスの実績ということである。つまり、全く比較にならない。戦っている次元が全く異なる。テック起業家は、人類を前に進めるため、既得権益者との対立も恐れず、命懸けで戦う職業である。だから、イーロン・マスクが自伝で述べているように、「ある日、恐怖で寝ている間に発狂して起きたことがある」という世界を日常的に経験するのである。彼に限らず、社会的イノベーションに命懸けで取り組んでいるテック起業家であれば、僕も含めて誰もが経験することだ。

話は少しそれたが、そのような社会的イノベーションに関する議論のテーマになると、日本人の多くは、物事を俯瞰的に捉えようとして、大量の情報を取りたがるが、結果、思考が発散し過ぎて、全く考えがまとまってない人が異常に多い。僕から見ると、「結局、こいつ何が言いたいんだ?」という意見ばかりだ。この点は、技術研究開発、ビジネス、政治経済、外交でも、同じことが言える。いわゆる日本の専門家や識者といわれる連中の見解を聞いていると、単に本で手に入れた知識を並べ立てているだけで、いざ、解決策の話になると、まともな具体案など一切言わず、感想レベルの意見か抽象的な意見しか出てこない。本人達は、その原因が、「日本語」という言語で思考していることに原因があることに、全く気づいていないようだ。

優れた解決策＝社会的イノベーションというのは、常に、「無駄な情報を自らの思考から削ぎ落とす」ところから生まれてくるのだ。最も本質的な問題にのみ思考をフォーカスさせていく。

「日本語」という言語自体が、この思考モデルを邪魔してくる。僕自身、この思考モデルを使いこなせるようになったのは、留学以降、つまり、「英語」を身につけてからだ。

つまり、日本語しかまともに使えない日本人の中から、Aクラス人材が集う多様性のマネジメントを実行できる優れた論理力を持った社会的イノベーションを起こすことができる天才リーダーが育つ可能性はゼロと言える。現に育っていない。「論より証拠」である。

それ故、日本人は、「同調圧」社会を生み出すことで、一見、平和的な社会を生み出したが、その同調圧を正当化し、維持しようとする「権威主義」者達によって、社会により優れた均衡をもたらす天才を、日の目を見ぬうちに常に潰す社会を生み出した。全ては、「目先の平和」を維持したいがため。正に、「善意の社会」ということだ。

古い聖職者の言葉にこうある。

「地獄への道は、善意で舗装されている」

つまり、この「因果応報」の答えは、NOである。言い換えれば、金子勇さんを、彼が世界的評価を得る前に、葬りさった「因果応報」と言える。それ故、日本社会は、今後も、沈没を続けていく。

僕には、日本社会が、どんどん地獄の道に突き進んでいることがクリアに見えている。

しかし、多くの人は、全くそうは感じていないようだ。ゆえに、僕は、今の日本社会のことを「茹でガエル」と名付けている。

地獄の釜は、ゆっくりとその温度を上げていく。しかし、多くの人は、そのことに気づかず、堕落した生活を続け、気づいたときには、茹で上がっている。

「井の中の蛙」の行き着く先は、「茹でガエル」ということである。

僕は、YouTubeで、毎週、サトシナカモトの資産ランキングを伝えている。ビットコインの価格が、5000万円に達したとき、サトシナカモトの総資産は、50兆円を超えることになる。つまり、仮にイーロンマスクの資産が今後あまり大きく増えない場合、彼を超えて、名実ともに、世界№1の資産家になる。だから、サトシナカモト＝金子勇の仮説を唱えている。自分達が失ったものの代償の大きさを深く理解するために。日本社会は本当に、人類を救うレベルの、小学生の歴史教科書に載るレベルの偉業を成し遂げた天才を、「同調圧」の力で、その人物自体の特定ができないレベルで闇に葬ったことになる。

読者も知っておいた方がよいが、現に、ビットコインの中核技術であるブロックチェーンに使われている関連技術の発明者達は、このブロックチェーンの発明とその注目を受けて、コンピューターサイエンスにおけるノーベル賞ともいわれる「チューリング賞」を受賞している。スタンフォード大学教授のホイットフィールド・ディフィー博士は、その一人だ。彼は、ブロックチェーンに使われている「公開鍵暗号」の技術を1976年に論文として発表し、この功績が、ビットコイン市場にすでに火がついた後の2015年に評価され、「チューリング賞」を受賞している。そして、日本から関連の受賞者は一人も出ていない。この因果応報は、実に重い。しかし、逃れることは絶対に許されない。それが、因果応報の鉄則である。

それ故、僕は、仮想通貨への投資は、日本社会で生きる日本人にとって、「ノアの方舟」になると考えている。

その点について、最後に触れて、この本の結びにしたい。

5-3. なぜ、Web3投資は、日本で暮らす多くの人々にとって「ノアの方舟」となるのか？

これは、今後、20-30年以内に必ず起こると予測されている南海トラフ地震の件も含めての話だ。僕は、オカルトやスピリチュアルの類は全く好まないが、この南海トラフ地震が起きることと、今の「同調圧」を「権威主義」によって正当化する日本社会との間には、明確な因果律があると考えている。

シミュレーションによると、諸説はあるが、南海トラフ地震が発生すると、日本経済のGDPの内、220兆円規模の経済損失が発生すると言われている。このシミュレーション後に起きたコロナショックによる世界経済麻痺やインフレ率も加味すれば、僕は250兆から300兆円程度は視野に入ると見ている。

これは、2022年時点の日本のGDP550兆円の約45%~55%に相当する。つまり、国家経済の半分が一発の地震で消える。

日本は、太平洋戦争の総力戦で、GDPの40%を失ったといわれている。歴史にある通り、日本経済は、このとき、国家経済として、完全に破綻した。戦後の日本は、預金封鎖、ハイパーインフレなど、膨大な失業者と路上生活による餓死者、国家財政が破綻した全ての国家が経験する混乱を全て経験している。

つまり、南海トラフ地震は、日本経済を破綻させる威力がある。

その点を踏まえた上で、読者が理解しておくべきは、日本は、世界で最も自然経済が恵まれた土地であるということだ。世界で最もミシュラン星獲得が多いといわれる日本の美食は、この自然経済が支えている。

特に、「豊富な軟水」だ。アメリカの生活で体験してよくわかったが、硬水生活は、本当に辛い。まず、女性にとっては肌や髪がすぐボロボロになるし、洗濯物も色分けして、別々に高温のお湯が出る洗濯機で洗わないと汚れが落ちないし、服自体傷みやすい。硬水では、和食にあるような繊細で複雑な味も出ないから、料理も調味料を色々と使わないと不味くなる。ただ、実際、調味料をうまく使っても、日本で食べる食事ほど旨くはならない。よって、美食も楽しめない。旅行も含めて、色々な国での生活体験があるが、日本は、本当に、世界で最も自然経済に恵まれていると常々感じる。

地球も、動物や人間と同じように、一つの生命体であることは、自然と理解できることだ。つまり、地球も進化を追求する生命体であるということ。

全ての生命は、進化し続けるからこそ、その存在が宇宙にあり続けることができるというのが、僕の基本の宇宙哲学であり、人生哲学だ。

つまり、進化を止めてしまう生き物＝堕落した生命体であるということ。堕落した生命体が、この宇宙に存在し続けることはできないと考えている。

その地球が、世界で、この日本の土地に、世界で最も恵まれた自然経済を作ってくれた。

ということは、単純に考えればわかることだが、地球の日本社会に対する進化の期待値は、それだけ高いということだ。

「これだけ、素晴らしい自然環境を色々とがんばって用意したから、進化のため、ぜひ、頑張って欲しい」

それが地球からのメッセージということになる。

この期待値に、日本社会は、応えられていると言えるだろうか？　日本社会は、世界の様々な文明社会の中で、最も進んだ社会と胸を張って言えるだろうか？

僕の答えは、１０００％「ＮＯ」である。むしろ、僕の目から見ると、今の日本社会、特に「東京」は、聖書の創世記で描かれた、「アダムとイブの失楽園」のエピソードから始まり、やがて、堕落した社会が中心となって、神々の怒りをかって、「ノアの洪水伝説」によって、文明が滅びた逸話を彷彿とさせる。

女性の不快なムシが嫌、手や体が泥まみれになる農作業も嫌、いい服を着て、美しく着飾って、美味しいご飯を食べて、毎週、素敵な殿方とパーティに繰り出したいという欲望と、いい女にそのような暮らしをさせ、セックスを楽しみたい男性の野心が、「都市社会」を生む原点である。だから、都市社会には、不快なムシもいなければ、泥まみれになる農作業もない。

その結果、生まれたのが「港区女子」である。先の欲望を満たしたい男性にとっては、女性は、政治やビジネスの世界で、力を与えない方が好都合になる。女性は自分への癒しと性欲を満たし、子供を産める存在であってくれさえすればいいと考えている。

だから、女性の社会進出や、男女平等化は、自分の立場を危うくするだけなので、日本社会で、女性の稼げる方法は、芸能や水商売ばかりになっていく。芸能業界に、女性に対するセクハラが多いのもこの点から容易に想像がつく。これも、社会から多様性を排除する動きの一つである。既得権益者の男性にとってみれば、芸能業界や、キャバクラや銀座の高級クラブは、自分のお気に入りの愛人候補を見つける格好の社交場になっていく。

女性側も、多くは、女性の社会的地位を引き上げるために、そのような既得権益者の男性と戦っていくことに疲れ、やがて、お金さえ手に入ればあとはどうでもよいと考えるようになり、自ら戦うことをやめ、社会的イノベーションを起こすような起業家をサポートするのは、リスクが高いし、しんどいと考えるようになり、表面的な解決策で小金持ちになっている経営者ばかりをもてはやすようになる。

なぜなら、彼らは、都市の夜景が綺麗な眺めのいい高級マンションに住み、降りるときにみなが注目する高級外車に乗り、毎週のように食べログの予約困難店に連れて行ってくれ、高級ブランドの服や靴やアクセサリーを何かにつけてはプレゼントしてくれ、海外旅行はいつもファーストかビジネスクラスで、5つ星ホテルで、のんびりスパを楽しめる経済力を持っているからである。

先のイーロン・マスクの生活ぶりとだいぶ違うことがわかるだろう。

だから、彼らに続く若い世代も、大半がそのようなリーダーしかいない社会を見て、自分もそれをゴールにする。手っ取り早く稼ぐ方法しか考えなくなる。手っ取り早くも儲けた実績をSNSで自慢することしかしなくなる。社会的イノベーションなど、忍耐もいるし、時間もかかるから、すぐには儲からない。すると、若いうちにキレイな女性とセックスできないから面倒くさいと考えてやらなくなる。そのような一番辛い時期は、海外の天才起業家に任せ、自分達は、そのトレンドがメインストリームになるのを待ち、なってきたら手っ取り早く小銭稼ぎができればよいと考えるようになる。

こうやって、社会全体が腐っていく。「同調圧を権威主義によって正当化した日本社会の末路」が、この現実である。「東京」に代表される「都市社会」とは、「アダムとイブのカルマ」（＝男女の欲望のサガがもたらすカルマ）が生み出した末路である。

「都市社会」は、国連のWFPが明確に指摘しているように地球の自然環境から見ると、完全なる「がん細胞」だ。資源再生する力は全くゼロで、ひたすら莫大なエネルギーを消費し続け、膨張を続ける。実際の「がん細胞」自体、このようにして人間の体の中の他の健全な細胞を破壊し、その人間の免疫力も低下させ、最終的にその人間自体も滅ぼす。今、正に、その「都市社会」が中心となって進む人類の環境破壊が、地球がもつ資源再生のメカニズムを破壊しているように。

要するに、進化とはほど遠い、「アポカリプス(=文明滅亡)に至る社会」ということだ。

僕は、このような日本社会の末期症状を見ていると、「北風と太陽」のエピソードを思い出す。物語が持つ真逆の意味で。

北風の神と太陽の神が、コートを着ている人間のコートを脱がそうと競い合う。はじめ北風が強い風を人間に浴びせると、彼はコートを手でギュッと強く握るため、全く脱ごうとしない。

今度は、太陽の神が温かい風を彼に浴びせると、ポカポカしてきたので、コートを脱いでしまった。

というエピソード。このエピソードを脱皮という観点から「進化」の文脈に置き換えると、恵まれた環境を与えた方が、より「進化」が起きやすくなるという論理なわけだが、日本を見ていると、現実には「真逆」のことが起きている。つまり、過剰に恵まれた環境を与えると、逆に、人間は、「堕落」するだけということだ。自ら厳しい環境を選んで、進化を目指す人は、ほとんどいないということだ。

まだ、日本社会にチャンスは残されているのだろうか？

僕は、ポイント・オブ・ノーリターン（これ以上進むと戻れない分岐点）はすでに超えていると判断している。

図：No.106　世界の時価総額ランキング（2022年2月）

順位	氏名	総資産額
1	アップル	246兆円
2	サウジ・アラコム	227兆円
3	マイクロソフト	186兆円
4	アルファベット	139兆円
5	アマゾン	118兆円
6	テスラ	82兆円
7	バークシャ・ハサウェイ	64兆円
8	ユナイテッド・ヘルス	51兆円
9	ジョンソン&ジョンソン	46兆円
10	VISA	45兆円

出典元：https://companiesmarketcap.com/ を元に著者が作成

その地点は、2016年から2017年の「仮想通貨天国」と日本社会が呼ばれたときだったと判断している。僕が、Orbを創業した世界の仮想通貨市場の黎明期で、Mt.Gox事件後の最も辛い時期だったときだ。

先に話した、世界の時価総額ランキングを見れば、すぐにわかる話だ。トップ10のうち、60％は、パーソナル・コンピュータかインターネットに関連している。この2つのIT技術とも、アメリカ社会が苦労して生み出し、育てた社会を変えるテクノロジーだ。アメリカは、今はその「生みの苦しみ」を乗り越えた「善行善果の報酬」を存分に享受している。しかし、その次の第三のＩＴ革命となる、いわば、人類にシンギュラリティをもたらすコンピューティング革命の最終ステージに相当するブロックチェーンの「グラウンド・ゼロ」は、日本にあった。新しいテクノロジーの社会普及の黎明期に必然的にある「生みの苦しみ」に耐えることに尻込みし、目先の快楽と保身に走り、その千載一遇のチャンスを放棄した日本社会に、輝かしい未来などあろうはずがない。繰り返すが、世の中、そんなに甘くない。

この栄光を手にするのは、アメリカのシリコンバレーがそうであるように、そのような最も辛い時期を突破できる天才起業家や科学者が豊富におり、かつそれを排除せず、真摯に支えようとする優秀な人材が豊富にいる社会基盤がある社会である。だからこそ、その中から、イーロン・マスクのような天才起業家が手がける社会的イノベーションとなるプロジェクトが大成功を収め、社会は進化を遂げていく。

現在のように、Web3、仮想通貨、ブロックチェーン市場がすでにメインストリームに入っている状況は、世界中で法律や、スタートアップへの十分な投資資金、様々なインフラが整ってきているので、誰でも小銭稼ぎは簡単にできてしまい、この時期からでは、完全に周回遅れで、社会自体が進化するタイミングを失っているのである。

特に、2022年7月8日、安倍晋三元首相が、選挙の応援演説の際に、わずか3メートルの至近距離で手製の散弾銃のようなもので撃たれ、暗殺される事件が起きたとき改めて、そう思った。

「とうとう、日本社会は、ここまで来てしまったのか」

と感じた。元首相であるが故、警察のSP護衛がほとんどなかったとはいえ、首相クラスの人物が暗殺されるのは、日本の歴史においては、1936年2・26事件で青年将校に暗殺された、世界に先んじてケンジアン政策を導入し、大蔵大臣として昭和恐慌の危機を世界最速で脱出させ、1921年の原敬首相暗殺時には総理大臣をも兼務した経験もある高橋是清以来のことである。

当時は、太平洋戦争に突入する手前の動乱期、言い換えれば、今の日本社会は、そのときと同等レベルの危機的状況にまで来ているのである。わずかな判断ミスが取り返しのつかない未曾有の危機を生み出すレベルの社会的末期症状が日本社会全体を支配していると言える。しかし、日本社会は、過去、実際に、この事件も含めた前後期の重要判断をことごとくミスし、結果、無謀かつ全く社会的正義のない太平洋戦争に突入し、最終的に国家破綻する寸前までに陥った歴史がある。

僕の歴史観は、本来、日本は、第1次世界大戦によって、覇権国としての地位を失いつつあった英国と、次の覇権国家として台頭しつつあったアメリカというこの歴史的大局観を的確に捉え、日英同盟の次の段階として、日米同盟を結ぶべきだったと考えている。そして、明治日本が成し遂げた「アジアの奇跡」に心からの敬意を持ち、中国で、中国社会に即した民主主義革命を実現しようとしていた孫文を支援し、国民党による新しい統一された中国社会の実現をサポートすべきだった。

当時の日本の多くのリーダー達は、自分達と同じ王室を持ち、立憲君主制度を取るイギリスには、敬意を払っていたが、日本やイギリスのように「伝統」がなく、歴史が浅く、王室がなく、民主主義により、一般人から選挙で選ばれた大統領を国家元首とするアメリカ社会を軽蔑していた。伝統国としてのプライドが、アメリカとの協力関係を邪魔した。一方、イギリスは、覇権国家の地位を失って以降も、かつては自分達の植民地だった、つまり、格下と見下していたアメリカと協力関係を継続した。当時のイギリスは、日本と異なり、プライドを捨て、歴史的大局の流れに的確に順応したことがわかる。

僕は、世界恐慌の終着点として、第2次世界大戦自体は、歴史的に避けられなかったと考えているが、当時の中国が、日本政府らの支援で、孫文らをリーダーとした民主主義革命を達成していたら、第2次世界大戦後の東西冷戦は、圧倒的なレベルで短期化し、かつ、現在、東西文明対立とも見てとれる、米中対立も今よりはるかに穏やかなものになっただろうと見ている。アメリカも中国も、今のように民主主義VS共産主義のように全く相容れない思想に基づく社会システム同士の対立はなく、双方が共に同じ民主主義社会システムになっているのだから、当然である。

ところが、当時の日本が行った外交政策・軍事政策は、全て真逆と呼べるものだった。明治維新の頃より、自らのことを「大日本帝国」など、「帝国主義」丸出しの呼び名をつけている時点で、当時のリーダー達や彼らの言動を支持した大半の一般人のその精神構造に、後の太平洋戦争を引き起こすことになる遠因があったことが明確に見て取れる。

案の定、彼らは、親日派の孫文達が作った中華民国を支援せず、清王朝の最後の皇帝・愛新覚羅溥儀を担いで、更に政略結婚として彼の弟・溥傑と日本の皇室の親戚との間に婚姻関係を結び、満州に、日本の立憲君主制とは名ばかりの傀儡政権を作り、この満州国を起点に中国全土を支配下におくための帝国主義的な戦争である、孫文らの中華民国に対する日中戦争を始めた。この結果、第三勢力としての毛沢東ら中国共産党が、中国の真後ろに位置するソ連から潤沢な支援を受けて力をつける機会を与えることになり、民主主義国家アメリカのアジアに対する危機感を募らせた。正に歴史の大局を全く見抜いていない愚かの極みと言える行動である。これらの愚行の結果、日本に対して強い不信感を持った民主主義国家アメリカが、日本に対して厳しい外交政策や経済制裁を取るようになったのは当然の帰結である。

もし、孫文達の中華民国が、逆に中国ですぐ近くに位置する日本政府から潤沢な支援を受けて、民主主義に基づく中国全土をまたぐ統一国家を成し遂げていたら、今の「アジア社会の分断」は、絶対になかったと見ている。つまり、現在の第3次世界大戦につながりかねないリスクをはらんだ米中対立を起因とする「アジア社会の分断」を引き起こした元凶は、間違いなく「日本」にある。この因果応報は実に重いと言える。

なぜなら、第二次世界大戦の火種を作ったドイツは、1990年の東西ドイツ統一後に、「贖罪」としてのヨーロッパ融合政策を忍耐強く着実に進め、見事、「ユーロ連合経済」を体現したからである。日本社会のリーダー達と一般大衆が、ドイツの人々と異なり、いかに堕落して生きているかがよくわかる明示的な事実と言える。ドイツが、となりのスイスのドイツ語圏含めて、今、Web3市場で、世界トップクラスの規制環境とスタートアップエコシステムという評価を受けている背景は、間違いなく、その「贖罪」の先にある「善行善報」であると確信している。

「愚者は経験に学び、賢者は歴史に学び、聖人は経験から悟る」という。

以前、2000年のとき、先にも触れた学生時代に参加したネットコミュニティのオフ会の場で、僕は、参加メンバーに、「日本人は、もうかつてのユダヤ人同様に、流浪の民になった方がよいのではないか」と言っていたのだが、その予想通りの現実が、日本社会に迫ってきていると言える。

果たして、今のまま何の根本的な路線変更もせず進んだ場合の日本社会は、どうなっていくのか？　僕には、「30年後の日本社会」がクリアに見えている。僕は、ハイパーインフレ自体は、南海トラフ地震が起きでもしない限りは、発生しないと見ているが、量的緩和政策をやめられなくなった日銀の金融政策は、「茹でガエル」のように、超長期的な止まらない円安を引き起こし、食料自給率の低さが原因で、物価高による経済混乱がジワジワと起きていく。そのゆるやかな経済の混乱の中、経営陣と幹部を全て優秀な外国人部隊に入れ替えができた日本企業だけは生き残れるが、ブランドのみ残る形で、経営の主導権は全て外国人部隊がリードし、彼らの中の公用語は英語になるだろう。逆に、その「果断」を渋った日本企業は、倒産するか、ニッチ企業に追い込まれるか、海外企業や外国人部隊が経営する日本企業に吸収合併されていく。京都や九州、北海道など、海外観光客の人気スポットの不動産は、ほぼ全て海外の富裕層がオーナーになる。唯一日本人が主導する経済の大半は、観光産業、飲食産業、農業、畜産業、水産業など、新興国と同じ中身になっていく。そして、この軟水に恵まれた世界一の質の高い自然経済が与えてくれる美食と温泉による癒しを、海外の人達は、新興国も含めて超安価で利用できるようになる。僕は、いわばこれが、日本の世界に対する、過去、世界平和に貢献できなかったことへの「贖罪」となっていくと考えている。

それは、僕には「サクラマス」と「ヤマメ」の関係を思い起こさせる。この2つの稚魚は、全く同種であり、日本の河川で生まれる。ヤマメは、天敵も少ないこの日本の恵まれた自然環境の中で、生き残ることに成功した「陸封型」種である一方、サクラマスは、その競争から敗れ、日本海や太平洋に出て、天敵の多い厳しい自然環境の中で生き残ってきた「降海型」種である。しかし、繁殖期になって、この立場が逆転する。厳しい環境を生き抜いたことで、体格もヤマメの平均2倍以上になり、泳ぐスピードも劇的に速くなったサクラマスのオスが、故郷の河川に戻って繁殖するとき、ヤマメのオスとの競争になるが、メスの奪い合いにおいて、オスのヤマメは、巨大になったのオスのサクラマスに全く太刀打ちできず、大半のメスとの交尾をサクラマスのオスが制していく。こうして、サクラマスの卵が、より多く遺伝子を残していき、そこから生まれた一部が、またヤマメとなりサクラマスとなっていく。これが、これから日本で起きることだ。

なぜなら、我々人類は、元は共通の祖先を持つからである。それぞれ成長する場として、地球上の異なる場所を選ぶことで、異なる文化、言語を発達させ、その違いが原因となって、様々な争いの時代を生み出し、最後は、第2次世界大戦、そして核戦争の恐怖と常に隣り合わせだった冷戦という文明社会そのものを存続の危機に追い込むほどのリスクを持った「奪い合いの極致」を経験し、深く平和の尊さ、すなわち、「多様性の重要性」を学び、今、再び、一つになろうしている。つまり、これは、「生命の真理」と言える。ダーウィンの進化論とは全く異なる視点である。つまり、「自由意志」に基づく、自らの生き方の選択によって、未来が変わるということであり、自らを進化させるため、より厳しい道を選択したものに、未来のチャンスが与えられるということである。

「日本社会」に残されたチャンスがあるとすれば、自然経済に圧倒的に恵まれ、かつ外部からの侵略がほとんどない日本列島が、結果、長きにわたり平和であるが故、2000年以上蓄積してきた「伝統の核」となっている存在を全て捨てることであろう。僕は、これ自体が、日本社会を「権威主義」によってがんじがらめにしている根源と判断している。これは間違いなく日本社会にとって、恐ろしいほどの「苦渋の決断」になる。正に、「生みの苦しみ」になる。しかし、日本人の大半が、僕やアメリカ人がそうであるようにこのレベルの「善行」を、「これも人生の糧になる」と楽しめる精神を持っていない限り、日本社会が再生するチャンスは、未来永劫、完全にゼロと判断している。ちなみに、その伝統の核である存在には、スティーブ・ジョブズも愛した、日本人が、仏教伝来以来、作り上げてきた「禅」と「わびさび」は全く含まれていない。

僕は、今、アメリカ社会が、世界をリードしていることには、僕の歴史観として、納得感を持っている。それは、彼らは「伝統」がほとんどない社会だからだ。新しいのである。

過去のしがらみがない。僕の言い方で表現すると、カルマが少ない。

アメリカ社会のルーツは、清教徒（別名：ピューリタン）にある。元々イギリスで、絶対王政の権力と密接に結びついていたイギリス国教会が、同じキリスト教ではあるが、聖書解釈の異なるピューリタンらを「異教徒」扱いしたことで、彼らは、当時のイギリス社会から迫害された。

現代だと、迫害などまずされることはないので、わかりやすく現代風にいうと「差別」されたのである。日本社会でよく使われる言い方をすると「村八分」と言ってもよい。

結果、彼らは、イギリス国内で生きることが非常に辛くなり、新天地に自分達が求める信仰の自由が許された新しい社会を作る決心をした。そうして、厳しい航海を経て、アメリカ大陸に渡って来たのである。

アメリカ社会が、日本社会のような中央集権制を取らず、各州に立法権も与える連邦制をとるのは、イギリスの絶対王政がもたらした中央集権制による権力集中の問題を未然回避するためである。それが、その中央集権的な絶対王政により、ピューリタン迫害に代表される信仰の自由の禁止に始まり、様々な自由に制限がかかっていたからである。アメリカの民主主義の根底には、常に、絶対王政の問題点を踏まえて新たな社会を作り上げる思想が根付いている。

過去を捨てることで、新しいより優れたものを生み出すことができる。先に話をした、「天才が現在の均衡を破壊し、新たなより優れた均衡を社会にもたらす」という話と同質である。イギリスの植民地から生まれた現代の世界のリーダー・アメリカ社会は、その点を我々に明確な結果をもって教えてくれている。僕の言い方にすれば、アメリカは、「カルマが少ない社会」なのである。

もし、日本社会が、「伝統の核」を捨てきれないのであれば、まだ可能性のある海外のどこかの新天地に行く他ない。かつてのピューリタンと同じである。その行き先を決めるのは、あなた自身だ。あなたの「目利き」で、行き先を見極める他ない。

しかし、そのためには、元手がいる。また、現地での生活を支える稼ぐ方法も必要だろう。それらの全ての答えが、「Web3投資」ということだ。だから、僕は、Web3への投資は、日本社会に住む「善行」によって生きることを心から望んでいる日本人にとって「方舟」だと考えている。

そして、何より、この投資は、あなたが苦労して稼いだお金を「死に金」ではなく、「生き金」にすることを必ず心に留めておいて欲しい。なぜなら、今までこの本で伝えてきたように、ブロックチェーンの技術は、間違いなく「お金の問題」を解決し、２００年以上続く、資本主義社会に終止符を打ち、ポスト資本主義、つまり、お金のパワーが全てものを言う社会が終わりを告げ、ＤＡＯによる直接民主主義が土台になった、官僚組織も一切ない、資源を奪い合うような経済成長を続ける必要もない、より恒久的な平和を維持できる全く新しい社会システムを作り上げるために生み出された革命的なテクノロジーだからである。

この可能性に早く気づいて動き出した者にこそ、早く幸福な人生が待っているだろう。

これから、有史以来、数千年以上にわたり、僕ら個人のアイデンティティの中心にあった「国家」という社会システムは、どんどん崩壊していく。代わりに、ブロックチェーンを活用したDAOに基づく、「国境」という壁も、「組織」という壁も一切存在しない完全にオープンな直接民主主義型の社会システムの実装が進み、そして、その新たな社会が日常化していく。

社会の進化は、あなたを待ってくれない。社会はあなただけのために存在するものではないから。人類みんなのために存在するもの。

あなたが、社会の進化のその先端をいくか、同じペースで進むか、遅れを取るしかない。シンプルな世界だ。

先を行ったものが、最大の幸福を受け取り、同じペースで進んだものがある程度の幸福を受け取り、遅れを取っているものは、身も心も貧しいままである。遅れを取るものは、常に古い社会、古い価値観、古い生き方にしがみついているもの達だ。

これからの社会で、最も激しくなるのは、経済格差や情報格差や、地域格差などではない。

変われる者と変われない者で、直面する現実が恐ろしいほどのレベルで変わってくるのである。僕は、それを「シンギュラリティ格差」と呼んでいる。

「シンギュラリティ」による社会システムの劇的な進化に、適応できるものとそうでないものとの間に、巨大な格差が生まれていく。

ビットコインは、間違いなく文明史上、初のシンギュラリティの成功例であり、この成功を起点に、ブロックチェーン技術を活用した様々なシンギュラリティの成功モデルの社会実装が進み、人類の文明社会は、有史以来の様々な解決困難と言われた社会問題を完全に解決し切った、地球の自然環境と調和した新たな社会システムを作り上げ、劇的な進化を遂げていく。

その進化に適応できる者は、自分達の目の前に素晴らしい希望にあふれた、今よりはるかに平和な未来が、着実に現実化していることを日々感じて生きることができるだろう。

その進化に適応できない者は、自分達の社会が、ますます悲しみに満ちた不幸の連続のような幻滅感を日々感じて生きていくことになるだろう。

つまり、「方舟」とは、「新たな社会システム」のことを指す。

この「方舟」は、すでに出港済みである。しかも、インターネット市場よりはるかに速いスピードで進んでいる。

あなたが、この本を読んでいるこの瞬間にも、時は過ぎ去っていく。過去には戻れない。

この本が、少しでも、読者の幸福な人生の助けになれば、幸いである。

おわり

あとがき

あとがきについて、最終的に2つの点について話しておくことがよいと考えた。

1つは、この書籍の「タイトルの由来」である。

原稿を書き終えた後、この本のタイトルをどうしようか、と色々と思案していたのだが、最終的に、あえてリスクを取る形のこのタイトルをつけた。簡単に言えば、この本は、僕の投資パフォーマンスが高い水準にある限り、売れる本になる。

テック・スタートアップへの投資は、過去、非常にクローズドな市場で行われてきたので、そのノウハウも、業界に関わっている人物以外、手に入れることは実質的に不可能だった。

つまり、業界関係者が、そのノウハウ本を出すだけで、ある程度売れる本にはなる。実際、書店やAmazonに行けば、そのような本が山ほどある。

しかし、僕自身、それらの本を買ったことは、今まで一度もない。なぜなら、知識体系として全く「生きた知識」ではないから。全て「過去」のことを語った本であり、「過去」は未来の保証にはならない」のは、テック・スタートアップの業界では、常識である。この業界のあらゆる物事の変化は、劇的に早い。だから、一般人や個人投資家は、そのような書籍の中で書かれている内容の、その大半が、今まで聞いたこともないノウハウだから、全てが新鮮で価値があるノウハウのように感じるだろう。しかし、常に世界の最先端のテック・イノベーションの現場で生き抜いている僕の目からすると、陳腐化したものばかりだ。そのような点を踏まえると、僕が書いている内容が、廃れていない＝使い物にならない、かどうかの判断軸は、全て、僕の「投資パフォーマンス」に帰結してくるということになる。これは、現在、活動しているWeb3の投資家にとっては、絶対的に揺るぎない共通の生存条件と言える。だから、あえてリスクを取る形でこのタイトルをつけた。僕は、生半可な生き方はしない。その最終的な狙いは、僕自身を「老害化」しないためにある。

僕は、多くの日本社会の権威主義者やポピュリスト達が、老いと共にリスクを取らず、自分の実際の実力レベルの老化を隠し、過去の自分の成果を材料に、僕や若い世代の優れた考えやアイデアを盗んで、さも「持論」のように、大衆好みのストーリーを交えるか、もしくは高尚な専門用語をただ無駄に並べて、稚拙なロジックで自慢げに語る「情けない姿」を常に見てきた。しかし、「じゃあ、お前はどうなんだ?」と言われたとき、僕のその答えが、この書籍のタイトルにある。逃げるつもりは一切ない。Web3を中心とするポスト資本主義社会の確立は、30年から50年がかりの長期のプロジェクトになる。つまり、この書籍が売れなくなったときが、自分がこのシンギュラリティが起きつつある現代の文明社会に不要になったことを意味し、つまり、そのときが自分が引退するときと決めて、このタイトルをつけた。

そして、もう1点、それは、この本は、僕が日本社会に贈る「最後の愛」であるということだ。この本は、「ジャーナリズム」としての性質も持たせている。それは、日本のメディアの大半、そしてオピニオン・リーダーの大半は、完全に堕落した存在へと落ちており、もはや日本社会においては、社会的正義を果たすべき「ジャーナリズム」は、機能不全化しているからである。

まず、読者も感じていると思うが、この書籍では、「事なかれ主義」を好む日本社会で出回る出版物としては、例を見ないほど、僕の論旨展開における批判対象となっている企業や組織の実名を出している。この点も、「ある目的」を達成するためである。僕は、裁判で100%勝てる自信があって、それらの実名を出している。なぜか？

日本の「権威主義による同調圧」がもたらす「事なかれ主義」を正当化し、僕が命を懸けて立ち上げたきた人類を200年以上にわたり苦しめてきた「資本主義」を終わらせるための「Web3」の世界を、社会的強者と資本の論理で、潰そうとしてきた当人達に「贖罪」をしてもらうためである。

「Web3社会」では、先にCelsiusの倒産劇で伝えたように、全てのデータはブロックチェーンで公開されている。なので、事なかれ主義者だらけの日本人が大好きな「臭いものには蓋をする」という行為が一切不可能な社会に移行する。つまり、僕が、文章の一部で実名を公開しているのは、「Web3流の表現」である。この本は、Web3の本であるから、表現内容もWeb3流を貫く。当然である。

必要となれば、日本社会を正すため、社会的正義を貫くための「表現・言論の自由」を踏まえて、法廷で戦う意志もあって、あえて、実名を入れている。Web3の最終的な社会敵は、「国家社会」である。つまり、彼らが我々に味方せず、敵として振る舞うなら、「善行」により、命懸けで戦う他ない。かつて数百年前に、今となっては当たり前となっている「民主主義」、この実践者達が、フランス革命やアメリカの独立戦争に代表されるよう、命懸けで「絶対王政」に立ち向かい、自由を獲得してきたように。人類は、過去、常にそのようにして、「文明社会の未来」を切り開いてきた。

しかし、読者も知っておくべきことだが、民主主義を根幹とする日本国憲法では、社会的地位の高い立場のものが、その権力を乱用し、彼らより地位の低い社会的弱者を社会的に不利な立場に追い込むような社会悪的行為から社会的弱者を守るため、「言論・表現の自由」が保証されている。この書籍における彼らの実名表現に対して、彼らが訴えてくる理由は「ビジネス上の名誉毀損」しか存在しない。要するに、ここで実際にあったエピソードの中で、実名を挙げたことが自分達のビジネスに不利に働いたという主張である。しかし、僕は個人名では彼らを批判していない。それ故、僕の彼らへの実名表記は、「表現の自由・言論の自由」と憲法上、同列の扱いである「人権侵害」に当たらない。なぜなら、法人は「人」ではないからである。「法人」は、個人である「人」に対しては、絶対的に社会的強者である。これは法律学の常識である。つまるところ、彼らが訴えてくる「名誉毀損」は、「人」である個人に保証されている「表現・言論の自由」より、法律上、格下の権利となる。彼らは、過去、その「国家」や「組織」という社会的立場の強さを乱用して、命懸けで日本社会を改革しようとしてきた、「善行」を行う数少ないイノベーター達を何度も潰してきた。その結果、日本社会そのものを「茹でガエル」化させてきたのが、彼らである。全ては「因果応報」である。善行善果、悪行悪果が、この宇宙の鉄則である。

であるから、仮に、日本社会の最高裁が、社会的地位の高い彼らが行使してくる権力を乱用した社会悪的な行為を正すために、僕個人が実行した「表現・言論の自由」より、彼らのビジネス上の被害にしかならない「名誉毀損」を優先する判決を出した場合、つまり、彼らには「贖罪」の必要性はないと判断した場合、日本社会の司法制度は、欧米を中心とした世界中の主要メディアから袋叩きにあうだろう。結果、外交的地位も地に落ちるであろう。その判決を下した最高裁の裁判官にとっては、確実に失業し、二度と復職できないレベルの冤罪判決になるだろう。無論、まだ匿名にしている企業名・組織名についても、彼らが、僕らが命懸けで取り組んできたWeb3市場で日本社会が世界をリードするチャンスを潰してきたことに対する「贖罪」をいまだにしないことが明確に確認できた場合、僕は、彼らの実名を僕のメディアで公開する考えである。これも、僕が、常々言っていることだが、日本は、「ジャーナリズム」が全く機能していない社会であるということだ。だから、既得権益者が野放しになり、「アポカリプス＝文明崩壊へと至る社会」へと堕ちている。この本は、ジャーナリズムの役割も果たしているといえる。つまるところ、僕から、「オワコン日本社会」への「最後の愛」と言える本である。繰り返すが、時代の変化に適応できない者は、必ず滅びる。これもまた世の常である。

以上、この2つの点について書いておくことが、この書籍の「あとがき」としてふさわしいと思った次第である。

専門用語集

	説明	参考情報
Pow	世界初のブロックチェーンであるビットコインのブロックチェーンは、PoW（プルーフ・オブ・ワーク）で動いています。PoW の課題の一つは、巨大なコンピューターパワーが必要になるため、電気代が高くなる傾向があり、結果、取引手数料の値段が上がりやすいことです。	ビットコインのマイナー達は、みな、世界中で、巨大なデータセンターを土地や電気代の安い地域に建てて、運営しています。
Pos	PoS とは、Proof of Stake（プルーフ・オブ・ステイク）の略で、PoW とは違い、巨大なコンピューターパワーを必要とせずに、ネットワークを維持することができる技術であるため、電気代もその分、安くなり、結果的に取引手数料も安くなります。	イーサリウムが、PoW から PoS に切り替えた理由は、よりユーザーの利用手数料を安くするためです。
Meta verse	Metaverse（メタバース）とは、一言でいうと、3D インターネットのことです。ユーザーは、アバターという自分の好きなキャラクター、もしくは、自分なりにアレンジしたキャラクターを作り、それを使って、メタバース空間内で、他のユーザーと交流します。その目的は、一緒に買い物したり、ゲームしたり、ミートアップしたり、一緒にライブに参加したり、仕事目的でミーティングすることも含まれます。	Facebook が、メタバースの第 1 提唱者ではあるのですが、Yahoo! が、検索エンジンで、Google に敗れたように、Google が、ソーシャルで、Facebook に敗れたように、Web3 市場から、メタバースの覇者が出ることになるでしょう。
NFT	NFT とは、Non-Fungible Token（ノンファンジブル・トークン）の略で、ブロックチェーンを使って発行可能なアセットの一つです。特徴は、一つの NFT が、一つのアセットを証明するために使われるため、全く代替が効きません。ETH や BTC は、代替が効くトークン(ファンジブル・トークン)なので、10ETH を 1BTC と交換などの取引ができますが、NFT は一切不可能です。そのため、漫画やアートなどのデジタルコンテンツの取引と非常に相性がよく、著作権者の権利を保護するのにとても有効な技術です。	Bored Ape は、世界で最もメジャーな NFT ブランドの一つです。OpenSea は、世界最大の NFT マーケットプレイスの一つですが、中央集権型です。

ICO	ICOとは、固定価格でトークンを販売するクラウドファンディングの手法で、一般的に、ICO後は、一定期間は、トークンは取引所にはリストされず売買できません。これは、ICO完了後にすぐに売買可能にしてしまうと、ICO時の価格よりトークンの値段が下がってしまった場合に、ICOに参加した個人投資家が大きな損失を抱えることになり、ICO市場の衰退につながるからです。しかし、それは発行主体が中央集権的に管理しているという批判も多く、現在はあまりこの方法は採用されていません。	イーサリウムは、世界初のICOを実行したプロジェクトです。また、ENSやMULTI、YFIなどは、BTCと同じフェアディストリビューションの代表格です。
IEO	一方、IEOとは、中央集権取引所に上場して、クラウドファンディングを実行することを意味し、IPOと同じ概念であり売買がすぐ可能になるため、損をすることもあります。	IEOを業界で初めて本格的にやったのは、Binanceです。
IDO	IDOは、DEXで実行するクラウドファンディングであり、複数の方法が開発されている。固定価格で実行するものもあれば、一定時間ごとに一定需要がないと自動的に価格が下がるものなど。IDO後は､ICOと異なり、すぐにDEXで売買可能になることが一般的です。	BlockchainSpaceのトークン$GUILDは、左記の需要がないと自動的に価格が下がるモデルのIDOでクラウドファンディングを実行しました
IFO	IFOとは、DeFiを利用した資金調達方法で、DeFiでユーザーが獲得する収入を発行体がトークンで払うことによる資金調達手法です。最後に、それらの手法を一切利用しない資金調達方法をフェアディストリブーションと呼びます。	AladdinDAOのConcentratorのトークン$CTRは、IFOで資金調達を実行しています。

Web3	Web3とは、非中央集権型のインターネットのことです。次世代インターネットとも呼びます。Web2との最大の違いは、中央にGoogleやAmazonなどの巨大企業による管理体制が存在しないインターネットです。代わりに、DAOを使って、プロジェクトを運営します。ですから、当然、政府による監視もプライバシー侵害も存在しない、万人にとって最も理想的なインターネットです。	例えば、Bitcoin、Ethereum、ENS、AlladinDAOなど、Web3のメジャーなプロジェクトはみなDAOによって意思決定を行い、開発をしたり、サービスを運用しています。
Web2	Web2とは、中央集権型インターネットのことです。クライアント・サーバー型とも呼びます。このインターネットシステムは、政府による監視や、プライバシー侵害の問題を抱えています。	その他のメジャーばBaaSは、Solana、FLOW、AVAX、BSCなどがあります。
BaaS	BaaSとは、Blockhain As a Service（ブロックチェーン・アズ・ア・サービス）の略。イーサリウムは、世界初のBaaSです。アプリ開発者は、BaaSの上で、アプリを開発して運用することができます。利用するメリットは、アプリ開発者側が、非中央集権型のアプリを運用するためのマイナーネットワークを自前で構築する負荷がなくなることです。	例えば、Solanaは、DPoSモデルで動いています。バリーデーターの数は、現時点で、200ほどいます。$SOLを持っている個人投資家は、彼らに$SOLを預けること（ステーキングと言う）で、彼らの報酬の一部をリベニューシェアしてもらえ、現在では、年利6%程度です。
DPoS	DPoSは、Delegated Proof of Stake（デリゲーテッド・プルーフ・オブ・ステイク）の略です。イーサリウムのPoSとは違い、許可されたマイナー（バリデーターとも言う）が、マイナーネットワークに参加し、一般ユーザーは、彼らにトークンを預けることで、マイナー側のPoSのマイニング報酬の一部をリベニューシェアしてもらえます。	例えば、Solanaは、DPoSモデルで動いています。バリーデーターの数は、現時点で、200ほどいます。$SOLを持っている個人投資家は、彼らに$SOLを預けること（ステーキングと言う）で、彼らの報酬の一部をリベニューシェアしてもらえ、現在では、年利6%程度です。

著者略歴

仲津正朗（なかつ　まさあき）

テック連続起業家、エンジェル投資家、YouTuber。

シリコンバレーでの起業経験を経て、2014年2月に日本でブロックチェーン・ベンチャーのOrbを共同創業し、イーサリアムと同時期に世界初のリニアスケーラビリティを持つプルーフ・オブ・ステーク型のレイヤー1であるOrb2を開発、2018年2月に同社をSBIに売却するまでCEOを務める。同時に業界初ロビー団体である日本ブロックチェーン協会を立ち上げ、その理事活動を通じて、2016年5月に施行された改正資金決済法の成立に尽力。また、金融庁主催「フィンテック・ベンチャーに関する有識者会議」に業界唯一の委員として選ばれ、当時、世界から「仮想通貨天国」と呼ばれた日本市場の発展を支える。その後、2019年に国際研究機関格付け誌ネイチャー・インデックスで世界9位（同年、東大は40位）にランクインした沖縄科学技術大学院大学（別名：OIST）に副学長待遇アントレプレナー・イン・レジデンスとして参画、ディープテック・スタートアップエコシステムの開発に従事。2021年以降は、YouTubeを主な活動の場におくWeb3グローバル・インフルエンサーとして、海外のWeb3スタートアップへのエンジェル投資・アドバイザリー活動を中心に、世界のWeb3市場の発展に深く寄与している。現スイス在住。

なぜ僕《ぼく》がWeb3投資《とうし》で勝《か》ち続《つづ》けることができるのか？

プロフェッショナルに学《まな》ぶ 暗号資産《あんごうしさん》・仮想通貨《かそうつうか》・トークン投資《とうし》の極意《ごくい》

2023年6月8日　第1刷発行

著　者　仲津正朗
発行人　久保田貴幸

発行元　株式会社 幻冬舎メディアコンサルティング
〒151-0051　東京都渋谷区千駄ヶ谷4-9-7
電話　03-5411-6440（編集）

発売元　株式会社 幻冬舎
〒151-0051　東京都渋谷区千駄ヶ谷4-9-7
電話　03-5411-6222（営業）

印刷・製本　中央精版印刷株式会社
装　丁　村上次郎

検印廃止

Printed in Japan
ISBN 978-4-344-94541-8　C0033
幻冬舎メディアコンサルティングHP
https://www.gentosha-mc.com/